1968

〔1〕文化

四方田犬彦 編著
Yomota Inuhiko

筑摩選書

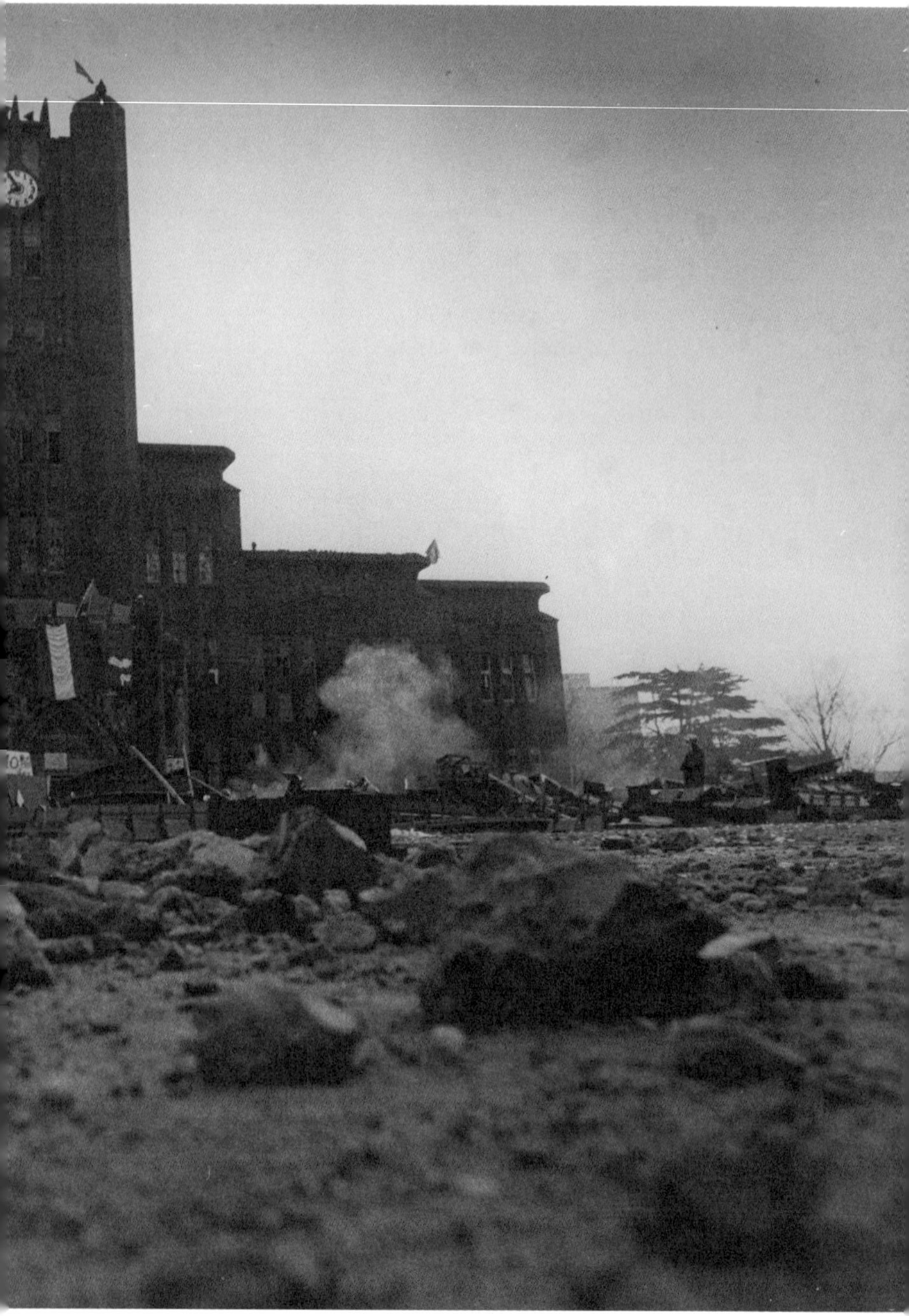

ARTISTIC
PARTS

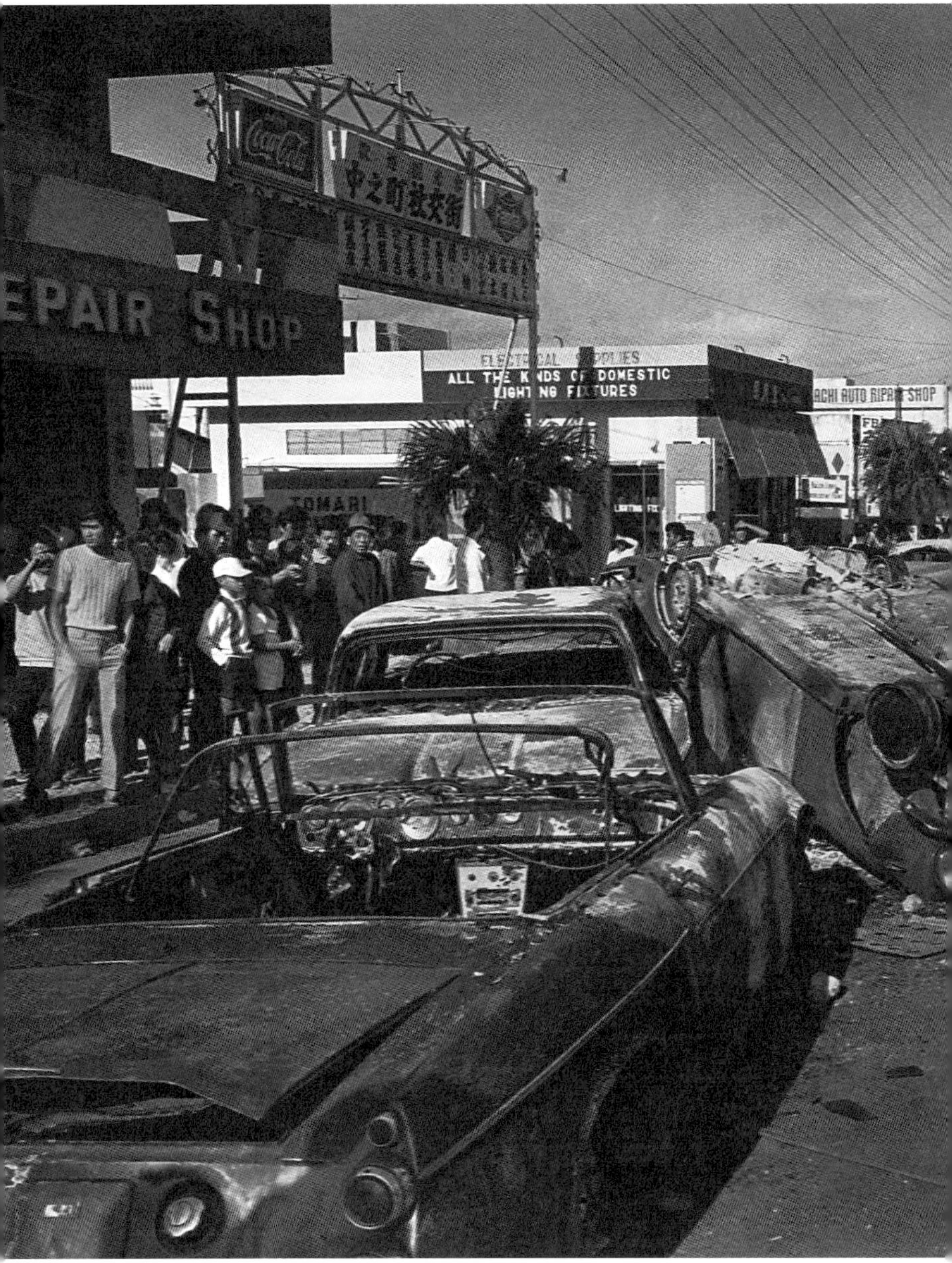

Coca-Cola
中之町社交街
EPAIR SHOP
ALL THE KINDS OF DOMESTIC
LIGHTING FIXTURES
TOMARI
ACHI AUTO RIPAIR SHOP

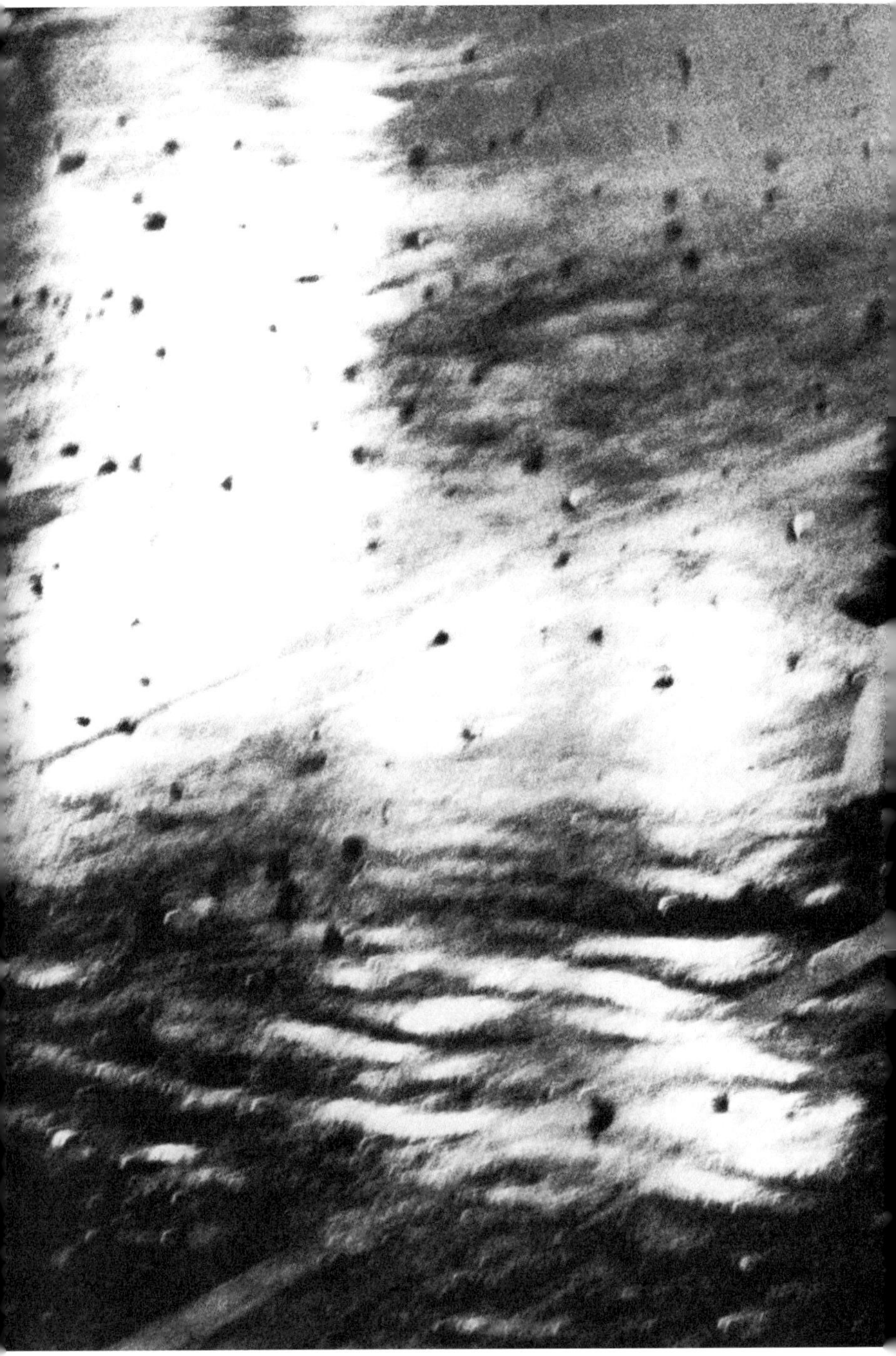

白山解放区

p.3　日大全共闘記録班（『日大闘争』1969年）
p.4-5　江成常夫「封鎖解除前の東大安田講堂」（1969年）
p.6-7　北井一夫　「少年行動隊」（1971年）
p.8-9　比嘉豊光　「コザ暴動」（1970年）
p.10-11　東松照明（1969年）© Shomei Tomatsu--INTERFACE
p.12-13　渡辺眸「10・21国際反戦デー」（1968年）
p.14-15　日大全共闘記録班（『日大闘争』1969年）

1968［1］文化　目次

写真監修　大島洋

1968［1］文化

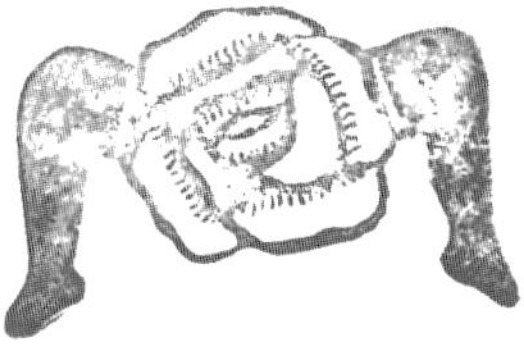

前頁図版：劇団状況劇場入場整理券
（公演名不明、1970年代初頭）

〈1968年〉には何が起きたか

ある時代の記憶に接近するために最初になすべきこととは何だろうか。

まず先入観を捨てることだ。次に、そこに複数の地層が重なり合っていることを、冷静に認めることである。とりわけそれが変革と破壊、実験と試行錯誤に満ちた時代であった場合、生起していた事象の一つひとつを前に、スコップと軍手を用いて、丁寧に発掘の作業を試みなければならない。真実は埋められているか、封印されているかのどちらかであるからだ。その時代に一世を風靡していたものだけを追いかけてみても、時代の本質である真実に到達することはできない。ステレオタイプの色眼鏡を外し、時代をめぐる後発的なイメージに足を掬われないよう気を付けながら、細部の相において具体的な対象を見つめなければならない。

とはいうものの、喪失された時代に向かう者は、焦燥感から逃れることができない。これが最後の機会だ。今のうちならまだ間に合うかもしれない。すべてを可能なかぎり一カ所に纏《まと》めておかないと、細部は簡単に散逸してしまう。ひとたび散逸してしまえば、もう再構築することはほとんど不可能となる。ほどなくしてすべては朦朧《もうろう》とした忘却の彼方へと、追いやられてしまう。記憶を保つことはつねに「闘い」（デュラス／レネ『広島、わが愛』）なのだ。わたしが憂慮しているのはほかでもない、１９６８年からの数年間、日本を席巻していた文化のことである。

文化的な前衛は、どの時代にも政治的な前衛に魅惑されてきた。社会の異議申し立て運動から、強い活力を得てきた。両者はかならずしも互いを理解しあっていたわけではない。また、路線において競合していたわけでもない。にもかかわらず、既成の権威に公然と異を唱え、ときに暴力的な手段に訴えても、未知なる領域へと突き進もうとする情熱において、両者は時代を分かちもっていた。美学的にも、政治的にも、禁忌の侵犯は市民社会に衝撃を与え、当事者の孤立を否応ないものにする。だが状況はそうした事態を平然と含みこみながら、先へ先へと進展してゆく。彼らは端的にいって、言語の秩序を切り替えようとしたのである。政治的な、道徳的な、そして美学的なものとして。

１９６８年から72年までの時代を直接的に体験してきた者たちは、しばしば口ごもる。あるいは不用意に饒舌に走る。あの時代のことは、実際にその場にいあわせた者でないかぎり、とうてい理解することができないと告白し、悔悟とノスタルジアの入り混じった表情をもみせる。一方、この時代を知らない者は、装われた無関心を演じる。すべては後世に人為的に形成された神話にすぎないと一蹴し、公式的な歴史を平然と口にする。みずからの口吻《こうふん》が政治的な、また学問の制度的秩序に見合った言説であることに気が付いていない。ノスタルジアと装われた無関心。いずれの立場をとるにしても、あの5年間に日本社会が潜り抜けた文化的体験を、言説として浮かび上がらせることはできない。社会学者を詐称して、メディアに残された特権的な声だけを採集する者も、個人の狭量な記憶を相対視できず、不毛な拘泥に耽る者も、生きられた空間と時間を十全な形で再現することがひとしくできないでいる。

〈1968年〉には何が起こっていたのか。

美術家たちは日本国家が準備した最大のプロパガンダである大阪万博を前に、二派に分かれていた。万博賛成派には、前代未聞の規模での美術的実験を行う機会が与えられた。反対派はそれに対抗し、アナーキーで過激な挑発を繰り返した。国家的祭儀が幕を閉じた後には、世界に無媒介的に直面しようとする「もの派」と、美術を政治的実践と見なし、自己言及に勤しむ「美共闘」が出現した。

写真家たちはほとんど本能的な直感に促され、三里塚に、沖縄に、大学のバリケードのなかにカメラを持ち込み、証言者としてシャッターを切り続けた。中平卓馬や多木浩二らを中心に、同人誌『PROVOKE』が創刊され、写真の制度的規範をことごとく覆す「ブレ・ボケ写真」を提唱した。これに対して、いかなる誇張も拒み、「何気なく」、素朴な視線を日常生活に向けようとする「コン・ポラ派」が出現した。両者は写真の双極に位置しながらも、実は根底において重なり合っていた。

映画はすでに大衆娯楽の王座から凋落し、大手映画会社は製作方針をめぐって混迷していた。ただ東映の任俠映画だけは、例外的に若者たちに支持されていた。アートシアターの周辺では、大島渚や吉田喜重、松本俊夫といった作家たちが、主題的にも話法的にも、異化効果を基調としたフィルムを発表し、小川紳介は三里塚を、土本典昭は水俣を、執拗に撮り続けた。8ミリカメラの普及もあいまって、個人映画の世界からは次々と実験的な作品が出現した。

1960年代中ごろに到来した「エレキブーム」は、ポピュラー音楽の世界を一新した。ザ・タイガース、ザ・スパイダースといったGS（グループサウンズ）は年長者の顰蹙《ひんしゅく》を買いながらも、少女たちに圧倒的に支持され、歌謡界で徐々に市民権を獲得していった。その一方でアメリカ伝来のフォークソングが関西で独自に発展し、対抗文化として脚光を浴びた。新宿西口広場でのフォーク集会は、音楽を媒介として、開かれた政治コミュニケーションの可能性を差し出したが、権力によって手酷い弾圧を受けた。

演劇界では「アングラ」が跳梁跋扈《ちょうりょうばっこ》していた。唐十郎や佐藤信といった演出家たちが、紅テント、黒テントといった移動劇場を拠点に、全国を巡業した。彼らは前近代の「情念」を舞台に上げたり、社会変革のプログラムのなかで革命幻想を批判したり、さまざまに主題的実験を試みた。

舞踏家である土方巽は、出自である西洋近代のダンスをこともなげに否定した。彼は規範的な美から大きく逸脱した肉体観、運動観を築きあげると、それを「暗黒舞踏」と呼んだ。戦後の日本が排除してきた前近代の文化を東北の農村共同体に求め、グロテスクで異形な肉体の現前を、舞台とスクリーンのうえで実践した。

この時期、雑誌メディアは活況を呈していた。またオブジェとしての書物が小出版社から次々と刊行された。イラストレーションが独自のジャンルとして公認されるようになり、グラフィック・デザインとの差異化がなされた。粟津潔や横尾忠則は近代が排除してきた死とエロスの世界を好んで素材とし、赤瀬川原平は制度的な図像のパロディを通して、市民社会に対する挑発を繰り返した。宇野亞喜良が寺山修司と組んで制作した絵本は、後の少女文化の先駆けとなった。「タテカン」（立て看板）に独自の「ゲバ字」（あるいは「トロ字」）が氾濫し、バリケードが築かれたキャンパスでは、学生たちは右手に『朝日ジャーナル』を、左手に『少年マガジン』を抱えるといわれた。漫画はこの時期、すでに少年少女の専有物であることをやめ、知的探究を担った最新メディアとして、対抗文化の最前線に位置していた。『ガロ』に続いて『COM』が創刊され、佐々木マキ、林静一、宮谷一彦といった実験的な手法をもった漫画家がそこから輩出した。

ファッションは目まぐるしく変化した。ミニスカートからパンタロンへ、ヒッピー風のサイケデリックなコットンシャツからベルボトムジーンズへ、そしてツギハギだらけの穴あきジーンズへ。あるときから米軍放出の「ブルージーンズ」は国産化されて、「ジーパン」と呼ばれるようになった。

最後に文学。小説の分野では安部公房、大江健三郎、倉橋由美子の「御三家」が争って読まれ、

「苦悩教の元祖」と綽名された高橋和巳がそれに続いた。現代詩は一様に饒舌となり、挑発的な実験が相次いだ。大学闘争の体験はただちに詩的言語の素材となった。もっともそれが物語化され、小説という形態をとるには、1970年代後半を待たなければならなかった。

それぞれの分野については、以下に続く専門的な論考と巻末の年表にあたっていただくことにしよう。ここに要約したように、夥しい事件が絶え間なく勃発していたのが、〈1968年〉であった。いうまでもなく、ここにわたしが名を挙げた芸術家たちは、その時代にあって「国民」の大多数が支持し、安心して話題にするといった類のものではなかった。寺山修司は家出少女たちの親から抗議され、グループサウンズは年長の世代から嘲笑的な言辞で迎えられた。佐々木マキの漫画は難解だといわれて敬遠され、万博反対派の行う「ハプニング」は、公序良俗を乱すものとして、権力によってしばしば妨害された。土方巽は狂人扱いされ、赤瀬川原平は実際に法廷で有罪判決を受けた。

社会学者のなかには、こうした文化的実験が日本人の大多数には理解もされず、また知られてもいなかったという「統計」的事実を持ち出し、そのすべてが後年に神話化されたものであると断定する不幸な傾向が存在している。中学校の教室にビートルズのファンが一人しかいなかったから、「ビートルズ世代」という言葉は成り立たないという論理である。いうまでもなくこの論理は、前衛的実験が存在していたという事実を無視し排除しようとする、支配的な権力構造に由来する言説である。

本書ではこうした官僚主義的な言説に対しては、明確にその態度を批判しておきたい。古今を通して、もっとも新しい文化運動、芸術思潮は、つねに時代の少数派によって担われてきた。その担い手たちは、望むと望まないとにかかわらず、少数派であるがゆえに社会的に孤立し、その孤立を政治的なものとして提示せざるをえない不可避性を抱え込んでいた。**政治を表象する文化があったのではない。文化が政治的たらざるをえない状況が存在していたのだ。**

〈１９６８年〉の文化を論じるにあたって、われわれがまず心がけておかなければならないのは、まさにその点である。この時期に日本人の大多数が支持していた文化をもって〈１９６８年〉を語れというのであれば、司馬遼太郎の『坂の上の雲』と佐良直美に言及しておけば、事はすむではないか。

いかなる時代においても、先端を行く者は少数派である。ツィッギーに憧れ、はじめてミニスカートを穿いた女性も、舞台の上で鶏を絞めた舞踏家も、元同級生の虐殺に衝撃を受け、詩を書き出した浪人生も、ひとしく孤独ではあったが、無垢と見まがうばかりの勇気を携えていた。誰もが例外なく頑《かたく》なであり、寄るべない気持ちを抱きながらも、誰もこれまで歩いたことのない道を独力で進むことを、みずからに課していた。写真も、演劇も、映画も、漫画も、そして文学でさえも、容易に理解されたり、経済効率で評価されるものではあってならなかった。見たばかりの芝居について、またフィルムについて、誰もが一杯のコーヒーを前に延々と議論をして飽きず、夜を徹して悔いなかった時代というものが、そこには確実に存在していた。
　実験という実験が「新奇さ《ヌヴォテ》」として社会に取りこまれ、優雅な商品価値を帯びるようになったとき、時代の文化的興奮は終焉を迎える。〈1968年〉という騒乱の時期を潜り抜けたとき、日本はいつしか経済大国となり、巨大な大衆消費社会を形成するに到っていた。政治的高揚と芸術的前衛が互いに目配せをしながら、恐ろしい速度で世界を駆け抜けていった時代は、あっという間に過去のものと化した。ほどなくして難解であること、晦渋《かいじゅう》な実験であることは悪と見なされるに到った。誰もが手に取りやすいフラットな表層こそが望ましいという時代が、到来したのである。この時代が、不毛な演技者を忙し気に取り換えながら、今日まで続いていることについては言を俟《ま》たない。

四方田犬彦

美術

祝祭、狂乱、共闘、流転

椹木野衣

大阪万博に動員された前衛美術

１９６８年から１９７２年にかけての美術をめぐる動きは、その真ん中にあたる１９７０年の前後で二つに裂かれている。この年に開かれた日本万国博覧会（大阪万博 エキスポ'70、34―35頁）は、当時の日本の美術と美術家たちにとって、それほど大きなイベントだった。それがどれほどであったかは、国家規模の祭典ではオリンピックにばかり話題が振られる今では、なかなか実感できないと思う。けれども、この時期の美術を振り返ろうとするなら、この実感が伴わないと、うまくその様相は捉えられない。なので、最初にそのための材料を補填することから始めたい。

明治維新以降、自国での万博の開催は日本の悲願であった。当時、万博は世界に冠たる欧米列強が知と富の限りを競い合う文明の晴れ舞台で、そのホスト国の座を勝ち取ることは、日本が文明国としてはじめてかれらと対等に肩を並べることを意味した。だが、日本政府による万博招致は、長く挫折の連続であった。ようやく開催権を得たのは１９４０年のことだったが、天皇の名のもと肝いりで計画したこの「皇紀２６００年記念日本万国博覧会」は、ナチス＝ドイツや帝国日本の軍事侵略が国際的な非難を浴び、泣く泣く中止に追い込まれてしまう。西暦ではなく皇紀を歌ったことからも、それがどれほど大きな躓《つまず》きであったかは想像がつく。

だからこそ戦後、１９７０年にアジアで初めて開かれることになった大阪万博は、焼け跡からの復興や高度経済成長の象徴だけではなく、日本の近代化から実に百年の計にあたっており、無条件降伏という、これ以上ないまでの敗戦国に転落した日本にとって、まさしく起死回生の国家的な「リベンジ」であった。1964年の東京五輪など目ではない。もともと五輪は、万博の一部として同時開催される短期間のイベントにすぎなかった。ところが万博の開催期間は半年にもわたる。1970年の万博を成功させるため、どれだけの巨大な政治と経済をめぐる力が働いたかは言うまでもない。

1968年とは、その2年後の幕開けを控えて、国家による産業プロパガンダが、いよいよ万博へと一極集中して本格化した時期に当たっている。さらに肝心だったのは、日本政府にとって、大阪万博が世界で最先端の催しでなければならなかったことだ。前回開催のカナダ、モントリオール万博や、さらにその前のベルギー、ブリュッセル万博など目ではない。いっそ、水晶宮で歴史に名を刻む19世紀の大英帝国によるロンドン万博や、エッフェル塔を残したフランスのパリ万博、さらにはヨーロッパに変わって世界の覇権を得たアメリカによる20世紀のシカゴ博、ニューヨーク博を乗り越えるのだ。つまり、大阪万博は21世紀の文明を世界に先んじて示すものでなければならなかった。そのため大阪万博では、東京五輪の頃には、ともすれば「思想的変質者」扱いさえされていた前衛美術家たちが、世界に一歩も二歩も先駆ける未来の芸術の尖兵として、潤沢な予算と陣容を提供され、むしろ進んで動員された。1950年代にようやく萌芽した日本の前衛美術をめぐる動向のうち、1940年代後半から50年代にかけて生まれた夜の会（岡本太郎）、実験工房（秋山邦晴、北代省三、武満徹、山口勝弘ら）、具体美術協会（吉原治良、白髪一雄、田中敦

子、村上三郎ら）、1960年代に世を騒がしたメタボリズム（粟津潔、川添登、菊竹清訓、黒川紀章ら）、ネオダダ（吉村益信、赤瀬川原平、荒川修作、篠原有司男ら）、さらには新興の環境芸術集団「エンバイラメントの会」（粟津潔、磯崎新、東野芳明、三木富雄ら）にまで至るその主要な担い手たちに、軒並み国家から声がかかったのである。

美術家たちにとってそれは、疑いもなく国策への協力を意味した。言ってみればそれは、アジア太平洋戦争で絵画によるプロパガンダの効果を買われ、画材や資料、そして取材や発表機会を格別に優遇され、大東亜戦争作戦記録画を描かされた従軍画家のようなものである。前衛がもともと軍事用語であったのだとしたら、万博の前衛部隊と言ってもいい。

しかし前衛芸術とはなによりもまず、20世紀になって国民国家が陥った世界大戦による覇権争いへの個的な絶望に端を発し、だからこそ国家を超え、都市を連携する国際的な運動として始まったのではなかったか。ゆえに、なによりそれは近代の近代たるゆえんを根底から突き崩し、美術や芸術、作品や展示、制作や作家性そのものを白紙（タブラ・ラーサ）へと導こうとするものでなければならなかった。けれども日本の前衛美術は、万博芸術の誘惑にやすやすと乗ってしまう。その理由にまで立ち入る余裕はないが、本論で確認しておくべきなのは、その結果、大阪万博が、過去に例を見ないほど先進的な美術の実験が国家の名のもと、半年にもわたってめくるめく繰り広げられる場になったということだ。いや、その予行演習ともいうべき数々のプレイベントも含めて言えば、その幅は数年間にも及んでいる。

いちいち数え上げていけば、それだけで頁が埋まってしまうだろう。その点で言えば、1968年から1970年に至るこの期間の日本の前衛美術をめぐる動きは、過去の世界、どの地域と比較しても、もっともスケールの大きな芸術上の実験が、息つく間もなく行われ続けた稀な機会であったと言ってよい。ここでは、そのうち岡本太郎「太陽の塔」、横尾忠則「せんい館」、そして磯崎新「お祭り広場」を、もっとも歴史的な問題性が高い事例としてわずかに挙げておくに留める。

騒乱するハンパクの肉体

だが、それほどの大きな国策芸術の祭典に反対者が出ないはずがない。戦時下での画家の戦争協力に表立って異を唱える者はいなかった。そんなことをすれば憲兵が黙っていなかったし、それ以前に画材の供給や発表の許可を得られなくなることは、画家としての事実上の死を意味したからだ。他方、国家総動員的な万博芸術体制下とはいえ、日本国憲法で基本的人権と表現の自由を保障された民主主義国家での出来事である。万博への協力を拒んだ前衛美術家たちは「バンパク」に対して「ハンパク（＝反博）」を名乗り、街頭や路上、そして公会堂などを主なる舞台に、折からのベトナム反戦運動などとも歩を合わせながら、神出鬼没でアナーキー極まりない騒動の数々を各所で繰り広げることになったのである。

ダダカン（糸井貫二）、ゼロ次元（加藤好弘、岩田信市、38—39頁）、ビタミン・アート（小山哲

生）、クロハタ（松江カク）、ガリバー、薔薇卍結社、告陰、秋山祐徳太子などによって代表されるハプナーたちが結集した集会（たとえば「狂気見本市」）では、悪ふざけと紙一重のパロディ、全裸、糞尿投げ、焚き付けまでもが入り乱れた。それは、表現としての度がすぎるあまり、会場が一種の混沌とした無政府主義的状態に陥り、東京五輪を直前に控えた1963年を最後に、ついに中止を余儀なくされた前衛美術の一大拠点「読売アンパン（読売アンデパンダン展）」と比べても、はるかに危険な薫りの漂うものであった。

なぜそうなったのか。まず、発表の場は路上や貸し会場であるから、美術が「美術」として担保される美術館という場に依存するものは、もはやなにもない。したがって、表現はおのずと美術という制度的な枠組みを突き破り、その延長線上に、かれらの矛先は国家が司る法という美とはまた別の次元の境界へと向けられていった。ましてや、彼らが身ひとつで対峙しようとしたのは、万博という巨大かつ抽象的な官僚的国家装置である。折しも、万博へと投入されつつあった前衛美術家たちの表現は、アメリカで同時期に起きたサイケデリック・ムーヴメントの影響を背景に、絵画や彫刻のように実体的というよりは現象的でカラフルで、見た目にも透明な媒質が多用され、移ろいゆく可動性や映像的な動態を備えるものが主流となっていた。

もとよりこれらは、アメリカではカウンター・カルチャーと連動していたから、万博芸術とはまったく逆に、むしろ反国家的な側面を強く持つものであった。だが、1968年にアメリカからの帰国組によって日本へともたらされたサイケデリック・アートへの志向は、その推進力となった幻覚剤ＬＳＤ25の体験を日本国内では広く伴わなかったこともあり、おのずとある種の外的な様式へと還元され、とりわけ万博においては、カウンター・カルチャーから反体制的な性質だけ取り除いた、国家にとって扱いやすい未来的な性質へと蒸留されていった。したがって、国家にはまつろわぬ過激な路上のハプナーたちが、透明で明るく輝く、電気仕掛けの可動的な（今の言葉で言えば）「メディア・アート」に闘いを挑むため――実際、現在の「メディア・アート」は万博芸術がその重要なゆりかごになって生まれた――逆に不透明で臭気を放ち、貫通できず、薄暗い場末を好み、動くといっても血や肉や骨で支えられたギシギシ言う肉体、それも生の裸体を突きつけることで不服従を対置しようとしたのは、ある意味、必然であったと言ってよい。そのうち、もっとも象徴的な行為として挙げられるのが、万博の開催期間中に先の「太陽の塔」の直下を全裸にサングラスで走り抜け、警備員に取り押さえられたダダカンによるハプニングであろう。

しかし、前衛美術をめぐるこうした豊穣も狂乱も、未来の祭典とはいえ半年でしかない万博の開催期間を終えると、潮が引くように姿を消す。単純に考えても、これだけの国家的な事業を終えたあとで、心理的に「祭りのあと」の一時的な目標喪失が国全体を覆ってもなんの不思議もない。万博の主催こそ成し遂げたものの、別段それで、未来の先陣を切る日本の優位が達成されたわけでも実現したわけでもない。あくまで仮設の一提案でしかない。しかもその世界観を主導したのが、絵空事めいて殺菌された前衛美術家たちによる一夜だけの夢でしかなかったとしたら、なおさらだろう。

他方、東京五輪、大阪万博への渦中では、戦後の高度経済成長が実益を優先することから引き起こされた深刻な公害の実態が次第に可視化されつつあったが、祭りという煙幕が消された後で、一気に目前に姿を現した空気から山、海、川に至る汚染やヘドロ被害、そして公害病による深刻な健康被害の現実は、万博によって演出された明るい未来像など、一瞬にして吹き飛ばすに十分なものがあった。また、それらの被害の露呈は、国策に身売りした前衛美術家たちのあいだに、万博へと靡《なび》いた履歴を進んで語らぬ風潮を生み出した。こうして、万博と美術との深い絆は、その後長く、研究や評論・調査の対象から抜け落ちることとなった。ちょうど、かつての戦争画がそうであったように。

「もの派」を経て前衛から「現代美術」へ

本論の冒頭で、1968年から72年に至る美術の動きは70年を境に真っ二つに裂かれると書いたのは、そのためだ。あまりにも唐突に「祭りのあと」が訪れたのである。美術におけるそのもっとも端的なあらわれが「もの派」の台頭である。「もの派」を予告する動きは、すでに万博の前から、静岡を拠点に活動する「グループ幻触」や、67年に結成された「新潟現代美術家集団GUN」（1970年に信濃川の河原で農薬散布機などを使い雪上に毒々しい色の絵具を散布し、大規模に風景を異化した「雪のイメージを変えるイベント」は当時のグラビア紙の表紙を飾った）を始め、す

でに万博の前夜から散見された。とりわけ前者は当初、万博芸術にも通じる環境芸術、知覚芸術の一種として注目を集めていた。

たとえば「もの派」の最初期の事例として今でも必ず触れられる関根伸夫による「位相―大地」（１９６８年）で、地面の凹凸を土砂の移動によって一時的に隣接させ、トポロジーを連想させるかたちで連続／不連続させた作品は、のちの「もの派」が前面に押し出すような端的な物質性とは、むしろ対極にある知覚遊戯的な作品であった。トポロジーや知覚心理学から着想された作品は、１９６８年に美術評論家の中原佑介と石子順造の企画で開かれたグループ展「トリックス・アンド・ヴィジ

ヨン　盗まれた眼」（小池一誠、鈴木慶則、関根伸夫、高松次郎ら、東京画廊、村松画廊、43頁）に結集した。これらはタイトルからも伺える通り、絵画や彫刻のような実体的な美術（作品）から非実体的な美術（現象）への推移をとらえるもので、まだしも万博芸術との親和性をもっていた。

　ところが、万博という祭りの前後で、これらの傾向は次第に、それとはまったく逆の、あらゆる先入見を取り払った世界との直接的な対峙（李禹煥《リ・ウーファン》「出会いを求めて」）を強調するようになっていく。そこでは「作る」ことがいちじるしく後退し、ほとんど手を加えられることのない「もの」とその「うつろい」だけが空間を占めるようになる。だが、これらの傾向はその時点ではまだ「もの派」とは呼ばれていなかった。この名称は、実際には1970年の『美術手帖』2月号に掲載された関連する美術家たちによる座談会「〈もの〉がひらく新しい世界」（小清水漸、関根伸夫、菅木志雄、成田克彦、吉田克朗、李禹煥）によるところが大きい。当時、すでに『美術手帖』は万博に対して批判的なスタンスを取るようになっていた。また、同じ年の5月から8月にかけて日本全国を巡回した「第10回日本国際美術展（通称「東京ビエンナーレ」）」が、中原佑介にコミッショナーを一任し、「人間と物質」（カール・アンドレ、クリスト、ソル・ルウィット、リチャード・セラ、榎倉康二、小池一誠、小清水漸、高松次郎ら）と銘打って、国の内外から同様の傾向を持つ美術家たちを選出し、集中的に展示したことも大きかった。

　これらと並行して、1970年は、ハイレッド・センター（高《ハイ》松次郎、赤《レッド》瀬川原平、中《センター》西夏之）の一員であった赤瀬川が1963年から発表を始めた千円札模造作品（「模型千円札」）が最終的に有罪となった年にも当たっている。にわかに偽造紙幣の疑いがかけられ、64年に書類送検、65年に起訴となった本作をめぐるいわゆる「千円札裁判」は、多くの前衛美術家、美術批評家が赤瀬川を弁護して法廷に立ち、前衛美術の芸術性を実証するために展示、パフォーマンスを行う前代未聞なものとなったことで知られるが、67年の東京地裁の第一審で有罪となったのを不服として控訴するも、68年東京高裁で棄却、70年の最高裁でも上告が棄却され、同年4月、ついに有罪が確定した。万博を通じて国家公認の前衛芸術に潤沢な予算と発表機会が与えられる一方、国家が価値を担保する紙幣を「モデル」化した前衛美術に有罪判決が下されたことは、1970年という年が日本の前衛美術にとって分岐地点としてもつ決定的な意味を端的に示している。戦後の前衛美術は、国家に追従した側も、それに従わなかった側も、この年を機にいずれも大きく沈滞するのである。

こうした前衛美術に変わって登場したのが、イデオロギーに汚された目を現象学的に白紙還元し、ありのままの世界との出会いを「もの」を通じて獲得しようとする観念論的な美術の傾向であった。そして、それはそのまま、新しい美術を語る言葉としての「前衛美術」から「現代美術」への新旧の移行を促したのである。

美共闘、タイガー立石、菊畑茂久馬

急いで付け加えておかなければならないのは、こうして推し進められた前衛美術の国策化とその頓挫（万博芸術）、それへの反発から生まれたハプニング芸術（ハンパク芸術）、そして読売アンパンの中止から生き残った前衛美術の法廷闘争を通じての敗北（反芸術）、さらにはそれらに変わって脱政治的に優位に立った「もの派」（現代美術）といった大きな流れとも異なる個別の動きが、この時期に水面下で相次いで起こり、今から見たときには、そちらのほうが21世紀的なアクチュアリティをもつように感じられることである。ここではそのうち三つを紹介して、本論のとりあえずの締め括りとしたい。

一つめは、「もの派」と同じくこの頃、「作ること」への根源的な懐疑を次第に突き詰めながら、しかしそこからただちに脱政治的に観念の世界へと移行することはせず、そのような離脱をむしろ徹底的に自己批判しつつ、あくまで現実と日常、そして生身の身体のある世界にとどまり、「作ること」「作らないこと」「作れないこと」の境界線を、苛烈な自己批判として実践し続けた、真の意味での政治的な美術運動「美共闘REVOLUTION委員会」（堀浩哉、刀根康尚、彦坂尚嘉、山中信夫ら）の存在である。その母体となる「美術家共闘会議」（１９６９年7月結成）は、多摩美術大学をめぐる学園闘争の中で結成された美大生による新左翼団体のひとつであったが、その後、彼らはそうした闘争への徹底した内省を通じ、「美術家が作品を作る」ことそれ自体の制度性を、もしくは「祭りのあと」で「作らなくなる」「作れなくなる」ことの裏返しの政治を、あくまで自己言及的に突き詰めるようになっていく（「もの派」の無作為はむしろ「自然《じねん》」としてある）。それが１９７１年の秋に結成された「美共闘REVOLUTION委員会」であった。

二つめは、１９６０年代初頭から赤瀬川らと同じく、読売アンパンへの出品を主な活動の拠点に据える美術家として姿を現しながら、読売アンパン中止後は、美術家たちによる自主アンパンの組織とも、万博芸術への合流とも、それに反発するハンパク芸術とも異なる立場から、いっそ跳躍的にマンガの世界へと急接近していったタイガー立石の存在である。立石はもともと立石紘一を名乗り、自身の名が八紘一宇に由来することへのアンビバレントな感情や、岡本太郎が「富士山を描くなんて芸術じゃない」と弾劾したことへの反発などから、逆説的に富士山をモチーフに前衛作品を作り始める。そしてアメリカの風刺漫画『MAD』の影響を経て諧謔としてのマンガを主要な表現として手がけるようになり、１９６８年、名前を「タイガー立石」と変え、『毎日中学生新聞』『立石大河亞ボーイズライフ』『平凡パンチ』『ヤングエース』などに連載をもつ売れっ子マンガ家になっていく。その延長線上に、一時は赤塚不二夫の知恵袋としても活動した（赤塚の人気キャラ「ニャロメ」の名は立石の『コンニャロ商会』で初出する）が、69年、マンガ家としての自己規定を嫌ってミラノに移住。マンガのコマ割りに着想して大きなタブローを描く前例のない連作「コマ割り絵画」（47頁）に着手する一方、71年にはオリベッティ社のエットレ・ソットサスのもとで一転、今度は世界的なデザイナー、ソットサスの知恵袋となる。立石はその後、帰国して名前を今度は「立石大河亞」と変え、絵画やマンガのほか絵本から巻物、焼物までありとあらゆる領域を横断する。その流転は生活にまで及び、一カ所にとどまって評価が定まることを嫌って、数度にわたる氏名の変更から極端な職業の変更、国内外に及ぶ数え切れないほどの転居を繰り返した。そんな立石の存在も、既存の価値を根源から問いに付す68年以降の時代が生んだ美術家として忘れることはできない。

最後にあげたいのが、炭鉱の街を背景に1950年代後半に登場した前衛美術集団、九州派に属した福岡の画家、菊畑茂久馬である。菊畑も1960年代の頭に赤瀬川や立石と同様、反芸術の旗手として東京で名を上げた。しかし菊畑は、ニューヨークでのグループ展に抜擢されるという最大のチャンスがあったにもかかわらず、東京五輪をきっかけに盛んとなる海外渡航機会を利用して、読売アンパンなきあとの活路を周囲の美術家たちのように海外に求めることも、万博芸術に合流することもせず、ひとり故郷の福岡に戻り、1969年に東京で開校した美学校の講師を務め上げながら、二つの歴史的な課題に取り組むことになる。そのうちひとつが、1970年にアメリカから返還（無期限貸与）された戦争記録画の意味を問い直すことであり、もうひとつが、故郷での炭鉱労働の生活を退職後、誰に見せるわけでもなく黙々と絵に描いていた山本作兵衛との出会いである。前者は、明治以降日本がたどってきた西欧近代化が、美術においては最終的に戦争を経て国策美術としての戦争画になだれ込んだということの意味を、近代から100年を言祝《ことほ》ごうとする万博の時期に並行して、ひとりの絵描きとして改めて問い詰めることであり、後者は、美術の教育などまったく受けていない表現者が理由もなく衝動的に手がける表現が、近代以降の美術にとってどういう意味をもつかを問い直すことであった。戦争画の問題は、万博がそうであったのと同様、いま多くの芸術家たちが2020年に向け動員されつつある新五輪芸術の行く末に直結しているし、山本作兵衛は、のちにユネスコ世界記憶遺産に指定されてから急速に国を上げて文化財化したが、最初の接触者は紛れもなく菊畑であり、やはり新東京五輪を機に、日本で急速に障害者施設の芸術として政策化しつつあるアール・ブリュット受容の歪みを知るうえでも依然、容易には飲み下せない異物としてあり続けている。

１９６８年から72年に至る美術について、ここまで１９７０年を芯に、そこから個別に逸脱しつつ「現在」につながる表現者たちも含め例を見てきた。むろん、限られた紙幅で尽くせるはずもないが、こうした美術をめぐる動きが、いかに多様、かつ異質なものでひしめき合い、その混沌がそのまま、私たちが生きるただ今にまで通じているか、少しでも伝われば幸いである。

国民的な政治運動ということでいえば、１９６８年とたびたび比較の対象となる１９６０年の「安保（アンポ）」は、その一体感において依然、戦後史の中でも抜きん出た急先鋒であり続けている。しかし、こと表現に関して言えば、そうした一体感とは裏腹の、カオスともアナーキーともゲバルトともナンセンスとも、ギャグともテロルともハレンチともベラボーとも、いや、いっそその一斉の合奏状態とも呼びたくなるほどのラディカルさと多様性を戦後史に刻んで、ばかりかそこを突き抜け、世界へとまっすぐに通じていたのは、むしろ１９６８年のほうであった。

（さわらぎ・のい　美術批評）

グラフィックス

異端とエロス

四方田犬彦

『週刊アンポ』の衝撃

わたしは憶えている。１９６９年11月、高校２年生だったある日のこと、誰かが「出たぞ！出たぞ！」と言いながら、薄っぺらい雑誌を高校の教室にもってきた日のことを。

雑誌（54頁）には目次がなかった。表紙には赤やピンク、黄、臙脂、青、緑といった極彩色で、人間の顔とも指紋ともつかない不思議な渦巻き模様が描かれていた。頭の上半分には黒字で「出た！　安保をつぶせ　沖縄を私たちの　私たちの手に　佐藤訪米阻止　手に！」と、切れ切れの文字が記されている。べ平連が発行する『週刊アンポ』の創刊号だった。じっと眺めていると、眩暈がしてきそうな表紙だった。

表紙には見覚えがあった。そのつい数日前に読み終えた大江健三郎の『万延元年のフットボール』の外箱にそっくりであったからだ。どちらのデザインも粟津潔の手になるものだった。『週刊アンポ』創刊号には、その大江がショートショートを発表していた。そのかたわらには、ジェラルミンの盾で武装した機動隊員たちの前で、セーラー服にヘルメット姿の人形が、何十体も転倒しているという挿絵が掲載されている。人形はどれも一本足だった。この挿絵にも見覚えがあった。同じころ、『現代詩手帖』の表紙を毎月担当していた中村宏が描いたものだったからだ。『週刊アンポ』（「週刊」という名にもかかわらず、隔週で刊行であったが）の表紙は、毎回、別のイラストレーターが担当していた。粟津潔は創刊号に先立つゼロ号でも、すでに「70」という巨大な数字を表紙に描いていた。第2号は横尾忠則（55頁）。彼は佐藤首相の似顔絵の上にローマ字で「EISAKU SATO」と記した。「USA」の文字だけが赤く塗られていて、「しかし、私の名前に〝アメリカ〟が隠されていたとは、よく発見したね……ヨコオ君。」という言葉が添えられていた。第3号（以下56―57頁）は井上洋介。眼も鼻もない肥満した女性が、血だらけになって骸骨の馬を生み落としているというグロテスクなイラストだった。第4号は滝谷節雄。鷲（アメリカ）が爪を剝いて、小さな鳩（日本）に襲いかかろうとしている図。第5号は赤瀬川原平。どぶ川を思わせる黒い水のあちらこちらに、馬と鹿、機動隊員が浮かんでいる図柄で、「起て、飢えたる野次馬……」と言葉が添えられてあった。第6号は辰巳四郎。これは第2号の横尾忠則の似顔絵をもとに、佐藤首相の顔をよりグロテスクに変形したものである。ローマ字表記が白く塗り潰されていて、検閲済みの印が押されてあった。『週刊アンポ』はこうした調子で、12号まで週刊誌サイズで続いた。柳生弦一郎、片山健、長新太、佐々木マキといった具合に、イラストレーターと漫画家が表紙を競作した。その後は新聞紙サイズの折り畳み版となり、１９７０年6月上旬に15号で終わった。安保条約が自動延長となる直前である。最後の号は、わずかＡ４サイズのビラ1枚だった。だがそのビラにも、鶴見俊輔の批評文と小田実の短編小説とが、きちんと掲載されていた。

わたしは今、仕事机のうえに、『週刊アンポ』のすべてのバックナンバーを並べ、それを眺めている。この雑誌はメディアとしても意表を突いたものであったが、同時にこの時代に活躍中のイラストレーター、画家、漫画家を総動員して表紙を描かせたという意味でも、画期的なもので

'70

NO.1
¥100

安保フンサイへ・人間の渦巻を!!

週刊アンポ

70
NO.2
¥100
安保フンサイへ人間の渦巻を！
週刊アンポ
第2号 昭和44年12月1日（隔週月曜日）発行
栄
しかし、私の名前に
〝アメリカ〟が隠されていたとは
よく発見したね……ヨコ大君。
運命のいたずらとは
恐しいものだよ。ハッハッハッ
EISAKU SATO
それにしてもこの絵は
私に似ていないなア。
この佐藤はニセモノ
の佐藤じゃないの？キミ。

'70
安保フンサイへ人間の渦巻を!!
週刊アンポ
NO.8
¥100
2·23

'70
安保フンサイへ人間の渦巻を!!
週刊アンポ
NO.9
¥100
3·9

'70
安保フンサイへ人間の渦巻を!!
週刊アンポ
NO.10
¥100
3·23

'70
安保フンサイへ人間の渦巻を!!
週刊アンポ
NO.11
¥100
4·6

'70
安保フンサイへ人間の渦巻を!!
週刊アンポ
NO.12
¥100
4·20
春に… 春に そむいて
THIS DOG BELONGS TO AMPO
はックショイ

みんなでてこ
6.14
6月大行動

70
安保粉砕
ゼロ0号
安保フンサイへ・人間の渦巻を!!
週刊アンポ
70
安保フンサイへ
きみの
意志
アタマ
手と足
そして
金を
!!

70
NO.3
¥100
週刊アンポ

70
NO.4
¥100
週刊アンポ
12・29
安保フンサイへ・人間の渦巻を!

70
NO.5
¥100
安保フンサイへ 人間の渦巻を!
週刊アンポ
1月12日号
起て
飢えたる
野次馬……

'70
NO.6
¥100
安保フンサイへ人間の渦巻を!!
週刊アンポ
1・26
オイラはハナのキドウタイなのだ

'70
NO.7
¥100
安保フンサイへ人間の渦巻を!!
週刊アンポ
2・9
閲

あった。誰もが思い思いの趣向を凝らして諷刺画を描いた。街頭や集会で、一部100円のカンパで雑誌を手にした者たちは、まず表紙を眺め、その判じ絵の意味を解こうとした。

イラストレーターの時代

これまで「挿絵画家」と呼ばれ、ありとあらゆる印刷物に挿絵を提供していた者たちが、「イラストレーター」とカタカナ表記で呼ばれるようになったのは、1950年代の後半である。もちろんその社会的地位は画家と比べ格段に低く、仕事の報酬においても隔絶した違いがあった。だが公共メディアのなかで「イラスト」(これは和製英語である)の果たす役割が急速に大きくなるにつれ、イラストレーターは文化流行の一端を担う存在と化していった。1960年代中頃ともなると、写真、イラスト、文字といったあらゆる要素を画面の上に配置する職種であるグラフィック・デザイナーとの差異化が図られた。イラストはもはや文章の添え物であることを止め、自立した表現ジャンルとして存在を主張するまでになった。イラストレーターの名前を文章執筆者のそれと対等に扱った初の雑誌は、『話の特集』(1966年創刊、346頁)である。矢崎泰久が編集するこの雑誌は、和田誠を編集助言者として迎えたとき、躊躇《ためら》うことなくこの方針を採用した。『話の特集』は数多くのイラストレーターに活躍の場を与え、彼らの実験の舞台となった。

1968年からの数年間とは、きわめて強烈な個性をもった者たちがこの業界に集結し、興味深い実験を試みた時代である。とはいえ当時の彼らが、必ずしも厳密に職種を分割して活動を行っていたわけではない。美術家であった赤瀬川原平やタイガー立石がイラストを手掛けたり、漫画を執筆したこともあれば、中西夏之が書物の装丁を手掛けたこともあった。横尾忠則はイラストレーターとして出発したが、その後画家に転向したし、宇野亞喜良はボディ・ペインティングから舞台美術まで、幅広いジャンルにわたって活躍した。グラフィック・デザイナーの杉浦康平は、後に厖大な図像の集蔵庫《アーカイヴ》を書物の内側に築き上げ、図像学の思想家へと転じた。彼らは若く、つねにジャンル横断的であった。

本稿では、当時の細かな職種の違いには、かならずしも拘泥しない。もっぱらこの時期に書物と雑誌の装丁、映画演劇のポスター製作に関わった者たちのなかから、実験精神に満ちた者を取り上げておきたい。彼らの作品の核となっていた四つの主題、すなわち前近代的なるもの、パロディと黒い諧謔、幻想とエロティシズム、そして〈知〉の図像化をめぐって、いかなる達成がなされてきたかを検討しておきたい。

前近代への眼差し

日本は驚異的な経済発展の途上にあった。大都市では庶民の木造集合住宅が根こそぎ撤去され、高架道路と高層ビルが次々と建設されていた。誰もが未来社会に明るい展望を抱き、人類の進歩を信じてやまなかった。真鍋博の描くイラストは、まさしくこうしたイデオロギーを体現していた。秩序正しく設計された高層建築のなかで明るく微笑しながら、輝かしい未来を語り合うホワ

金神
辰の方
金神
巳の方

六曜星の吉凶
先勝《せんしょう》 万事急ぐ事吉午後より凶
友引《ともびき》 夕刻大いに吉葬式を忌む
先負《せんぶ》 諸事静かな事吉午後は吉
仏滅《ぶつめつ》 凶日何事も忌む此日病めば長引く
大安《たいあん》 吉日旅行移転婚姻開店其他万事よし
赤口《しゃくこう》 凶日何事にも用ひて凶但正午だけ吉

14
15
16
17
18
19
20
21
22
23
24
25
26

1
2
3
4
5
6
7
8
9
10
11
12
13

シンポジュウム
なにかいってくれ
構成—粟津潔 川添登 東野芳明 中原佑介 針生一郎 松本俊夫
いま
総司会—泉 真也
さがす
主催—草月アートセンター・デザイン批評（風土社）
第1回 4月10日
変った? 何が（現代の変身）
中原佑介 黒川紀章 横尾忠則 一柳 慧
〈サイコ・デリシャス〉
詩・朗読—飯島耕一
第2回 4月15日
俺たちはみんな気狂いピエロだ
（衝突とは）
松本俊夫 今野 勉 秋山邦晴 粟津 潔 原 広司
〈16ミリと6台のスライドによるプロジェクション・アート〉
詩・朗読—長谷川龍生
第3回 4月20日
暴力と恍惚（行動の所有）
針生一郎 篠原有司男 石堂淑朗 高橋睦郎
〈挑発のためのフーガ〉
詩・朗読—富岡多恵子
第4回 4月25日
蒸発のすすめ（虚像と実像）
東野芳明 高松次郎 羽仁 進 唐 十郎 山口勝弘
〈光のモチーフによるデモンストレーション〉
詩・朗読—白石かずこ
第5回 4月30日
あすはあさっての日が昇る
（未来の構想力）
川添 登 小松左京 磯崎 新 粟津 潔
〈マルチスクリーンによる多目的映像〉
詩・朗読—大岡 信
各6.30p.m. 入場料 各回共—500円 通し券—2000円
於—草月会館ホール
*ex·pose'68

曲亭馬琴 原作
三島由紀夫作 演出
通し狂言
椿説弓張月《ちんせつゆみはりづき》
三島由紀夫が
熱情をかたむけ
歌舞伎への
夢の全てをかけた
近代古典劇の
傑作
装置／国立劇場舞台美術研究会
衣裳考証／高根宏浩
国立劇場開場三周年記念
昭和四十四年芸術祭協賛
十一月歌舞伎公演
十一月五日—二十七日
開演時間 平日 五時
土曜日 十一時三十分 五時
祝日 五時
二〇〇〇円・一八〇〇円 一〇〇〇円 五〇〇円
国立劇場
壱
弐
参
四
五
六

イトカラーの男女。だがこうした未来の虚像の裏側には、つねに抑圧され、忌避隠蔽の対象としてきた前近代的なもの、当時の言葉でいうならば「土俗的なもの」「ドロドロとした情念」が横たわっていた。日本人はひとたび封印を施したはずの前近代性と対決するために、同時代のラディカルな芸術家の力を借りなければならなかった。

イラストレーターとしての粟津潔と横尾忠則がこの時期になしえたことは、漫画におけるつげ義春（『ねじ式』『ゲンセンカン主人』）、映画における足立正生（『鎖陰』『銀河系』）のそれに匹敵している。彼らは自作のなかに、市民社会において何よりも醜聞とされた死と狂気を導入し、それをグロテスクに飾り立ててみせた。

粟津潔は草月会館ホールでのシンポジウムのためにポスターを作成した（64頁）。次に草月の「フィルムアート・フェスティバル」から出発した映画雑誌『季刊フィルム』（321頁）の表紙を担当し、ゴダールやメカスといった映像作家の作品ポスターを手掛けた。『中国女』（321頁）と『ウイークエンド』のポスターでは、ヒロインの周囲に曼荼羅のように30の正方形が配置され、『東風』ではなぜか難波大助（皇太子裕仁の暗殺未遂）の処刑を告げる新聞記事が引用されていた。ゴダールが映像と政治をめぐって実験作品を撮っていたとき、粟津は日本的文脈に立って、それに対応する作業を行ったのである。

連作「あるにもあらぬ世の中の先づ」（『都市』第3号　1970、60―63頁）では、日本の伝統的な障子を開帳した瞬間、青々とした海に巨亀が泳ぎ、仏陀が両手を翳して水中から浮かび出るといった光景が登場していた。仏陀の顔と掌は印章によってびっしりと埋め尽くされている。次に見開きでは、原爆のキノコ雲然とした巨大な茸が大都市の上空を覆っていた。ビル街のいたるところも大小さまざまな、極彩色の茸に占拠されていた。さらに次頁では、傷痍軍人らしき人物が炎の芝生に立ち、その顔は易経の文句で埋め尽くされていた。最後の場面ではもはや人間は単眼で首だけの怪物と化しており、口からまた別の眼が覗いていた。日本のアンドレ・マッソンとも呼ぶべきこの作家は、こうして亀、三文判、占いの護符といった東アジア的な符牒への拘泥を通して、戦後日本社会の背後に横たわる、頑固で因習的な家族意識と世界観を前景化した。前近代の戯画を差し出すことはとりもなおさず、近代的現在という観念を解体に処することであった。

横尾忠則は時代を通じて、つねに第一級のスキャンダルメーカーとして活躍していた。彼は三島由紀夫作の歌舞伎『椿説弓張月《ちんせつゆみはりづき》』とアングラ芝居の双方のために、エロティックな妖しさをもったポスター（65頁）を手掛けたばかりではない。憧れてやまない映画女優浅丘ルリ子の裸体画を想像で描いた（68―69頁）。アングラ芝居の俳優になりきって、大島渚のフィルム『新宿泥棒日記』で主役を演じた。『週刊少年マガジン』の表紙を担当したかと思うと（345頁）、若くして「遺稿集」を刊行した。彼の一挙一動を主題として、一柳慧は『オペラ　横尾忠則』を作曲した。

横尾の作品の中心にあったのは、巨大な母性に対する恐怖と、そこへ回帰したいという退行的欲動の鬩《せめ》ぎあいである。ピンクと空色、白といった、単純な原色の水平線を背景に、性交や自傷、切腹と、さまざまな行為に耽る人間が描かれている。彼らはいずれも死に憑《と》りつかれている存在

浅丘ルリ子
裸体姿之圖
謝國権
ひかれて はるばると 火を噴くふじに 来はしたが あゝ思い出の 小裾は 声なく そよぐ 風ばかり
腰囲リ五拾五糎
今様流行り パンティイ紐あと エロティシズム
臀囲リ八拾糎
臀右上 直径壱ミリ 黒子

横尾忠則筆
御届昭和四十三年四月 日
「ダーイスキ！チャールトン・ヘストンさん」浅丘ルリ子
「ダーイスキ！浅丘ルリ子さん」横尾忠則

からす

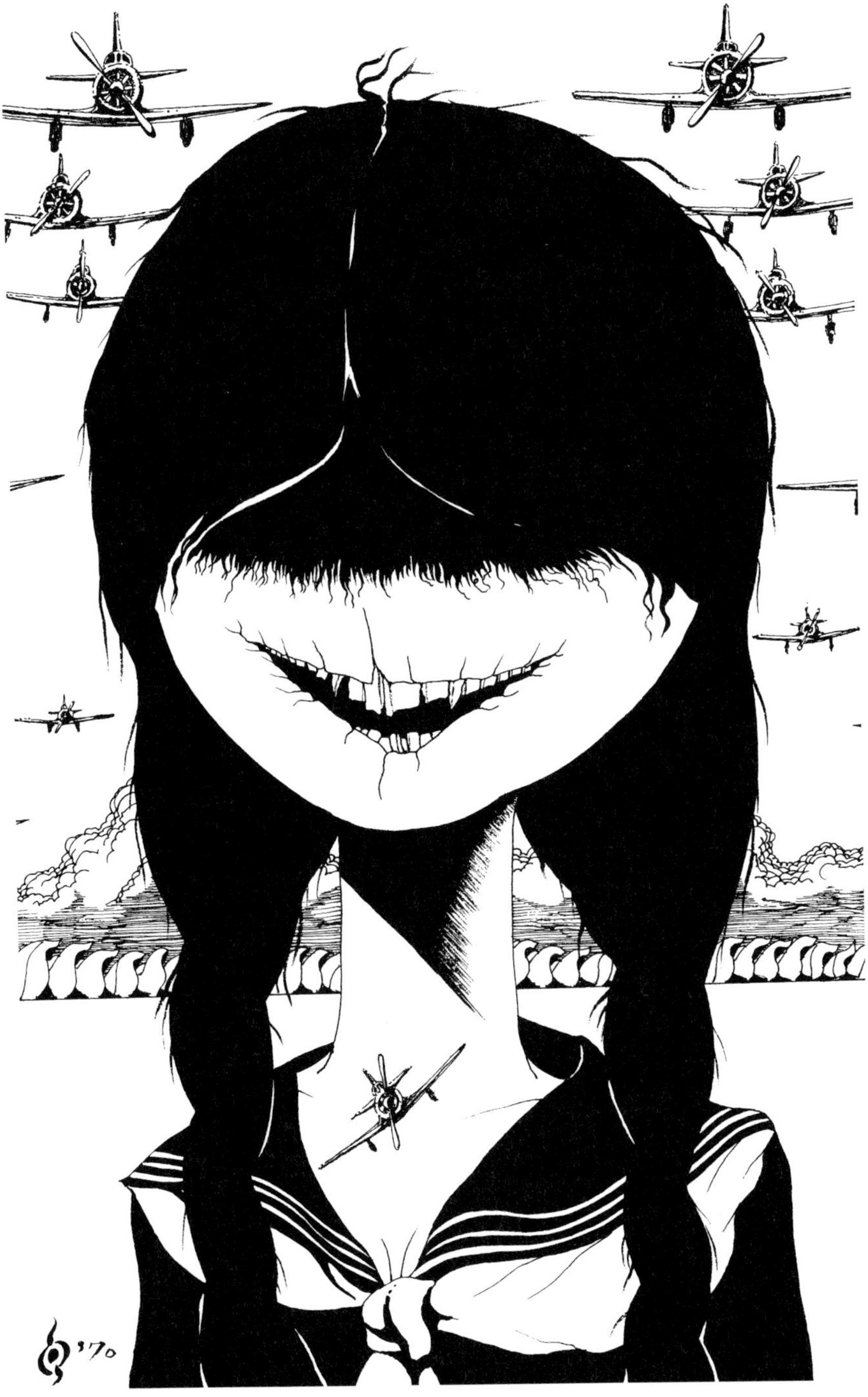

であり、そこには作者本人の意識下の衝動が色濃く感じられた。かかる不吉な映像が「ハレンチ」や「サイケ」といった流行語の波のなかで持てはやされ、支持されていたのが、１９６８年という時代であった。

権力への挑発

中西夏之、中村宏、赤瀬川原平といった面々は、読売アンデパンダンに出展した経歴をもつ美術家である。「アンパンン」は惜しくも１９６３年に15回で幕を閉じ、その後、少なからぬ「同期生」たちはニューヨークへ移った。だが東京に留まった者たちは、奇抜で反社会的なパフォーマンス（「ハプニング」と呼ばれた）を行ったり、現行法に抵触する「芸術」的行為によってスキャンダルを引き起こしたりした。彼らはイラストレーターとして、また装幀家、漫画家、舞台美術家として、ジャンル横断的な作品を遺した。

中西夏之が装幀家として手掛けた書籍はけして多くはない。それらは政治的にも美学的にも、当時もっとも過激な前衛的出版を実践していた現代思潮社から刊行されている。『マルドロールの歌』（1968、３４０頁）では、外箱と中扉にルドンを思わせる奇怪な植物の花弁（?）が描かれ、いかにも市民社会にとって危険で有害な書物であるといった雰囲気を醸し出している。二巻のバタイユの『無神学大全』（1968,1970、３４１頁）では、柔らかな曲線からなる軟体動物のごとき図像が、これも外箱と中扉に用いられている。いずれの図像も生物学的に分類できない怪物であり、

横尾

エロティックな不気味さを湛えている。

中村宏は時代の暴力に対し、もっとも自覚的なイラストレーションを発表していた（70―71頁）。燃えるような赤毛をし、唇から鮮血を垂らしているセーラー服の少女。少女は一つ目であったり、無眼であったりし、鋼鉄のように硬く身体を誇示して武装している。少女の背後には、あたかもファリックな意志であるかのように、蒸気機関車が駆け抜けていく。鉄道のレールはぐにゃりと溶け、背景の空は刃物のように鋭く反り返った雲で覆われている。中村はこうした反復的モチーフのもとに、１９６９年の一年を通して『現代詩手帖』の表紙を担当した。

横尾忠則が江戸川乱歩の小説本の装丁をしたとき、中村宏は夢野久作の全集を手掛けた。全集の題字をつぶさに見てみると、「夢野久作」という文字がうっすらと消えかかり、そこから血の滴が垂れている。黒々とした書物の外箱に微かに走っている赤は、日本前近代の深い闇と、そこから噴出する情念を連想させた。

元アンパン組にあって、赤瀬川原平はもっとも過激な行動主義者であった。彼はすでに１９６５年の時点で、現行紙幣である千円札を模造した嫌疑で起訴され、裁判闘争のさなかにあった。生真面目なもの、赤瀬川の芸術作品の根底には、厳粛で権威主義的なものに対する生来的な反発が横たわっていた。彼は千円札裁判で有罪判決を受けると、今度は逆に、金銭的価値をもたない「零円札」を考案し、「一家に一枚、零円札」というキャンペーンを唱えた。また日の丸と星条旗を組み合わせ、「天下泰平・旭日星条旗」なる旗を考案した。

パロディとブラックユーモアという赤瀬川の得意技がもっとも頂点を極めたのは、『朝日ジャーナル』に1970年から連載された『櫻画報』である。馬オジサンと泰平小僧の二人組が社会に生起するもろもろの事件を揶揄《からか》い、野次馬として批評するというこの漫画は、安保条約が更新された直後、不燃焼のまま投げ出された政治的興奮に戸惑う読者たちに支持された。赤瀬川は高みに立って罵倒することをよしとしなかった。その笑いとは、安全地帯を放棄し、自分の立ち位置の危うさを了解したうえでなされる笑いであった。彼は機動隊と国家権力を嘲笑する諷刺画をものすと同時に、「正義の味方　警察バンザイ！　私達は言いなりになります！」(406頁)というイラストを執筆した。赤瀬川はこのしたたかな戦略を、明治時代から入獄と発禁を繰り返したジャーナリスト、宮武外骨から学んでいた。外骨は日本が戦争に負けると、ただちに『アメリカ様』という書物を著し、敗戦国民の豹変ぶりを嘲笑したのだった。『櫻画報』は「アカイ　アカイ　アサヒ　アサヒ」という、戦前の国民学校教科書の一節を引用したとき、発行元の朝日新聞社の逆鱗に触れ、ただちに連載は中止、掲載誌は回収処分となった。それはスキャンダリスト赤瀬川の面目躍如の瞬間であり、この事件によって朝日新聞社に横たわる権力構造が露わにされた。

妖精と少女

栗津、横尾から赤瀬川にいたる作家たちは、いずれもが日本近代、とりわけ戦後日本社会が忌

MODEL 吉川とし子　A・D宇野亜喜良　PHOTO林 宏樹　HAIR伊藤五郎

避してきた映像を前面に差し出し、そこに諷刺的な含意を持ち込むことを主眼としてきた。彼らは泥臭い無意識が跳梁する場として、イラストレーションを認識していた。だがその一方に、洗練された描線と色彩・オブジェ感覚に長け、時代の熱気に抗うように玲瓏な雰囲気の作品を手がける者たちが存在していた。野中ユリや宇野亞喜良、合田佐和子といった美術家である。彼らは寺山修司と澁澤龍彥という二人の〈魔法使い〉の近傍にあって、狂気と驚異、禁欲と陶酔の両極を見つめ、欲望の倒錯を湛える図像やコラージュを作成した。

野中ユリは本来は銅版画とコラージュをよくする美術家であったが、都市出版社や桃源社といった小出版社の書籍の数々に、忘れがたい装幀を行った。淡い色彩のなかに隠れ込み、みずからの消滅を願う影。暗黒の宇宙のどこかで生じた天使たちの惨劇。野中の手にかかると、書物はたちどころに妖精的な気配を帯びた。彼女の装釘作品でもっとも著名なものは、『澁澤龍彥集成』（桃源社 1970、338頁）である。魚鱗とも羊歯の葉ともつかぬ暗緑色の文様が、黒地を背景にびっしり表紙を覆っている。この神秘的な装丁は、それまで異端の評論家であった澁澤を一躍、エロティシズムの思想家としてアピールするのに大いに貢献した。長沢延子の遺稿集『海　友よ私が死んだからとて』（都市出版社 1971、336頁）では、夭折者の生の儚《はかな》げさをみごとに表紙で体現し、エジプトのシュルレアリスト、ジョイス・マンスールの『充ち足りた死者たち』（薔薇十字社 1972、337頁）では、スワンベルグのデッサンを素材に、ビニール装の、複数の層に及ぶ装丁を行った。合田佐和子はこの時期、まだ美術家として全面開花にまでは至っていなかった。彼女はガラクタのオブジェを集めたり、小さな眼球を拵えたり、映画スターのブロマイド写真に次々と牙と血を加筆し、吸血鬼に仕立て上げるといった悪戯めいた小品を手掛けていた。合田がその妖しげで不吉な作風をもって、状況劇場と天井桟敷という二大アングラ劇団のポスターを同時に手掛けるようになるのは、1972年以降のことである。

ちなみに中西夏之や野中ユリといった美術家が装幀を担当するにあたっては、現代思潮社、思潮社、天声出版、都市出版社、薔薇十字社といった、個性的な小出版社（336—341頁）の存在を抜きにして語るわけにはいかない。石井恭二、内藤美津子や桑原茂夫といった出版人、編集者が、一冊一冊をまったく異なった、オブジェとしての書物に仕立てあげたことは、出版史において記憶されるべきである。この時期の「異端」的な書物の続々とした刊行が布石となって、やがて70年代中盤にいたって、海外幻想文学本の大ブームが起きることになった。

宇野亞喜良は独自の描線で知られたイラストレーターであった。また『話の特集』の折り込みカラーグラビアで、ヌードモデルにボディ・ペインティングを施すという試み（76—77頁）を続けた美術家でもあった。彼は演劇やバレエ公演のポスターを手掛ける一方で、精力的に絵本を作成した。宇野の描く世界では、あらゆる人物が強いアイロニーの重荷を背負わされ、乾ききった身体のもとにあった。少年少女の身体が馬となり、頭から薔薇の枝が伸びていくように、あらゆる存在が変身の途上にあった。宇野は好んで女性たちを描いた。女たちはどことなく病的で、物憂げな表情をし、ひどく痩せているか、そうでなければ古代の大地母神のように極端な肥満体を

LABYRINTH: 3

ILLUSTRATION BY AQUIRAX UNO

していた。彼女たちが本質的に同一の存在であることを知悉していたのは、作者だけであった。

宇野は寺山修司という理想的な「共犯者」を見つけることで、より広大な領域へと美学的探究を展《ひろ》げていった。彼は天井桟敷のポスターを描いただけではない。寺山の『絵本・千一夜物語』(1968)では、事実上共作といえるほどにふんだんの挿画を提供した。1965年から67年にかけて刊行された『ひとりぼっちのあなたに』『さよならの城』『はだしの恋唄』といった小さな書物は、寺山の抒情詩に宇野が挿画を加え、表紙を担当する形で進められた。これは新書館の少女向き絵本「フォア・レディース・シリーズ」の一環である。宇野はこのシリーズで『ビリチスの愛の歌』(栗田勇)、『恋する魔女』(立原えりか)など、多くの書物もまた担当した。また寺山が公募して選者を務めた詩集『あなたの詩集』(1969-81)の表紙にも、アルチンボルドやレオナルドを素材としてコラージュを提供した。『愛さないの　愛せないの』(1968)以来、『ふしあわせという名の猫』(1970)へと続いてゆく宇野と寺山とのコラボレーション(以上348頁)は、その後も岸田理生や安井かずみの同シリーズへと継続され、また山梨シルクセンター(現サンリオ)のポケットサイズの詩画集とも連動している。この時期の宇野の作品が、後の日本の少女文化のために貴重な布石となったことは、68年文化を論じるにあたって蔑《ないがし》ろにできない事実である。

図像の認識とは何か

グラフィック・デザイナーとしての杉浦康平の位置は、これまで挙げてきた人々の文脈にあってはきわめて特異であり、超然としたものであった。他の者たちが表象行為の次元においてさまざまな主題と手法を競いあっていたとすれば、杉浦は図像と言語をめぐる認識論の地平に立って、デザインを思考していた。エディトリアル・デザイナーとしての杉浦は、単に雑誌や書籍の表紙や目次のレイアウトを手掛けただけではなかった。彼が意図したのは、書物を自立したオブジェとして現象させることであった。

本文の用紙に色紙や毛紙といった、さまざまな紙を用いる。オレンジや緑のインクで活字を印刷する。表紙をオフセット印刷するにあたって、通常の4色分解ではなく、あえてキープレードを落とした3色分解を試みる。講談社新書から国書刊行会『世界幻想文学大系』まで、またブータンの切手まで、デザイナーとしての彼の仕事は広大な領域に及んでいるが、その一つひとつの作品は、図像とは何か、印刷とは何かという彼の思索の過程を示している。

この時期、杉浦は『パイデイア』（344頁）と『遊』（347頁）という、現代思想と文学、美学に関わるリトル・マガジンを舞台に、思い切った実験を試みている。『パイデイア』では青、赤、黄緑といったぐあいに、用紙とインクの色が毎号変えられた。ほとんど全頁にわたって、オレンジ色の毛紙にオレンジ色のインクで文字が記された号もあった。『遊』ではあらゆるジャンルを統合し、これまで誰も試みなかった雑誌という編集者松岡正剛の理念に賛同し、デザイナーの域を越えて、編集に深く関わった。杉浦のこうした作業は、70年代後半、『エピステーメー』の造本にも継承され、知的流行としての現代思想を先導する役割をはたすこととなった。

杉浦は『遊』第6号（1973）に、「乱視的世界像の中で」と題する図像コラージュを発表している。そこでは犬が嗅覚を通して認識した世界認識の図像化、すなわち「犬地図」が作成され、それを手掛かりとして、人間の知覚の相対化と視座の多元化が提案されている。

原意識に潜在する形象をいかに図像化するか。杉浦がこのとき遭遇した認識論的問題は、仏教から現象学までが思索してきたものでもあった。やがて彼はアジアに存在する夥しい図像の編集を通して、図像の思考とでも呼ぶべき領域へ参入してゆく。世界を凝縮した曼荼羅を原型として、宇宙的な規模の遊戯思考へと向かうことになる。

『an·an』の登場

すべてを疑い、すべてを否定する時代は、やがて終わりを迎えた。反権力と異端、死への欲動とエロスが交錯する〈1968〉という時代が終焉を迎えたとき、日本はみごとに経済発展を成し遂げ、高度消費社会へと突入しようとしていた。

このときイラストとデザインの世界に急速に台頭してきたのは、強い女性という表象である。少女漫画とスタイル画の世界を別にすれば、その時期まで女性の映像はもっぱら男性の視線を通して形成され、社会のなかで消費されてきた。この体制に異議を唱える向きがなかったわけではないが、とても独自の表象システムを樹立するまでにはいかず、その力は微々たるものでしかなかった。

１９６８年に最初の変化が生じる。『平凡パンチ』が表紙から男性が追放され、以後、女性だけの世界と化したことである（３４９頁）。創刊以来、表紙を担当してきた大橋歩は、女性としての自分の目線から同性を見つめ、その画像を男性週刊誌に提供した。続いて１９７０年、同じ平凡出版（現マガジンハウス）から『an·an』（３５０頁）が創刊される。幾多の試行錯誤の末、『an·an』は従来の女性誌の世界を飛び越え、新しい女性表象への道を切り開く。

やがて70年代も初頭を過ぎると、合田佐和子が全面開花し、天井桟敷と状況劇場の双方のポスターを手掛けるようになる。山口はるみのＰＡＲＣＯのポスターが、自立した女、強い女、みずからの意志で決断をする女という観念を、社会にむけて強力に訴え出るようになる。ＰＡＲＣＯはモロッコのベルベル族の女性からイスラエル空挺部隊の女性兵士まで、強い女の映像を求めて世界を廻り、高度資本主義社会における文化商品の生産と流通、消費に、新しいイメージ戦略を提供した。そして最後に、少女文化の大波が訪れ、現在に到るまで猖獗を極めることとなる。

もちろんそれは別の物語である。だが、考えてもみようではないか。１９７０年代から現在に到る物語をめぐっては、人はこれまで、驚くばかりに安易に、饒舌を重ねてきたのではなかったか。〈１９６８〉の文化を語るときの難しさは、それ以後を語るときの容易さを前にしたとき、いっそう際立ってみえる。だがこの時代を孤立した、隔絶された時代として切り離さないためにも、われわれが今後「発掘」しなければならないものはあまりにも多い。

（よもた・いぬひこ　映画史・比較文学研究）

演劇

アングラ革命とその時代

西堂行人

1967年の画期的事件

「1968年」を挟んだ前後数年は、現代演劇にとって近過去の中でもっとも大きな激動の時代だった。演劇の動き自体が事件そのものだったと言ってもいい。文化や社会など時代が大きく揺れ動く渦中にあって、演劇はとりわけ先進的な活動を展開したのだ。なぜか。その理由を解明することが本稿の目的である。

　そこでまず、その前年の1967年に注目してみたい。この年は、唐十郎率いる劇団状況劇場が新宿花園神社にはじめて紅テントを建て、その後の活動につながる画期的な年となった。六角形を象《かたど》った威容を誇るテントが都市のど真ん中に出現し、それ自体が都市の異物たりえた。この紅テントの存在は、「アングラ」という言葉にふさわしい外貌を具えていたのだ。

　同じ年、状況劇場とともに「アングラ演劇」を牽引するもう一方の雄、寺山修司は演劇実験室◎天井桟敷を創設した。天井桟敷の旗揚げ公演『青森県のせむし男』は自らを「せむし男」になぞらえた寺山が、時代の暗部に突き刺さる見せ物性をもって東京に殴りこんできた。この時、マツを演じたのは、男装の丸山明宏だった。後の美輪明宏である。

　唐と寺山には相通ずるものがある。それは白昼の文化に対する地下的想像力を掘り起すことであり、西洋文化に典拠をもった近代芸術に対して、自前のオリジナル文化をぶつけることだった。独力で道を切り開こうとするパイオニア精神の表われでもある。

この67年には、音楽の世界にも一大異変をもたらす事件があった。ザ・フォーク・クルセダーズの登場である。京都の現役大学生だった彼らが半ば冗談で作成した一枚のレコードが爆発的なヒットとなり、社会現象ともなった。そのタイトルは『帰って来たヨッパライ』。歌詞の内容も人を喰ったものだが、回転数を早回しにして声を変える趣向もユニークだった。素人がメジャーな会社をバックにしなくてもヒット作を出し、しかも流通媒体の発信源がラジオの深夜放送だったことが、クルセダーズを「アングラ・フォーク」と呼ばしめた理由である。これが日本で「アングラ」という言葉が社会化されたはじめての現象だった。

音楽の素人による革命は、演劇界の唐や寺山と通底するものがあった。そこから「アングラ演劇」という言葉も派生した。ただしこの言葉は、当初、侮蔑的なニュアンスで使われ、当事者は決して自分たちのことを「アングラ」とは名乗らなかった。

67年を前後して、二つの注目すべき作品が発表された。不条理劇の旗手、別役実の『マッチ売りの少女』（66年初演）と安部公房の『友達』である。別役は同作で第13回岸田國士戯曲賞を受賞し（67年）、新進気鋭の劇作家として、当時の新劇を中心とする演劇界に好意的に迎え容れられた。これは早稲田小劇場で初演され、演出は鈴木忠志だったが、別役は「アングラ」とは呼ばれなかった。『友達』は安部の代表作であるが、上演した母体は新劇団の青年座。この劇は、ある青年のアパートに得体の知れない家族が侵入してきて、やがて部屋は乗っ取られ、青年は殺される。当時最新の「不条理」を扱ったものだが、手法はあくまでリアリズムに準拠していた。安部は小説家としては「前衛」で知られていたが、こと劇作家としては、「前衛」とは見なされなかった。別役は『言葉への戦術』で、安部の『友達』を徹底批判し、アングラと新劇の理論的差異を鮮明にした。その意味で、1967年は、新しい演劇の台頭と古い演劇観の退却が明白になった年でもあった。

肉体の革命——1968年

1968年は、「肉体」が時代のキーワードとして跋扈した年でもある。

唐十郎は演劇論エッセイ『特権的肉体論』を発表し、これは以後の彼の代名詞ともなった。その後、唐は戒厳令下のソウルで上演し、シリアやパレスチナの難民キャンプに遠征するなど前代未聞の活動を展開し、肉体を持った「行動する演劇人」として、時代を牽引する存在となった。

この時代のもう一人のシンボル的存在は、暗黒舞踏の土方巽である。彼は唐の師匠でもあり、この年に発表した『肉体の叛乱』は、彼の代表作となった。この舞台の正式タイトルは『土方巽と日本人』（257頁）。土方は時代の表層を突き破り、日本人の根幹に達する射程を見据えていたのだ。土方の出発点は1959年の『禁色』である。言うまでもなく、三島由紀夫の禁断の小説だ。彼はこの舞台で三島と知己を得、「暗黒舞踏」が事実上スタートした。屈曲した貧弱な肉体を武器に西洋文化にまみれた日本文化を批判し、日本のオリジンを取り戻そうとしたのが舞踏である。

寺山もまた西洋にどっぷり浸かりながら、彼自身の出自である「東北性」を手放さず、自らの方言に固執した。寺山の「東北弁」は彼にとっての肉体そのものだった。そのローカル性が後年、世界性を獲得することになる。

「肉体」のもう一つの淵源は、アントナン・アルトーである。彼の著書『演劇とその分身』（当時のタイトルは『演劇とその形而上学』、1965年、白水社刊）でアルトーの名前はアングラ世代を中心に知れ渡っていた。西洋文明を根底から批判したアルトーは、言葉だけの演劇を否定し、身体に基盤を持つアジアの演劇、とりわけバリ島の舞踊に着目した。肉体の記号性を突き詰める東洋演劇にアルトーは魅せられたのだ。アルトーは唐や寺山をはじめ、アングラ演劇の精神的なバックボーンとなった。

もう一つのキーワードは「新宿」である。

翌69年、大島渚の『新宿泥棒日記』が公開されたが、この映画には1968年当時の「新宿」の路上戦が見事に映し取られていた。ジャン・ジュネの小説名からとられたこの映画は、新宿を舞台に展開していた当時の文化現象や時代の表層をドキュメント風に切り取ったものだ。ここで登場する奇妙な芝居集団こそ、若き日の唐十郎と状況劇場だった。新宿駅前広場に白昼忽然と出現する褌姿の唐十郎に象徴されるように、ただならぬ気配が都市を覆っていた。この時の舞台は、唐の革命劇『由比正雪』である。

演劇界では、後の黒テントの活動に収斂される演劇センター68が結成され、プロレタリア演劇運動の生き残りだった程島武夫の転形劇場の旗揚げに参加したのが太田省吾だった。ここでアングラ演劇の担い手たちはほぼ出揃った。

1968年、パリ五月革命のうねりの中、その年の10・21の国際反戦デーは、ついに「騒乱罪」が適用されるほど激震が起こった。この時期から「新宿」は特別な街となった。

新宿路上戦争――1969年

1969年正月早々、新聞紙面を一つの演劇的事件が飾った。いわゆる「新宿西口事件」である。前年、街の清浄化を理由に花園神社から状況劇場の紅テントが追放された。その腹いせに、唐は一枚のビラを配った。「新宿見たけりゃ今見ておきゃれ　じきに　新宿　原になる」。唐はリベンジを試みた。まだ再開発される前の新宿西口公園（現在の中央公園）に目をつけ、この地で公演を打とうとしたのである。

けれども美濃部革新都政からは許可が下りない。革新勢力は新劇とつながりがあったが、アングラ派には冷たかった。そこで状況劇場は「無断上演」を強行した。およそ二百人ほど集まっていた観客が開幕前に見た光景は、公園入口を閉鎖し、道具を積んだリヤカーの侵入を阻止する機動隊の姿だった。多くの観客が公演は無理だろうと思っていた矢先、暗闇から伝令が現れ、高らかにこう宣した。「状況劇場、ただ今から上演開始します！」と。見ると、公園のはるか彼方に、いつの間にか紅テントの旗が翩翻《へんぽん》とひるがえっているではないか。欣喜雀躍《きんきじゃくやく》した客たちはテントに雪崩込み、『腰巻お仙　振袖火事の巻』の幕が切って落とされた。

この舞台を観た演劇評論家の扇田昭彦に唐は「怪人二十面相の手口ですよ」と語ったという。ある一カ所に注意を引きつけておいて、その裏からまんまと侵入する。敵を欺く怪人二十面相の常套手段である。扇田はこの時、唐十郎の「本当の才能のすごさ」を認識したと語っている。不可能と思われることを難なく実現してしまう唐の天才性。「行動する演劇人」の面目躍如がここにあったのだ。

夏に「日本列島南下興行」をトラックで挙行する唐と状況劇場は、さながら時代の切っ先を疾走する芸能者のシンボルに映ったことだろう。旅先で出会った学生を中心とする若者たちは、演劇的な刺激を受けるばかりか、それ以上にこの時代を闘い抜く彼らの行動に魅せられたのである。全国各地の大学で闘争の炎が燃え盛り、バリケードが築かれた。紅テントの空間はそれと同質のものを胚胎していた。芝居の内容は、彼ら若者たちの想像力に増殖されて、いっそう過激に燃え上っていった。

状況劇場とともに、観客の想像力に油を注いでいったのが、演出家・蜷川幸雄と劇作家・清水邦夫を中心とした現代人劇場である。新宿の前衛映画の拠点だったアートシアター新宿文化で彼らの事実上のデビュー作『真情あふるる軽薄さ』が幕をあげたのは、その年の秋だった。学生たちはデモ帰りに劇場に押し寄せ、彼らの活動にシンパシーを表明する舞台が観客の期待に応えた。まさに時代のど真ん中に演劇が降り立ち、観客とともに舞台が起ち上がったのだ。

この年に寺山修司と天井桟敷ははじめて海外公演を敢行し、喝采を浴びた。日本で彼らの実験演劇は必ずしも称賛されたとは言い難かったが、ドイツの実験演劇祭（エクスペリメンタ）3で彼らの評価は国境を越えた。この後アングラ演劇は世界に向けて発信されていくのである。

渋谷にジァンジァンが開場し、その後に続く小劇場の草分け的存在となった。ジァンジァンは世紀末に向かうアンダーグラウンド文化の発信地となり、演劇、ダンス、音楽に落語もレパートリーに加わり、まさに芸術・文化の通底路となった。しかし、この小劇場も2000年をもって閉場した。すでに小劇場やミニスペースは数多くつくられ、実験的な劇場の役割を終えたという認識をもったからだろう。

変わり目の始まり――1970年

1970年もまた動きの多い一年だった。大阪万博開催、赤軍派によるよど号ハイジャック事件（以上3月）、第二次安保闘争（6月）、そして11月には作家・三島由紀夫の自衛隊・市ヶ谷駐屯地での割腹自殺事件があった。赤軍派から右翼の自衛隊乱入まで、幅広い事件が混在していたのが1970年の特徴である。

この年の大きな演劇的事件は、「黒テント」による、全国移動公演である。出し物は『翼を燃やす天使たちの舞踏』。佐藤信を軸に斎藤憐《れん》、山元清多《きよかず》、加藤直《ただし》の四人の劇作家による共同台本で、ベースになったのはドイツの劇作家ペーター・ヴァイスの『マラー／サド』。精神病棟の患者によって演じられるフランス革命の立役者、マラー暗殺の劇中劇だ。そこでは革命に向かう想像力が狂気と紙一重で演じられた。この出し物をもって黒テントのはじめての移動公演が始まる。全国に跨がる大掛かりなものだった。

この時、発表された「コミュニケーション計画・第一番」には、これまでにない社会変革を射程に入れた黒テントの壮大な構想が提案されていた。「移動劇場、拠点劇場、壁面劇場、教育・出版」。こうした四つの柱を軸に展開される運動論は、演劇を超える破格のスケールを持っていた。本格的な「革命構想」を繰り出した黒テントは、「運動の演劇」を標榜し、集団としてのメッセージをぶつけた。これを言語と理論で展開する季刊『同時代演劇』も刊行された（編集長はイデオローグだった佐伯隆幸《りゅうこう》）。この機関誌は唐、寺山から鈴木まで巻き込むアングラ・小劇場運動を集約し、のみならず、山口昌男や中村雄二郎、高橋康也らのアカデミズムからの寄稿も掲載し、文化革命の様相を強烈に印象づけた。

黒テントの旅公演は、紅テントのアナーキーで開放的なものとは異なり、全国津々浦々を計画に沿って巡回するものだった。後に、田中角栄首相によって提唱される「日本列島改造論」（1972年）を先取るもので、これは驚きに値する。

この70年を皮切りに、いわゆる「アングラ第二世代」が相次いで出立した。流山児祥と演劇団岡部耕大と空間演技（以上70年創立）、山崎哲とつんぼさじき、岡本章と錬肉工房（以上71年）。翠羅臼や桜井大造による曲馬舘（73年）、アングラ・小劇場の運動は一世代で終わらず、後続に引き継がれたのである。

政治闘争劇の激化――1971年

1970年安保条約は10年前とは違って大きな混乱もなく、批准、通過し、反対勢力は無力感に襲われた。60年の安保闘争は全国的な闘いの戦場が国会周辺にあったが、70年安保はむしろ闘いの場は地域の局所にあった。その戦場の一つが三里塚である。ここでは成田国際空港建設のため、農地買収をめぐって権力側と、近隣の農民と彼らを支援する学生との間で壮絶な闘いが繰り広げられた。

演劇でこれに対応したのは、現代人劇場の『鴉《からす》よ、おれたちは弾丸《たま》をこめる』（清水邦夫作、蜷川幸雄演出）である。闘争に関わった青年の裁判を支援するために三里塚の老婆たちが法廷を占拠するという荒唐無稽な芝居だったが、他方で若者と老婆の連帯は新しい可能性を拓くものでもあった。が、三里塚の現実の闘争も劇中の闘争も結末は敗北に終わる。団員に活動家が多く含まれる現代人劇場にとっても、闘争という現実は、演劇という虚構と地続きだった。闘争の終わりとともに、現代人劇場は疲弊し、解散した。

この作品は、2000年代に入って、蜷川幸雄が創設した高齢者劇団「さいたまゴールド・シアター」で繰り返し再演され、同劇団の代表作になった。蜷川にとっても思いの深い作品だったに違いない。初演時では若者たちが老婆を演じたが、三十年以上経って、本物の老優が演じた時、この劇は不思議なリアリティをもって転生した。蜷川はこの時、「若者」を演じた本物の若者たち「ネクスト・シアター」に後続を託したとも言えよう。

一方、佐藤信と黒テントは１９６９年から『鼠小僧次郎吉』の連作を開始した。義賊の鼠小僧は革命の代名詞であり、虚構の物語としての「革命劇」を発信した。けれども、この革命は「子《ね》の刻」５分前に頓挫する不発の革命だった。以後、この連作は４本の改訂版が創られ、『嗚呼《ああ》鼠小僧次郎吉』（71年）が完結編となったが、彼らは一貫して革命の不可能性を提示し続けた。そのためか、芝居の内容はひどく暗かった。それは時代の暗澹たる気分を代弁するものでもあったのだろう。佐藤は『鼠小僧次郎吉』で第16回岸田國士戯曲賞を受賞した。

最後の光芒——１９７２年

アングラの最後のピークを迎えるのは、72年である。唐十郎は戒厳令下のソウルで、『二都物語』を強行上演し、これが初の海外公演となった。この時、彼らを導いたのは「抵抗の詩人」金《キム》芝河《ジハ》である。彼は公演終了後、「親日派」として逮捕され、死刑を宣告された。これは後に撤回されたが、日韓の関係がきわめて難航していたときに、あえて火中に飛び込むのが唐だった。４月に、凱旋公演と称して、上野不忍池などで上演されたが、これが伝説の舞台となった。池から荷物を背負って登場する俳優たちに、玄界灘を潜り抜けて日本に帰還した亡霊の姿を観客は幻視したからである。東京とソウルを彷徨うリーランという女性がいる。彼女は行方不明になった兄

性の描写が多すぎる
毛皮のマリー
女装劇
美しく悲しき男娼の物語、
アートシアター新宿文化
9月1日(金)→7日(金)
入場料＝500円
開演9時30分
都内各プレイガイド、大学生協、アートシアター、劇団事務所（414・4627）などで前売中。
天井棧敷
第3回公演
アートシアター
演劇公演NO・25
提携＝天井棧敷＋新宿文化
寺山修司＝作
横尾忠則＝美術
東由多加＝演出
コシノ・ジュンコ＝衣裳
雑賀淑子＝振付
舞台監督＝山崎博
演出助手＝紫乱四郎
演出助手＝落合紀夫
演出助手＝前田律子
演出助手＝林檎童子
記録＝桃中軒花月
及川広信
萩原朔美
山谷初男
支那 虎
新宿新次
下馬二五七
西田二郎
彦凪ワタル
美少年・花組
美少女・星組
ESIGNED BY YOUNG MEN FOR YOUNG MEN
JUN
LA MODE
ROPÉ
MADEMOISELLE
Pierre Yokoo
定期会員案内

天井棧敷館
地下劇場の第二弾!!
ガリガリ博士の犯罪
12月29日より
■出演■下馬二五七■新宿新次■蘭妖子■シーザー■鉄仮面■彦凪ワタル■昭和精吾■粟田伸一■名古屋忠利■佐々木英明■荒野宴■橋本光央■川西伸■佐藤信■山本俊行■黒田潮■三上幸雄■松崎富男■堤高宣■橘田克美■蒔野保則
毎夜七時開演
一日曜休演一
■入場料800円(前売券700円)
■電話予約●409-1157●409-4749
■先着順問合せ締切
■時代錯誤的叙事詩「ガリガリ博士の犯罪」乞御期待
天井棧敷
渋谷区渋谷3の11の7 (409)1157
阿片戦争へと招く時代錯誤の胡弓!観客を催眠術にかけてしまう痩せ男ガリガリ博士とは何者!
■寺山修司■萩原朔美■前田律子■九条映子による集団即興作劇暗闇のお医者さんごっこ入門、性的ユートピアをめざす浪漫的亡命者たち
■井上洋介考案の快楽機械
●ああ支那!●エクスタシー海を漂う…の中の●せむし女
天井棧敷
天井棧敷
JUN
DESIGNED BY YOUNG MEN FOR YOUNG MEN
LA MODE
ROPÉ
MADEMOISELLE

を探し求めて二都市を経巡《へめぐ》る。このヒロインは「牛馬も叩き殺す」唐の創作した傑出した女丈夫でもあった。

早稲田小劇場は、座付き作家だった別役実の退団（69年）後、演出家・鈴木忠志による構成舞台に方向を転じた。ここで、女優の白石加代子を軸とした『劇的なるものをめぐって』シリーズが始まる。その代表作が『劇的なるものをめぐってⅡ』（1970年）で、この舞台がフランスの諸国民演劇祭に招聘されたのが1972年だった。この劇団ははじめてヨーロッパに渡ったのである。公演自体は試演に近かったが、鈴木がヨーロッパの前衛劇市場に登録されるきっかけになった。

鈴木の方法は言葉と身体の関係を探ることで一貫していた。ベケットや泉鏡花などさまざまな言葉の断片をコラージュしながら一人の俳優の中に巣食うさまざまな記憶の相を切り出す実験が追求された。演技とは自分でない誰かに「変身」するのではなく、自らの内にあって見えない部分を「顕身」させることなのだ、というのが鈴木の演技論の根底にあった。既成の文脈から切り離された言葉は、「本歌《ほんか》どり」のように原典を批評し、別の文脈を発生させるのである。

1972年の2月、凄惨な事件が起こった。連合赤軍による「浅間山荘事件」である。その後、「総括」という集団内リンチ事件が判明した。過激派の内ゲバが演劇集団に与えた影響は甚大だった。闘争目標を見失った集団は矛盾の矛先が内部に向かう。その結果、敵を味方の中に見出す内ゲバは避けられない。その現実の末路を目のあたりにしたからだ。過激派の政治集団も演劇のような表現者集団も、つまるところ集団原理は同一であることを再認識させられた。

この問題を正面から見据えた舞台が劇結社櫻社だった。現代人劇場を解散し、4人の同人——蜷川幸雄、清水邦夫、石橋蓮司、蟹江敬三によって再始動した櫻社は、10月に、『ぼくらが非情の大河をくだる時』で、連合赤軍事件への応答を試みた。この劇は美しくも抒情味あふれる舞台で、同時に敗走する若者たちを確認する劇でもあった。政治と演劇が拮抗するという状況はもはや破産寸前だった。翌年、彼らは『泣かないのか？　泣かないのか1973年のために？』を最後に、5年間続いた新宿での路上戦に終止符を打った。蜷川と清水は客席にかつてのような活気がなくなり、すでに消費的な観客が来場していたこと、時代の潮目は急速に変わりつつあったことを痛切に感じていた。

運動の終焉とその後——1973年

1973年、新進気鋭の劇作家、つかこうへいが『初級革命講座飛龍伝』を発表する。後に、若者を中心に絶大な人気を誇ったつかの出発だった。

この劇は、一面で革命運動の帰趨を問うものでもあった。挫折した学生運動家と彼をマークしていた機動隊員の心理的攻防戦。かつての革命の前線の記憶を胸の内に秘めて隠遁している活動家はいつか起ち上がる機会を狙っている、そう信じる機動隊員は監視の目を緩めない。現在の「監視社会」を先取りするかのような設定は、「学生運動」の辛辣なパロディでもあった。舞台で

KOSHIMAKI-OSEN
腰巻お仙
路頭劇
MARA JO
状羅魔
MADE IN JAPAN
御存知
麿 赤児
吉沢 健
大久保 鷹
木田与之助
藤原マキ
李 礼仙
唐 十郎
連絡場所
844－4936
当日発売
A＝四〇〇円
M＝五〇〇円
Z＝八〇〇円
忘却編
作・唐 十郎
劇団状況劇場第八回公演
戸山ハイツ灰かぐら劇場
十月二八→三〇日夜八時
澁澤龍彦 ●日本の若い演劇界は百鬼夜行のありさまで、しかも西洋かぶれのチンピラの百鬼夜行だから、たまったものではない。そういう中で、唐十郎の存在は、たしかに異彩を放っている。
一陣の埃を巻きあげ、「状況劇場」が風のように駆け抜けたあとに、わたしは、ドラマツルギーの幻影が一瞬あらわれ、たちまちにして消え去るのを見る。唐十郎は、小出しに使う財産のようにドラマツルギーを持っているのではない。思想に実体があるはずはない。彼のドラマツルギーは、おそらく、「身命を山野に捨て、居住を風雲にまかせる」といった、鎌倉時代の無用者の心意気にも似た、言葉の真の意味における、河原乞食（すなわち役者）の行動哲学から由来するものであろう。少なくとも、彼はそれを目ざしているのであろう。
しかし、わたしの見た限り、「状況劇場」の芝居は、お伽草子の現代版のようにリリカルで、お祭の見世物のようにノスタルジックで、場末の衛生博覧会のように無気味である。胎児の恐怖、親なし子のさすらい、永遠のさすらい……
「状況劇場」もまた、古くてしかも新らしい。日本の土壌に生まれた親なし子のように、超前衛の道を永遠にさすらって行くことだろう。わたしはそれを期待している。
↑灰かぐら劇場
この人は唐十郎であります！
中国料理と西洋料理
お茶の水明大通り TEL. 291－4024
招仙閣 SHOSEN KAKU
とんかつ・天ぷら
ときわ
お茶の水明大前
（291）6758
現代に生きる古典音楽喫茶の殿堂！
名曲：珈琲
丘
国電お茶の水駅
西口前
291－6741
DESIGN BY
Tadanori Yokoo

細江英公写真展
『とてつもなく悲劇的な喜劇』
日本の舞踏家　天才・土方巽
一九六八年三月一九日→三月三一日
場所　ニコンサロン（銀座松屋前）
土方巽と日本人
昭和四三年六月七↓九日
日本青年館
配給　暗黒舞踏派
バラ色ダンス派
鎌鼬の書●新しい人
舞踏・土方巽　写真・細江英公
定価四千円
刊行六月
現代思潮社
文京区小日向一ノ二四ノ八
電・八四三－四四〇六
予約本社直接

言及された学生運動は、現実においては渦中にいた者たちに冷水を浴びせかけるものでもあった。こうした現実のなかで、後退戦を強いられた左派の運動家たちは、１９７３年を分水嶺として急激に変質していく。運動は孤立化し、また先鋭化し、74年の三菱重工ビル爆破事件に象徴される「テロ」化に向かい、市民からの心情的な支援は薄れていった。

熱い革命的な気運の衰退を決定づけたのが、オイルショックだった。日本経済ははじめて右肩上がりから転じた。もはや政治の季節の再来は起こらず、時代は大きく蛇行していった。具体的な行動を起こさない＝起こせない民衆の苛立ちが内出血していく前兆でもあった。それを端的に表わしたのが、つか芝居だった。

この１９７３年は、ベトナム戦争の終結を意味する和平協定が結ばれ、米軍の撤退も完了した。国内的には、水俣病の和解も進み、南こうせつとかぐや姫の『神田川』がヒットするなど、優しさと寛容が時代の気分になりつつあった。

アングラ革命とその時代

１９６７年から73年。これを「アングラ革命の時代」と呼ぼう。

この時代を牽引したのは唐十郎だろう。だが彼は単独で出現したわけではない。むしろ60年代という時代が母胎となって、次々と才能を輩出したという方が適切だろう。

唐の兄貴分的存在だった寺山修司は天井桟敷を創設し、アングラ演劇の双璧となった。大学時代から交流があり、作品を見せ合う仲だった別役実と早大自由舞台を率いていた鈴木忠志らが状況劇場のライバル、早稲田小劇場を結成し、小劇場運動の拠点となった。紅に対して黒いテントを引っ提げて活動を開始した佐藤信と68／71黒色テントは地方で覇を競った。唐と蜷川幸雄との交流は生涯続いた。蜷川が小劇団を解散し、苦境に陥っていたときに救いの手を差し伸べたのが唐だった。蜷川はこの恩義を終生忘れなかった。自分が大劇場で成功した後でも、唐作品には最後までこだわり続けた。扇田昭彦という劇評家の存在も大きかった。扇田は同世代の才能たちを朝日新聞などで取り上げ、次々と押し上げていった。彼もまた劇現場に随伴し、精力的に批評を展開する活動家だった。

こうしたライバルや同志との相互作用がなければ、「唐十郎」は誕生しなかったろうし、随伴する観客と批評の存在がなければ、一個の才能としてたやすく消費されたに違いない。たとえば、後続のつかこうへいが若者文化として消費されていったように。「運動」が継続したことの意味は、まぎれもなくそこにあった。「別個に立って、共に撃つ」といった流儀が底流にあったのである。

アングラ演劇を担った劇作家、演出家たちはほとんど男性だった。それ故、ホモソーシャルなコミュニティを形成しがちだった。だが彼らの演劇を実際に動かしていったのは、女優たちである。唐十郎と李礼仙（現・麗仙）、鈴木忠志と白石加代子、寺山修司と新高恵子、佐藤信と新井純、串田和美と吉田日出子、蜷川や石橋蓮司と緑魔子。いずれもヒロインを演じた女優なくして、彼

劇団＜自由劇場＞第7回公演
STOP THE VIET-NAM WAR
VIET ROCK
二幕のミュージカルプレイ
作＝M・テリイ　作曲＝M・ピュリイ　訳＝中村敦夫　音楽構成＝林光
2月5日(月)〜29日(木)
7時
土・日 マチネーあり 2時
500円
ヴェトロック
アンダーグラウンド・シアター
＜自由劇場＞
404・0862
演出＝佐藤信
振付＝朱里みさを
美術＝阿部信行
照明＝立木定彦
演助＝井出悟
舞監＝別所よりひさ
制作＝自由劇場制作部
男の俳優
1＝地井武男
2＝中村方隆
3＝林隆三
4＝樋浦勉
5＝広瀬昌助
6＝村井国夫
女の俳優
1＝青木一子
2＝浅川鮎子
3＝新井純
4＝伊東満智子
5＝吉田日出子
6＝大方斐紗子
おれたちは
おれたちの
コトバとリズムで
叫び　歌い
叩きつける
神秘的な詩や
高邁な思想とは
ひとまずおさらばだ
まず
ここから
おれたちははじめる
それ行け！
ヴェトナム
ア・ゴーゴー!!!!
自由劇場
1968
DESIGNED BY M・KUSHIDA

天井棧敷
第5回 正月特別興業
アラジンが
魔法のランプをこすると、
悪魔があらわれた
ところで、
少年が自分のからだの、
どこをこすると
悪魔があらわれたのか？
アラビアンナイトへ挑戦する、
詩と美術と
エロチシズムの三幕
制作：九條映子
東由多加
照明：沢田祐二
演出補：萩原朔美
前田律子
人形制作：辻村ジュサブロー
ムトウ楽器店協力
出演
★
1月17日(水)―21日(日)
毎夜6時30分
入場料 600円
(前売券 500円)
新宿厚生年金会館
小ホール
新宿版
寺山修司作・演出 宇野亜喜良 美術
千一夜物語
LA MODE ROPÉ
MADEMOISELLE
DESIGNED BY YOUNG MEN FOR YOUNG MEN
JUN

らの演劇は語れない。そして最後の決め台詞は多くの場合、女優の鮮烈な言葉で締め括られていた。これは作者（男性）の思いをヒロインが代弁していたとも言える。いわば彼女らは「女神」たちだったのだ。だがその反面、男が理想とした女性像が舞台に過剰に投影された面もなくはない。果たしてその女性像は女優にとって何だったのか。1980年前後から女性を主宰とする劇団が陸続と誕生した。如月小春、渡辺えり子（現・えり）、木野花と青い鳥、岸田理生らである。彼女らが描く女性像はおよそ男が仮託する女性像とかけ離れて、等身大で身近な女性たちである。後続者たちの前世代への違和感がこめられていたと解することもできる。フェミニズムやジェンダーが登場するのは1980年代以降、つまりアングラ世代の後続者たちの時代だったのである。

他ジャンルとの「通底路」があったことも見逃せない。唐は映画で若松孝二の『犯された白衣』、大島渚の『新宿泥棒日記』、松本俊夫の『修羅』に出演している。寺山は実験映画に続き、『田園に死す』や『書を捨てよ町へ出よう』といった長編映画を手がけ、映画と演劇を股にかけて活動した。両者の距離は存外に近かった。

ニューフォークとアングラの関係もまた根強かった。小室等のヒット作『雨が空から降れば』は別役の劇中歌（『スパイものがたり』）だったし、寺山修司は作詞家として『戦争は知らない』や『時には母のない子のように』という名曲を生んだ。当時、一世を風靡したシンガーソングライターの岡林信康が黒テントに協力したこともある。あがた森魚もつかの芝居に生出演し、劇中で歌った。フォークのカリスマたちはアングラ・小劇場へ気軽に越境し、両者の精神的な地続き性は明白だった。

音楽の演劇への親和性としては、黒テントは林光とクルト・ワイルを定番とし、太田省吾は当時まだ知る人ぞ知るエリック・サティを使いこなした。天井桟敷の座付き音楽家、J・A・シーザーのシンセサイザー曲は舞台と密接につながっていた。安保由夫の歌は唐十郎劇の音楽(『唐版・風の又三郎』など)になくてはならないものだった。例外は鈴木忠志で、彼は既成の歌謡曲を引用し、歌詞も一種の台詞と見なしていた。

時代に抵抗する文化。これを「カウンター・カルチャー」と呼ぶなら、この思想がアングラが擡頭する60/70年代には根を張っていたことは間違いない。サブカルチャーという下位(従属)文化が幅を利かすようになったのは1980年代になってからである。サブカルチャーは消費社会の波に乗って、一挙に商品化された。いわば「毒を抜いたカウンター・カルチャー」がサブカルチャーを縮めた「サブカル」である。アニメやグッズは急速に市場を開拓し、やがて世界に進出するようになる。アングラはその流れを拒むように、多くの者たちはあえて国内に留まった。肉体をともなう言葉は翻訳不可能であり、上演を支える劇場空間は移動不能だったからである。それ故、アングラは「世界化(グローバリゼーション)」されることに疑問を呈した。

「アングラ」を定義することは難しい。そこで、「サブカル」と比較対照することで、それを探ってみよう。

かつてサブカルチャーを代表する作品として、『ライチ・光クラブ』があった。原作は古屋兎《うさ》丸《まる》の漫画（ただし『ライチ☆光クラブ』）、これを舞台化したのが、東京グランギニョルを率いていた飴屋《あめや》法水《のりみず》だ。１９８５年のことである。この作品は２０１２年、江本純子（毛皮族）によって再演されたが、異端を好む若者たちに絶大な人気を誇った（映画やテレビ・アニメ化され、２・５次元演劇でも舞台化されたが、ここでは触れない）。

飴屋はもともと唐十郎の状況劇場の音響を担当していたが、彼の使いたい音楽（音源）は唐演出にほとんど採用されず、自分の好きな曲を使いたいがために、1回限りのつもりで東京グランギニョルをつくり、上演に踏みだした。それが飴屋の演出家としての出発点になった。この舞台が異端派の若者たちの心を摑み、時代を先駆ける作品となった。こうした流れが、サブカルの一つの底流となり、現在にまでつながっている。

サブカルは、「異端」そのものを自覚的に追求し、それがマイナー志向の若者たちに支持され、かえって巨大な市場を獲得するに至った。マイノリティこそ多数派だったのだ。サブカルの手前で、多様な価値観の間で揺れ動いていたのが「アングラ」だった。言い換えれば、近代芸術といったカノンを否定し、そこからの逸脱を志向しつつも、その先のイメージを明確に獲得できず、その手前のプロセスで、暗中模索していたのが「アングラ」だったのである。

一回性、あるいは交換不能な単独性。テントや小劇場に立ちこめる匂いや演じる役者たちが発する言葉には、それまでの了解コードを一新する強い意志があった。そこには還元不能な、唯一無二性が存在した。それらを一言で集約するならば、「肉体」ということになろう。「肉体の屹立」がアングラのイメージを形成し、土方巽はそれを「舞踏とは命がけで突っ立つ死体である」と言明した。

１９６０年代後半から70年代前半にかけて、文化や芸術のパラダイムを大きく変えていったのは、この「肉体」に集約される根源へ向かう思考だった。それが「演劇革命」を突き動かした生命力なのである。

（にしどう・こうじん　演劇評論）

島袋洋服店

東松照明（1969年）

東松照明（1969年）

東松照明（1969年）

東松照明（1969年、pp.112-119 : © Shomei Tomatsu--INTERFACE）

クスリの龍生堂

中平卓馬　『Provoke』第1号（1968年11月）より

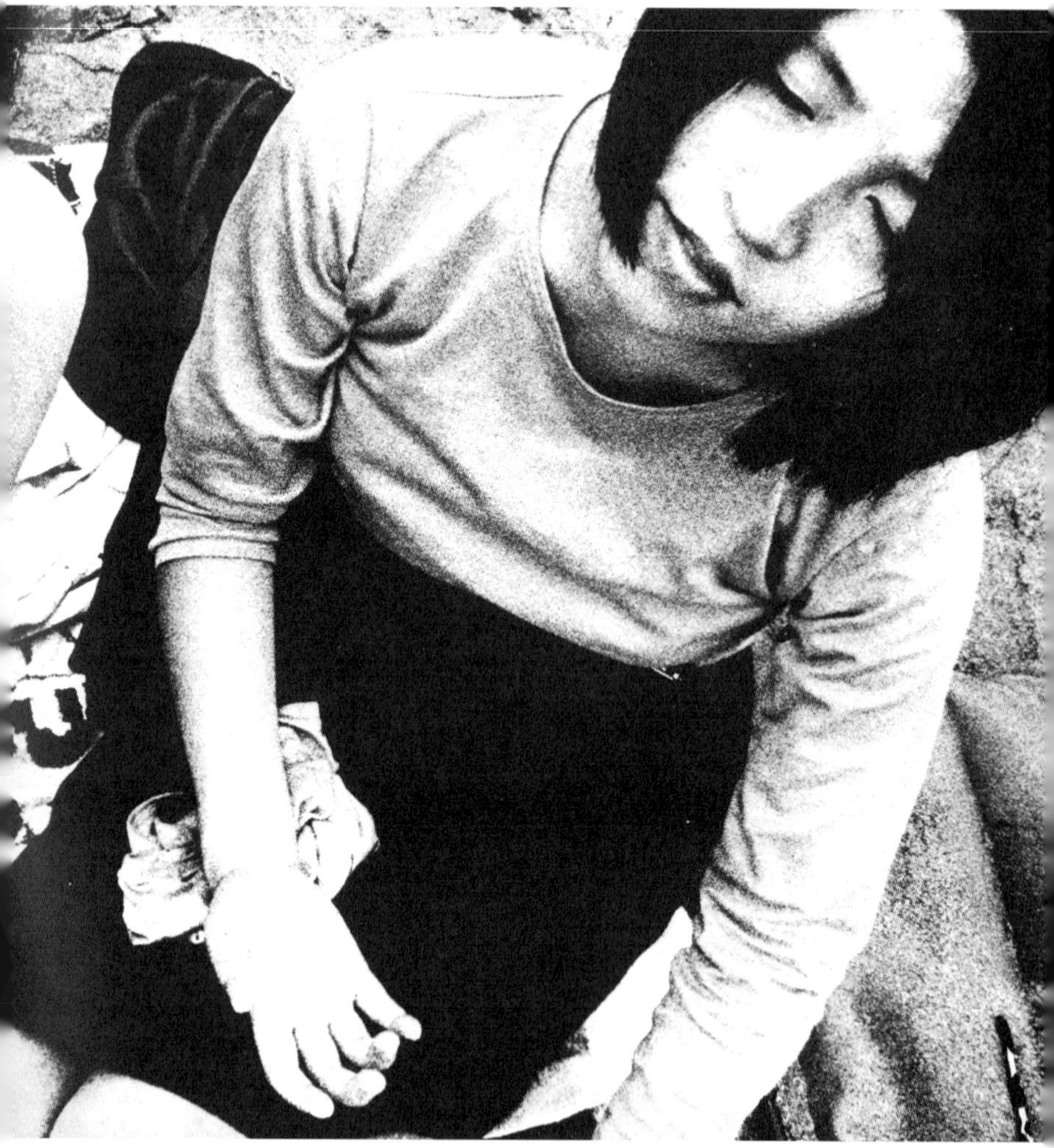

中平卓馬　『Provoke』第1号（1968年11月）より

中平卓馬　『Provoke』第2号（1969年3月）より

中平卓馬　『Provoke』第3号（1969年8月）より

中平卓馬　『来たるべき言葉のために』（1970年）より

中平卓馬　『来たるべき言葉のために』（1970年）より
pp.66-77: photographs by Takuma Nakahira © Gen Nakahira Courtesy of Osiris

奉納
明治天皇行在所記念祭
氏子中

高梨豊（1968年）

高梨豊（1969年）

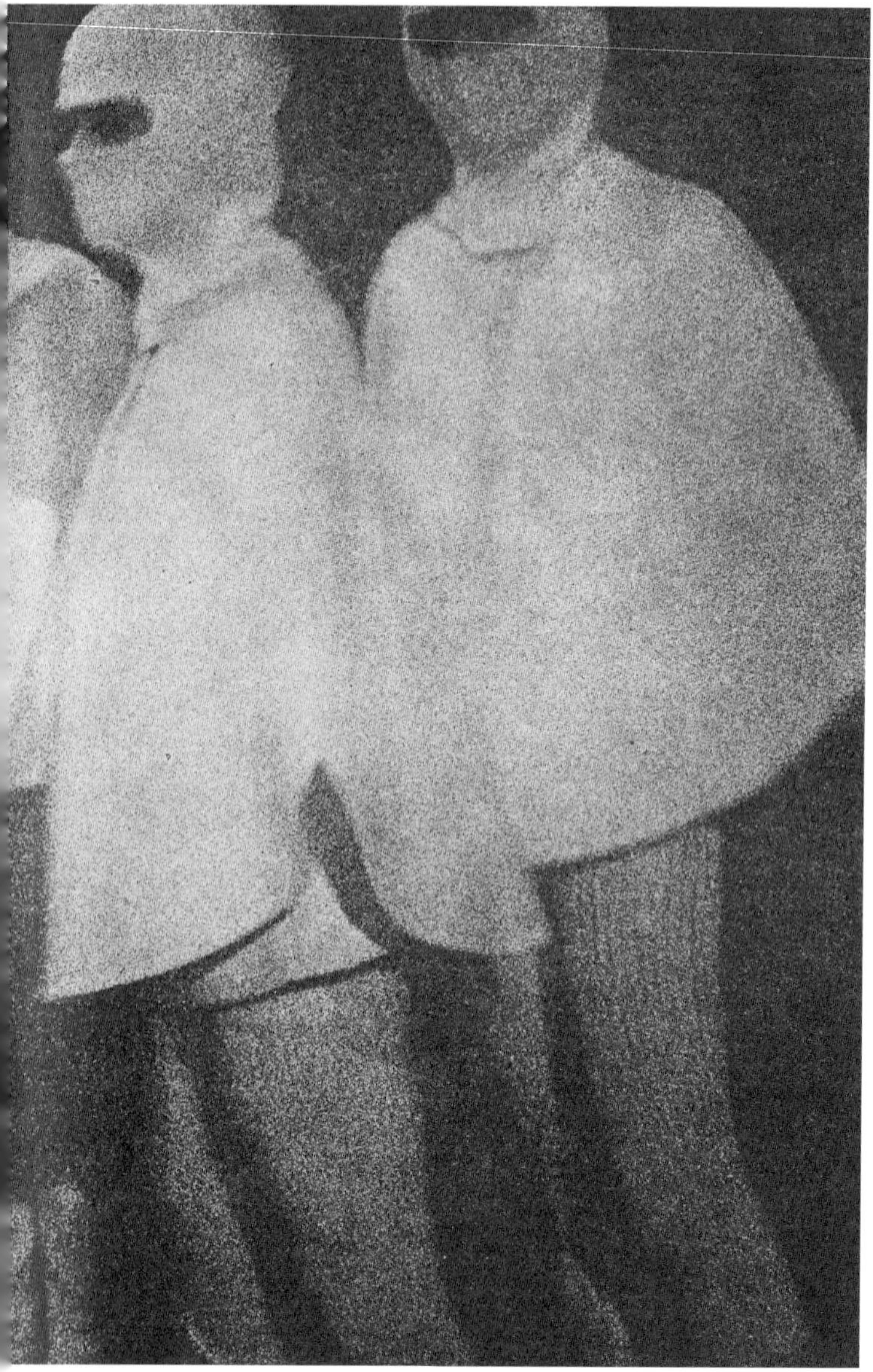

高梨豊（1969年）

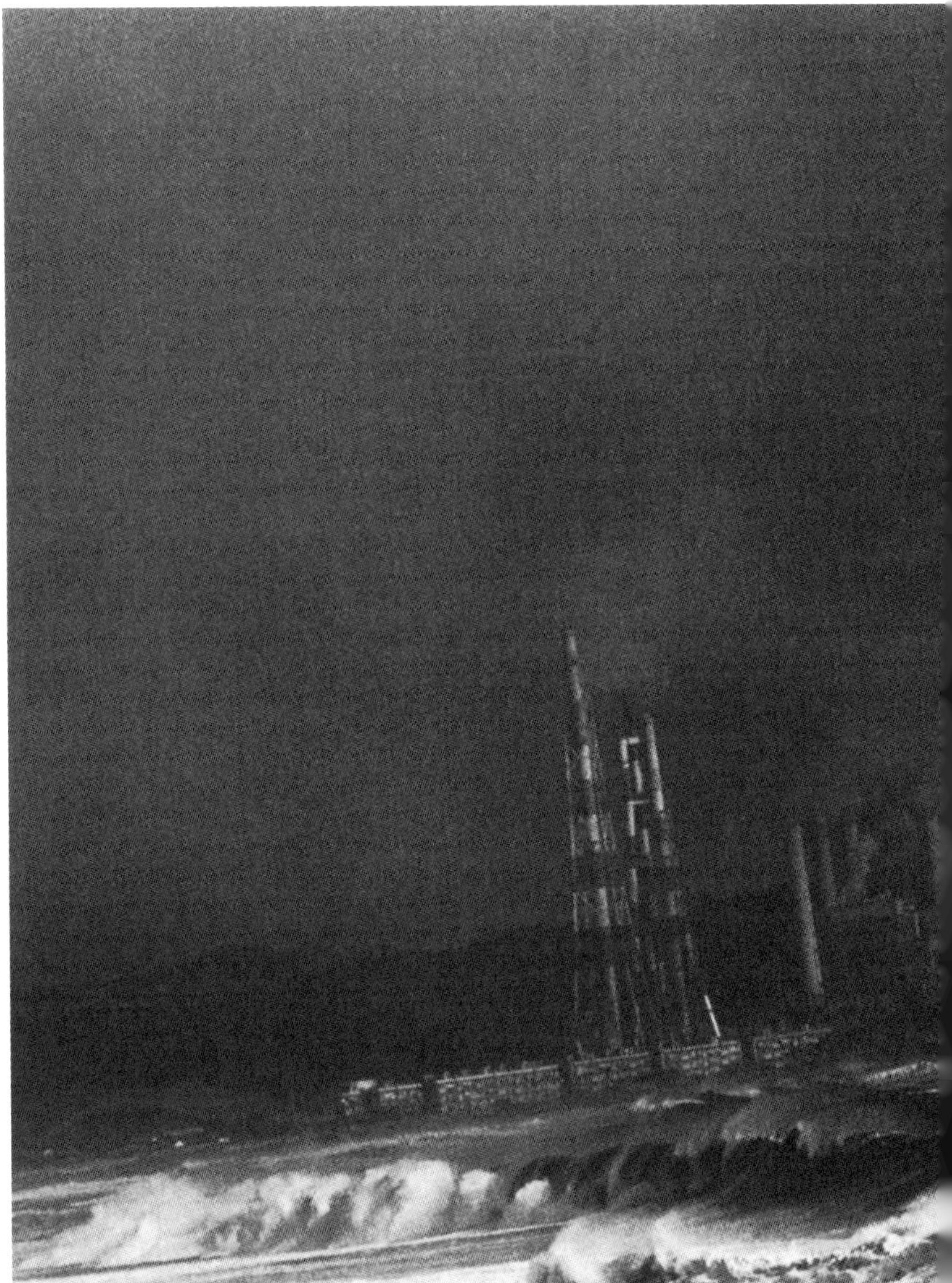

高梨豊（1971年）

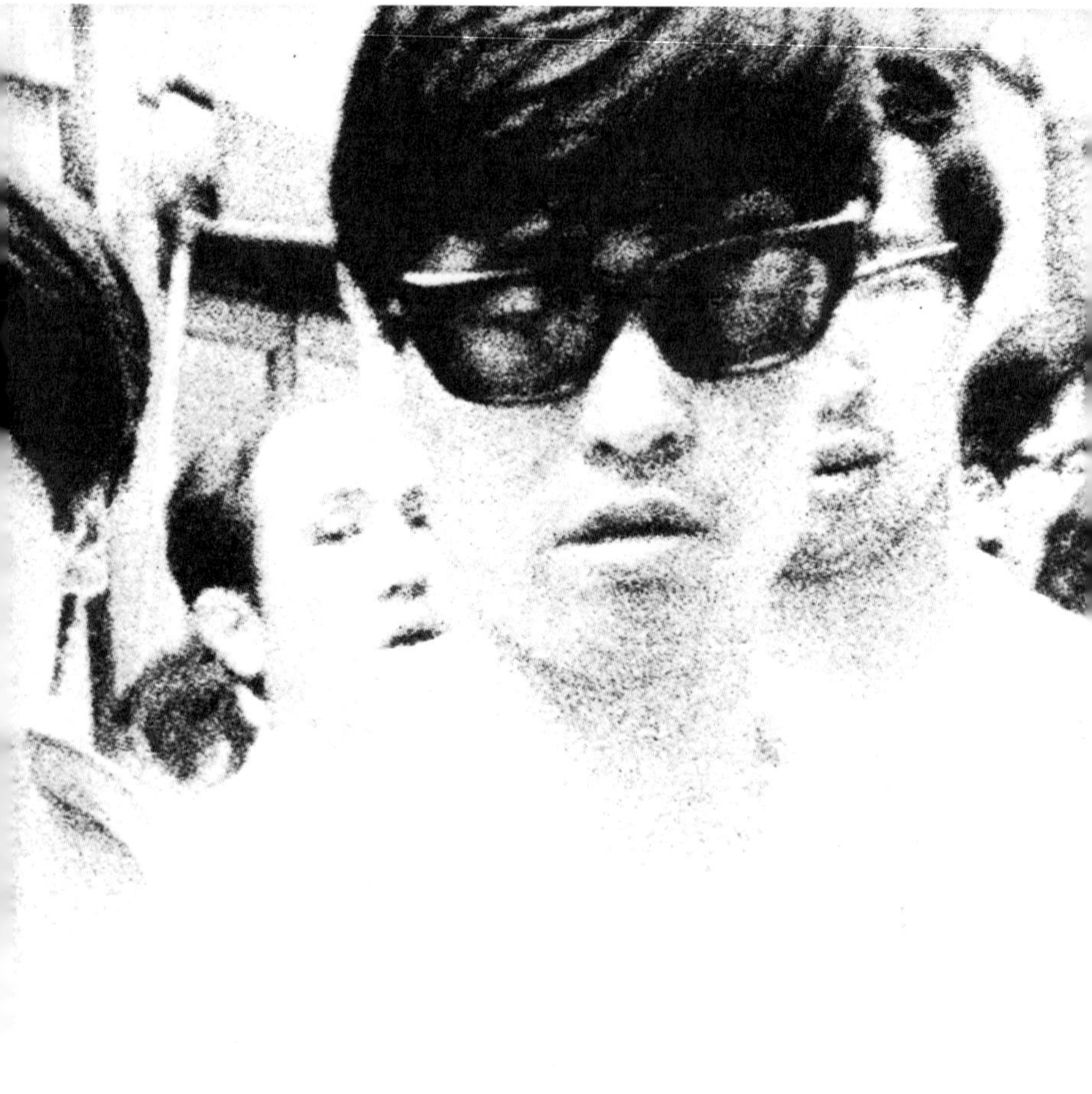

多木浩二（1968年）

多木浩二（1969年）

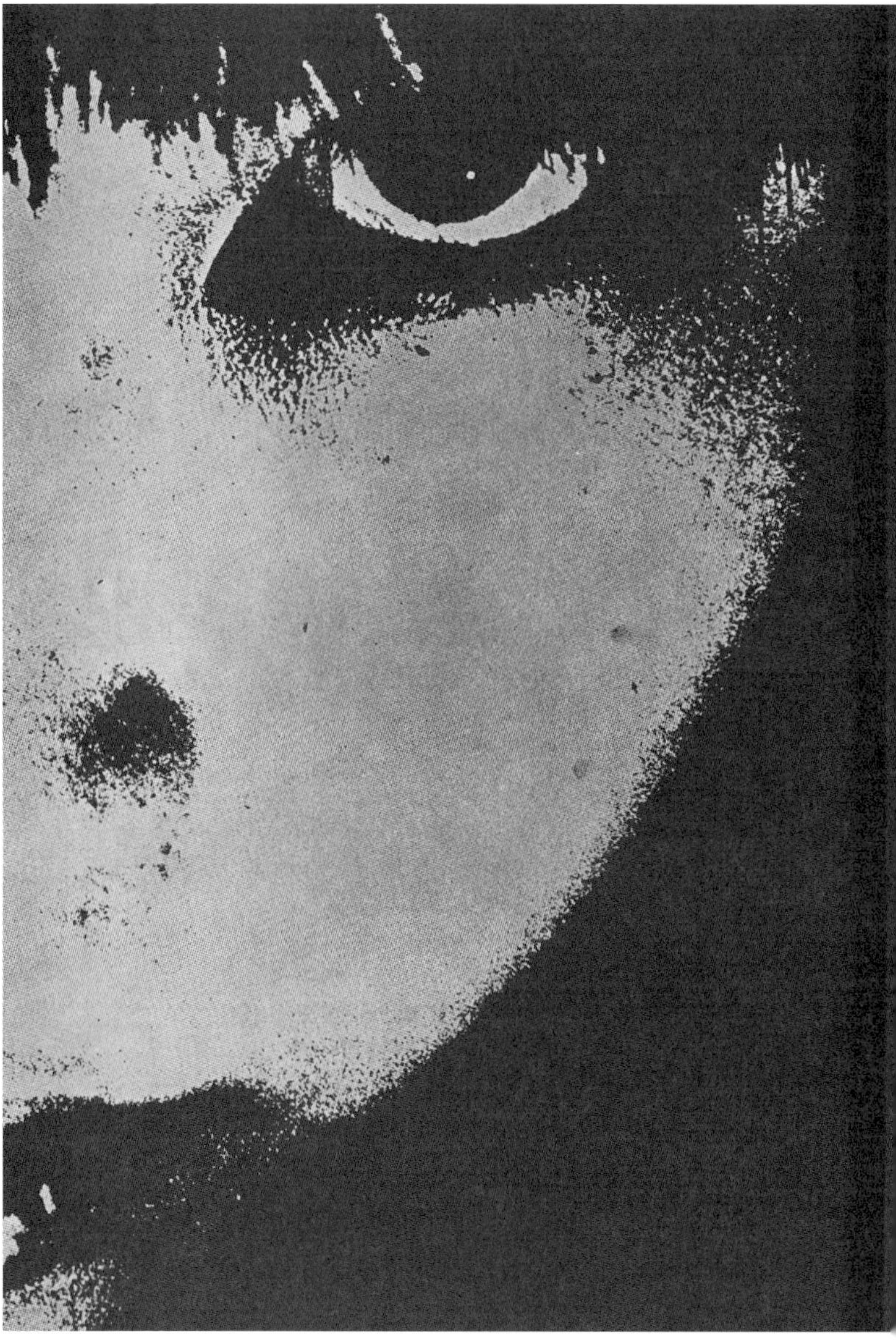

多木浩二（1969年）

森山大道（1969年）

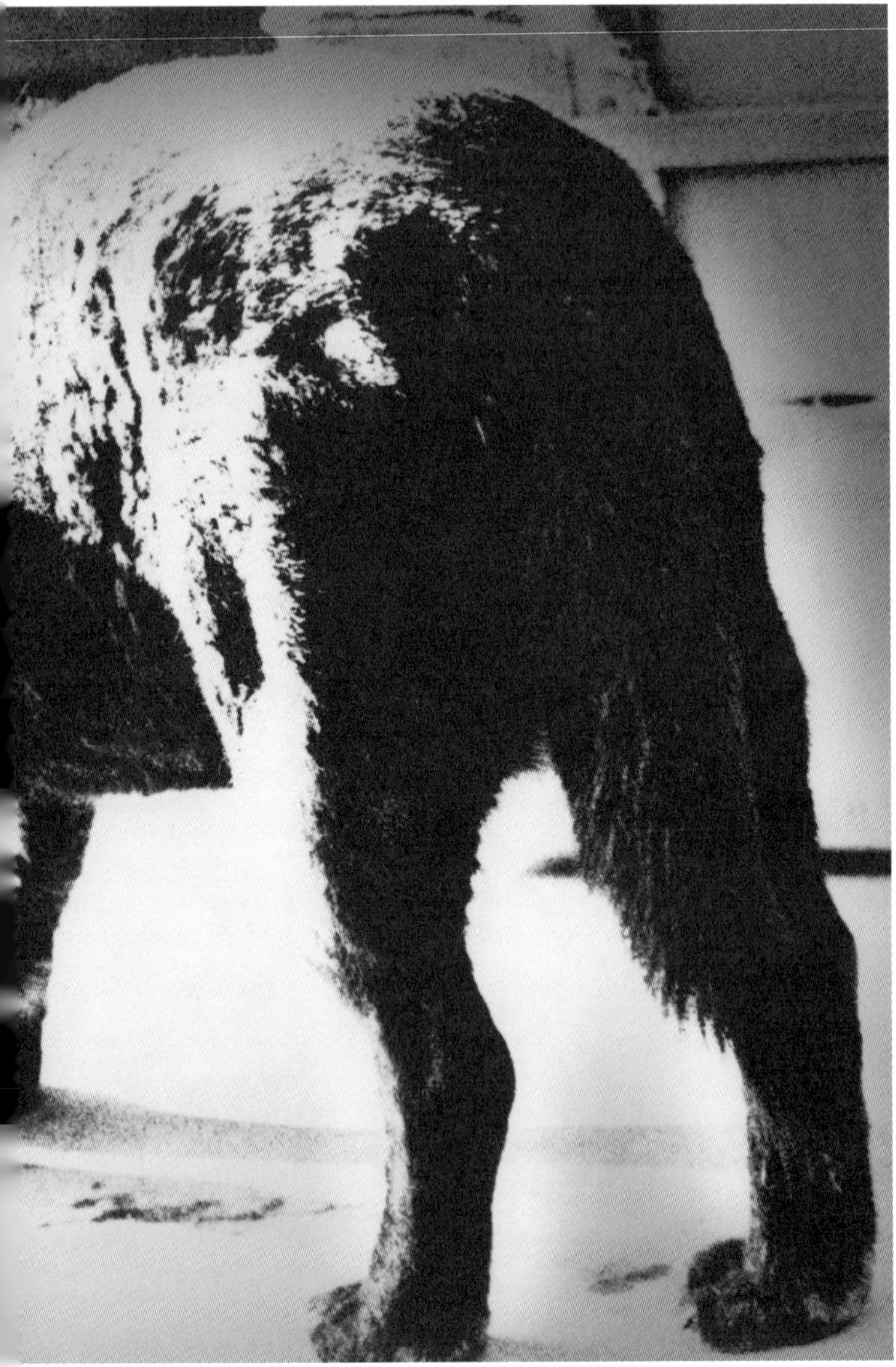

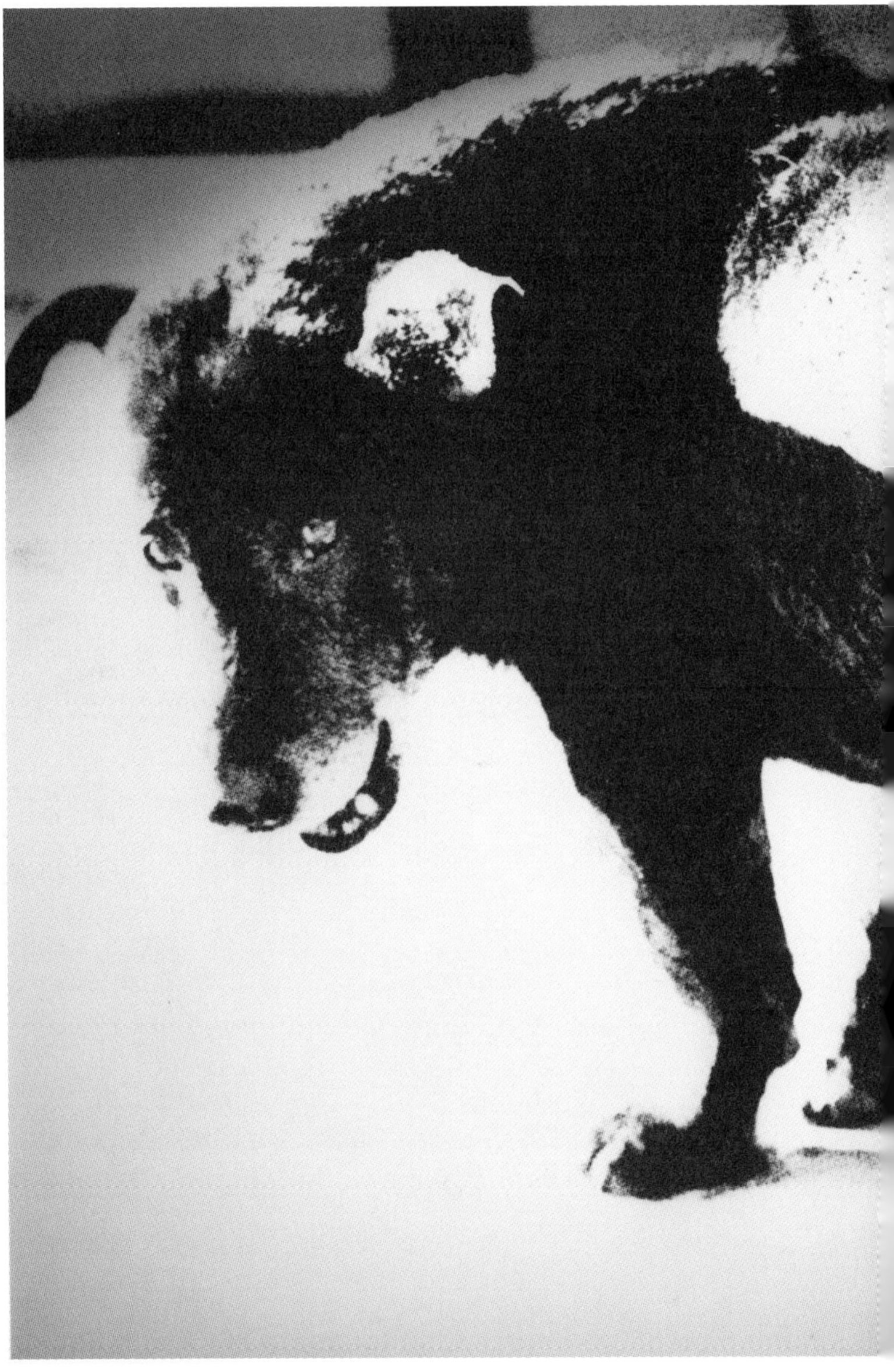

森山大道（1971年）

森山大道（1968年）

森山大道（1971年）

50-90

森山大道（1972年）

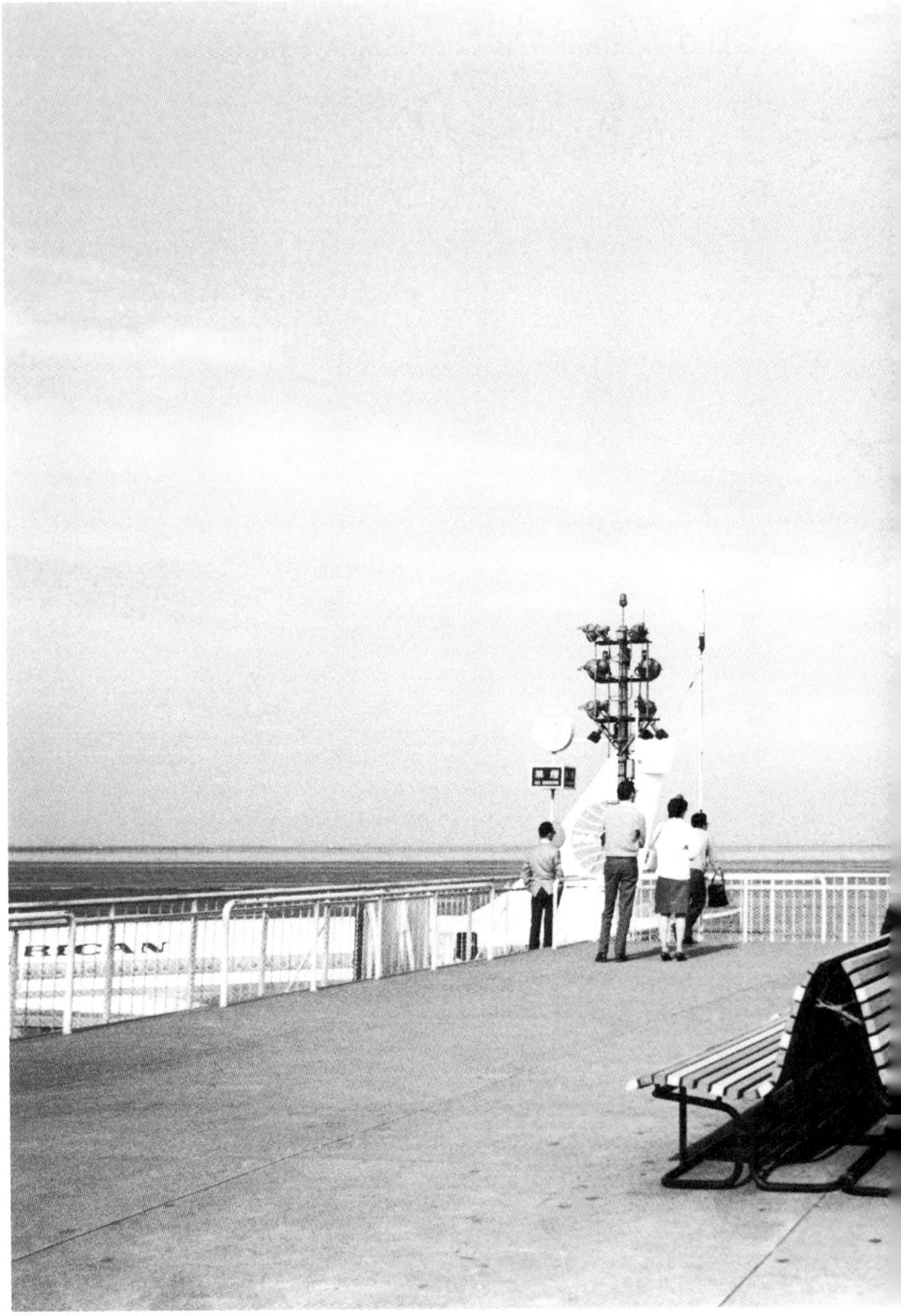

牛腸茂雄（1971年）

牛腸茂雄（1971年）

牛腸茂雄（1971年、pp.154-159：写真集『日々』より）

新倉孝雄「千里ヶ丘」(1971年)

新倉孝雄「渋谷」(1971年)

荒木経惟（1972年）

パーマ

石黒健治「横川駅前」（1970年）

石黒健治「市内映画館」（1970年、pp.166-169 : 写真集『広島 NOW』より）

北井一夫（1971年）

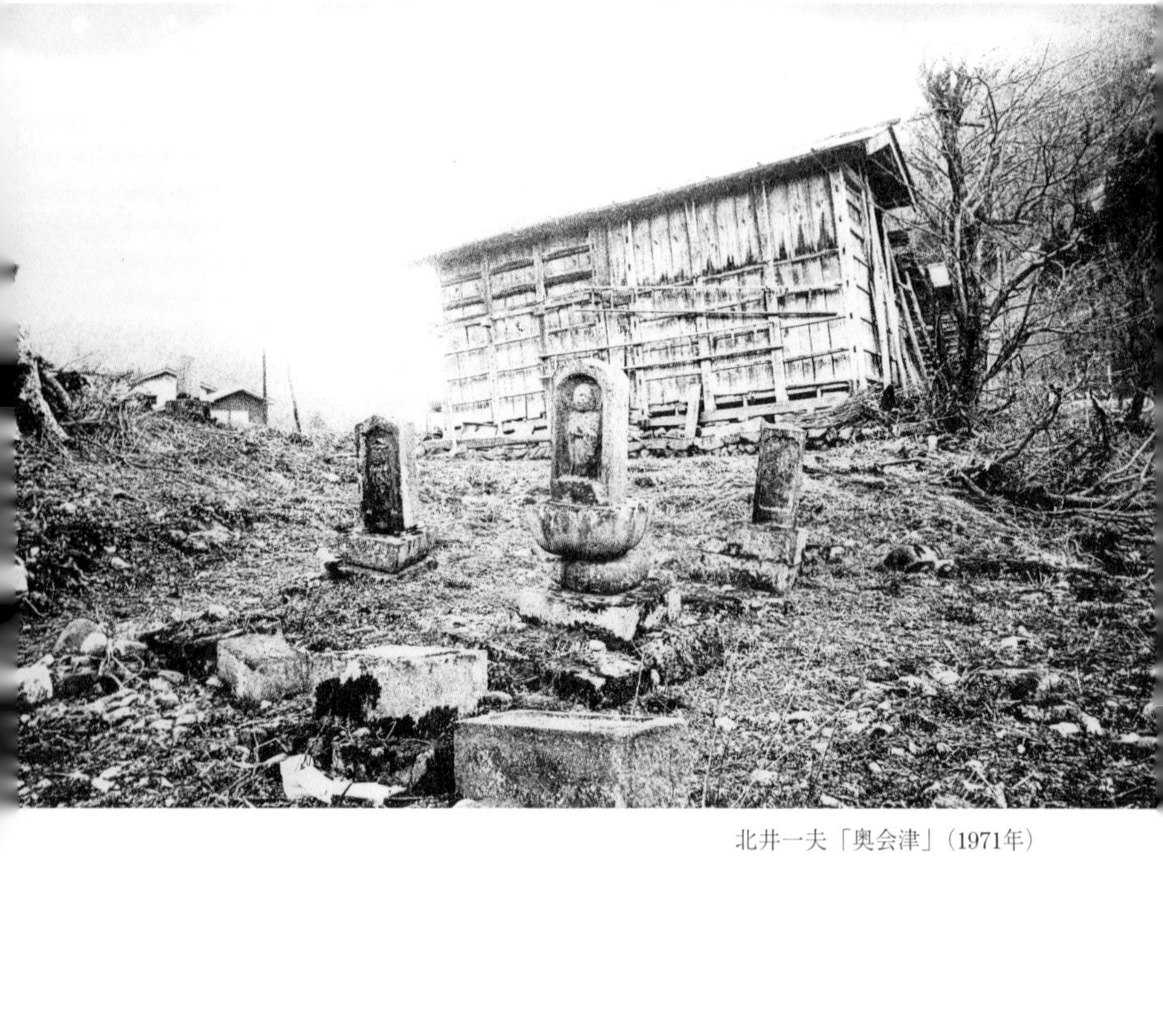

北井一夫「奥会津」（1971年）

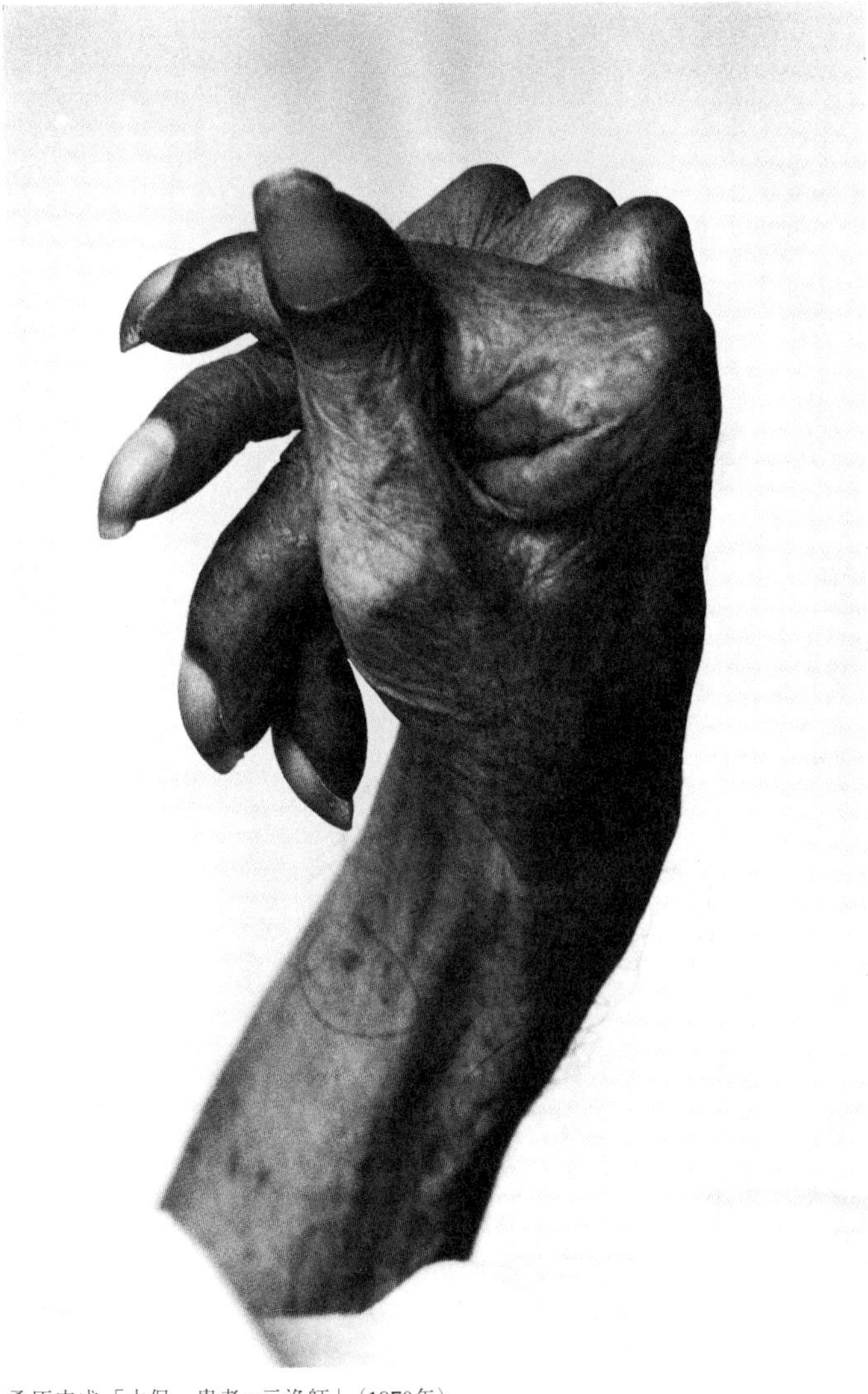

桑原史成「水俣　患者・元漁師」（1970年）

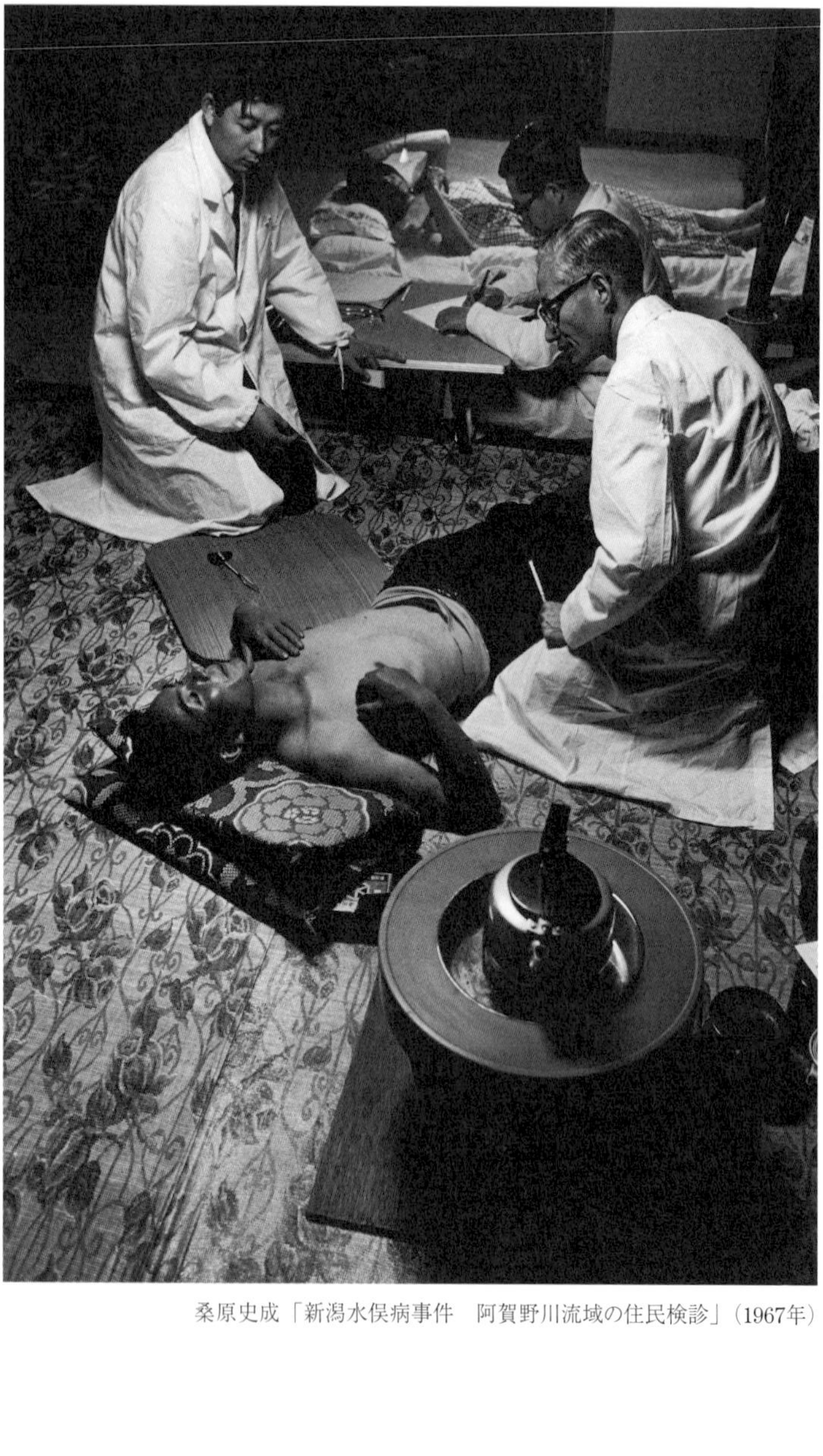

桑原史成「新潟水俣病事件　阿賀野川流域の住民検診」(1967年)

桑原史成「新潟水俣病事件　阿賀野川の岸辺」(1967年)

桑原史成「熊本水俣病一次訴訟」（1970年）

児玉房子「新宿・ゴールデン街裏。廃止された都電専用軌道」（1971年）

児玉房子「日比谷野外音楽堂・ロックコンサートの日」（1970年）

児玉房子「青森県・野辺地駅」(1972年)

佐々木美智子（1968年）

佐々木美智子（1968年）

佐々木美智子（1968年）

佐々木美智子（1968年、pp.182-187：写真集『日大闘争——あの時代に恋した私の記録』より）

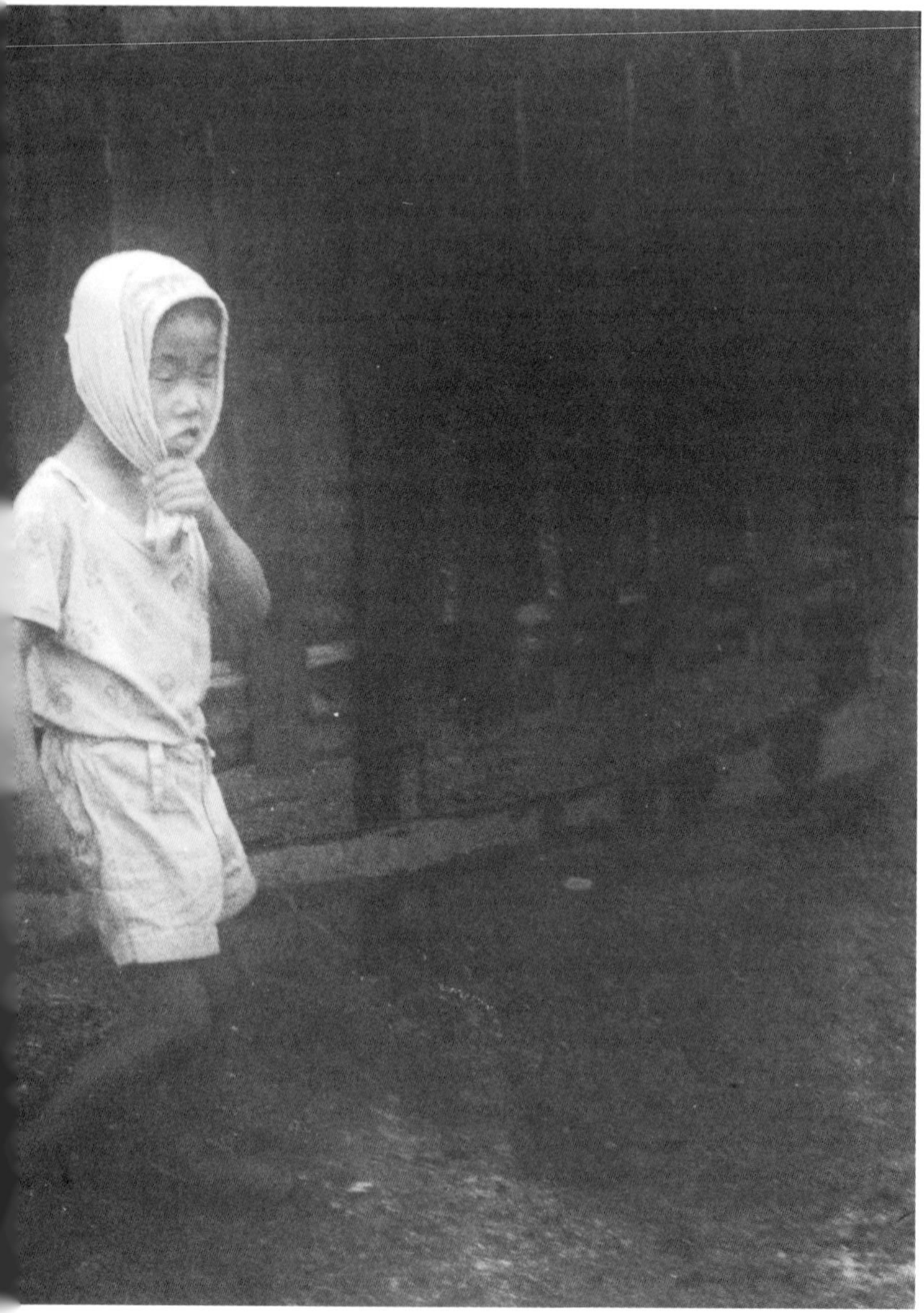

鈴木清「流れの歌」ヤマの子 茨城、重内（1969年）

丹野清志「新都心56万平方メートル」（1969年）

丹野清志「裏通り企業」（1969年）

丹野清志「八王子付近の支流で」（1970年）

土田ヒロミ「俗神（一色黒沢）」（1969年）

エックス
12個入
480円

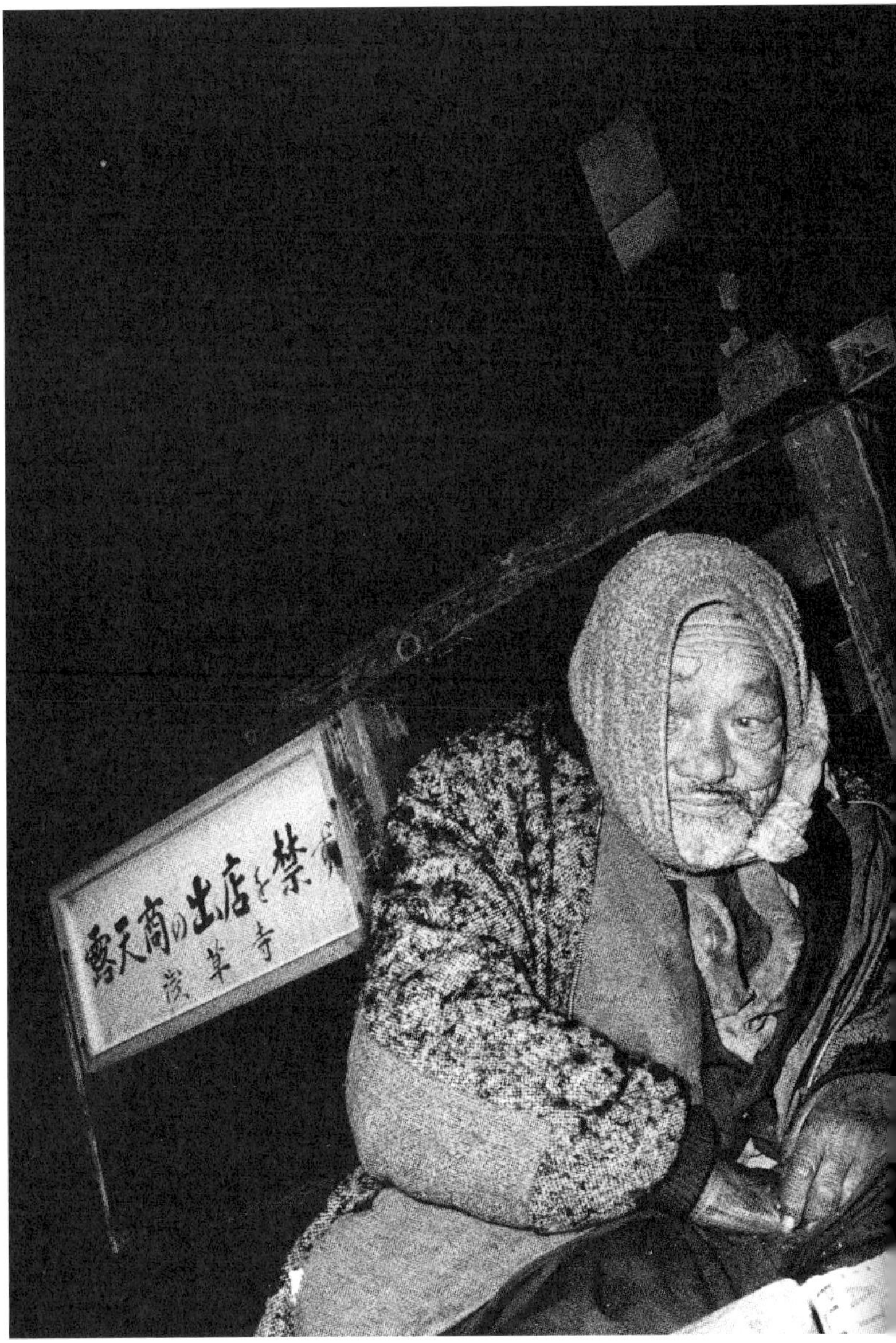

内藤正敏「浅草」（1971年）

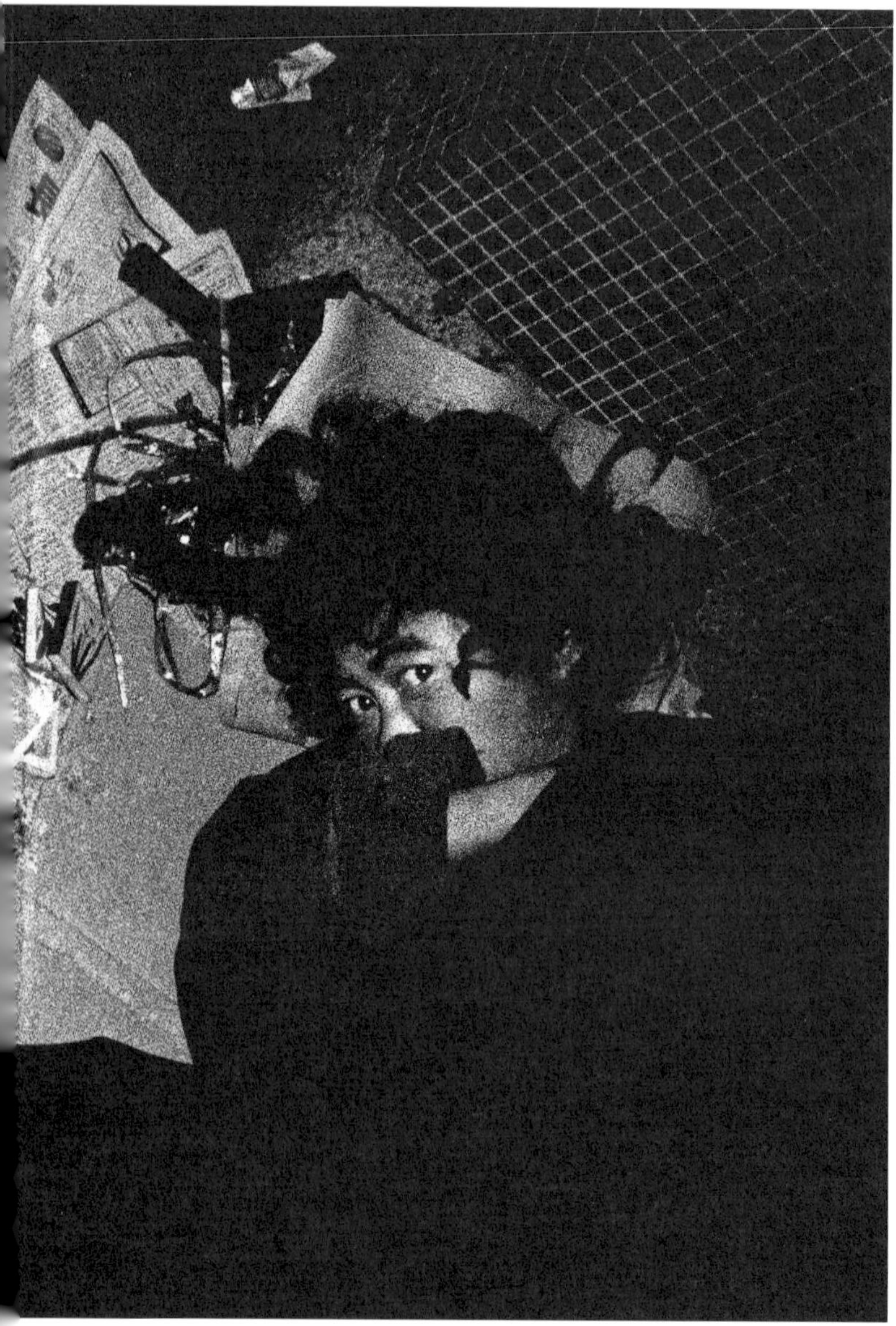

内藤正敏「銀座」（1971年）

日大全共闘記録班（1968年）

日大全共闘記録班（1968年、上、左ともに）

新宿
中央通り
FUGE SUDO
珈琲・洋菓子
風月堂

羽永光利「風月堂」(1968年)

羽永光利「the apple ／新宿」（1968年）

羽永光利「新宿駅西口広場」(1969年)

羽永光利「沖縄デーか　神田駿河台」（1969年）

羽永光利「ロック・ミュージカル「ヘアー」」(1969年)

貧しさに　えるが
放射能には耐　えられない

英伸三「エネルギーの〝ホープ〟——地元に嫌われる原子力開発　東京電力の女川原子力発電所設置に反対する漁民と町民による集会」（1971年）

比嘉康雄「平安座島の医介補・新屋敷加那さん」(1971年)

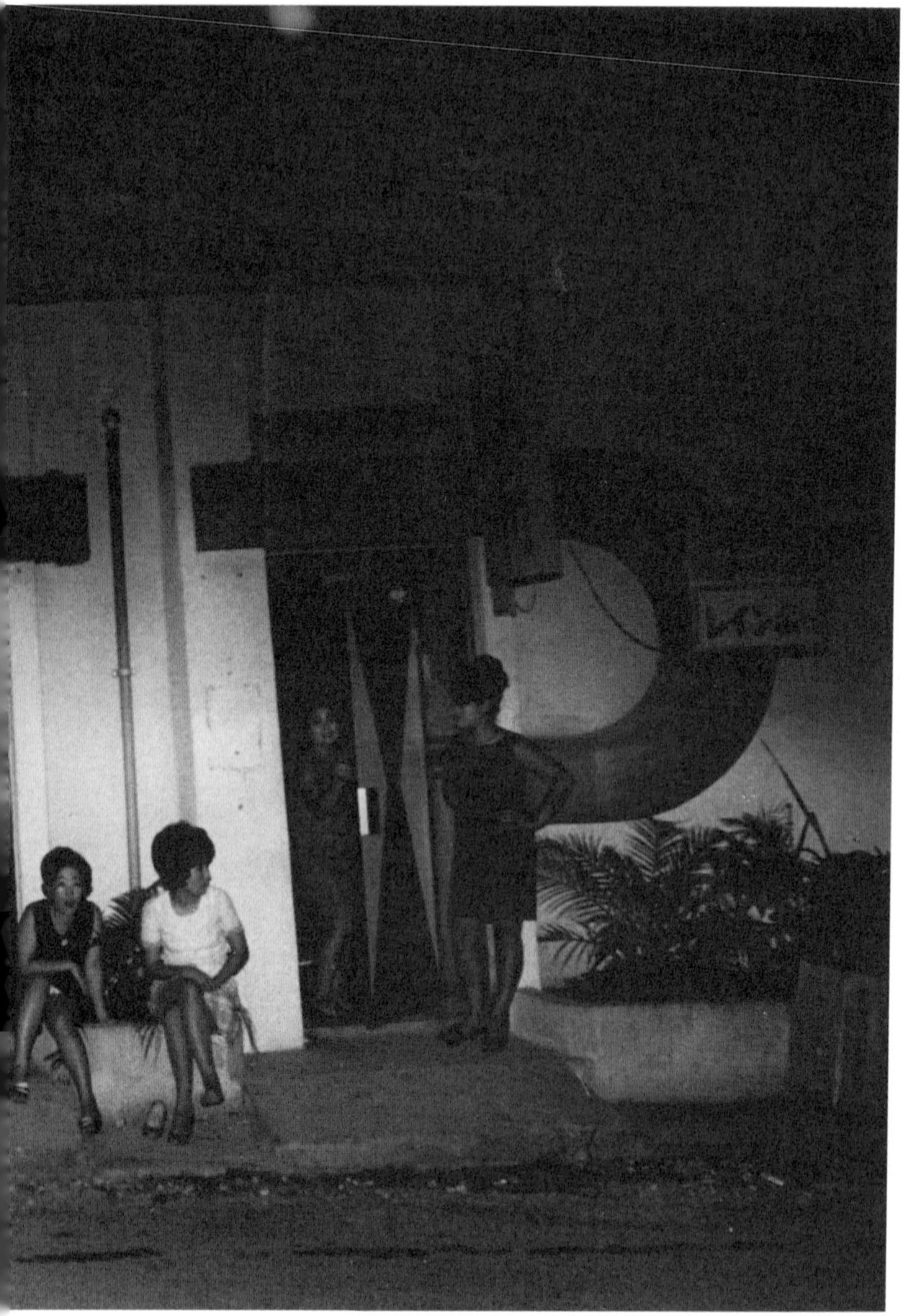

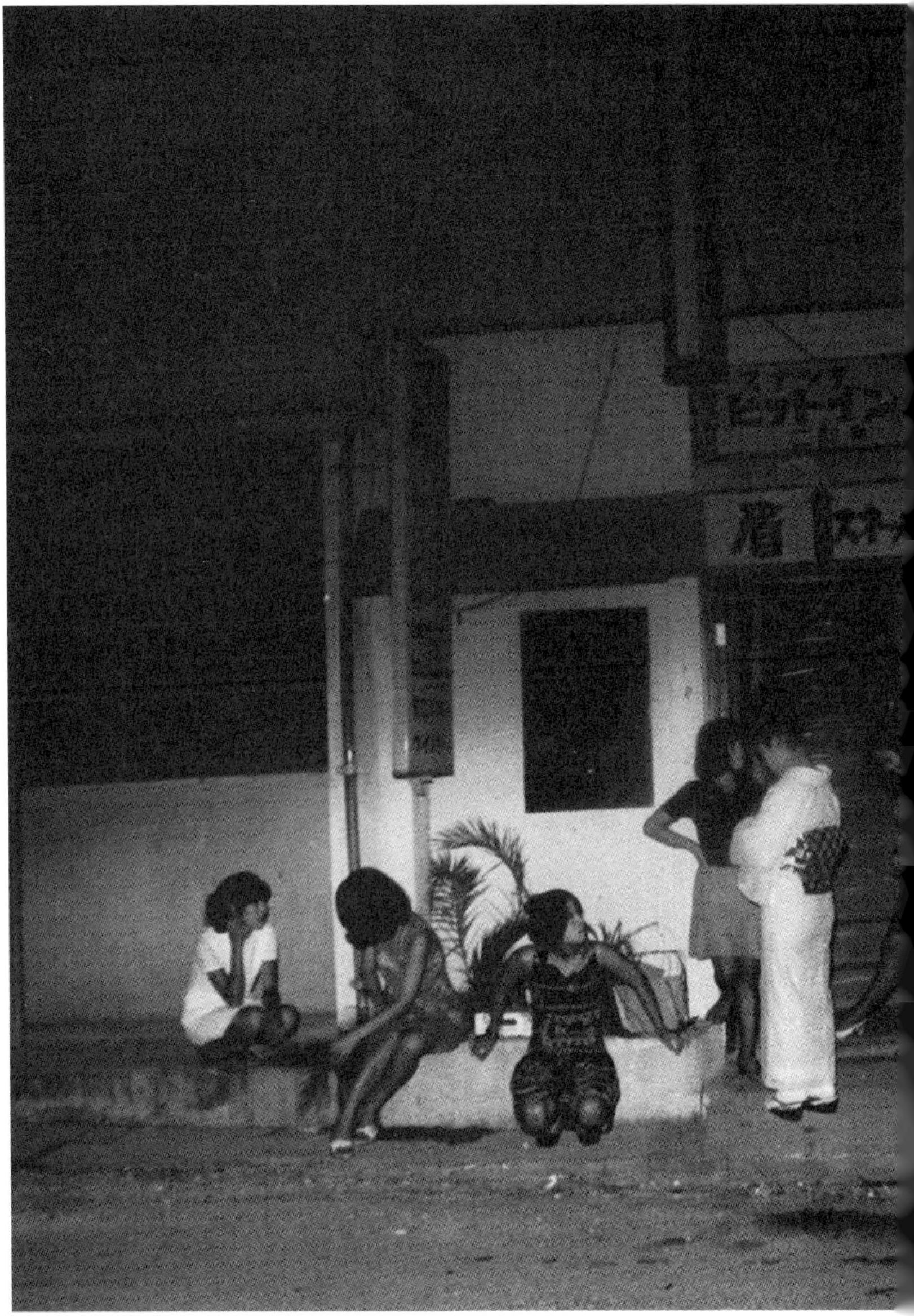

比嘉康雄「コザ市の特飲街」(1971年)

HOTEL

平敷兼七「辺野古・外人バー街」（1970年）

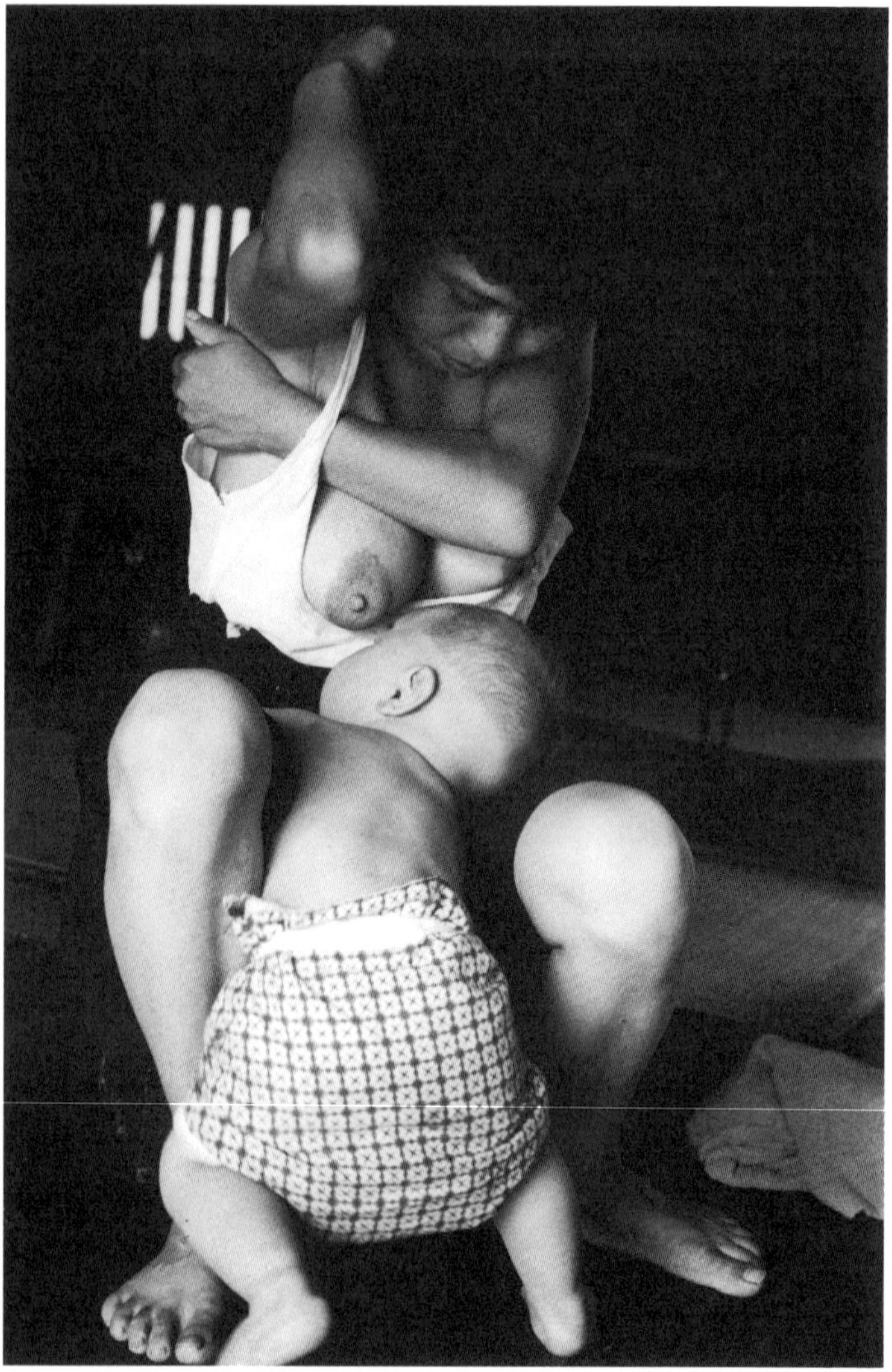

南良和「秩父　落ち着いて乳を与える時間もない嫁」（1969年）

本橋成一（1965年）

本橋成一（1968年）

本橋成一（1968年）

渡辺眸「TEKIYA」（1967年）

渡辺眸「新宿」（1968年）

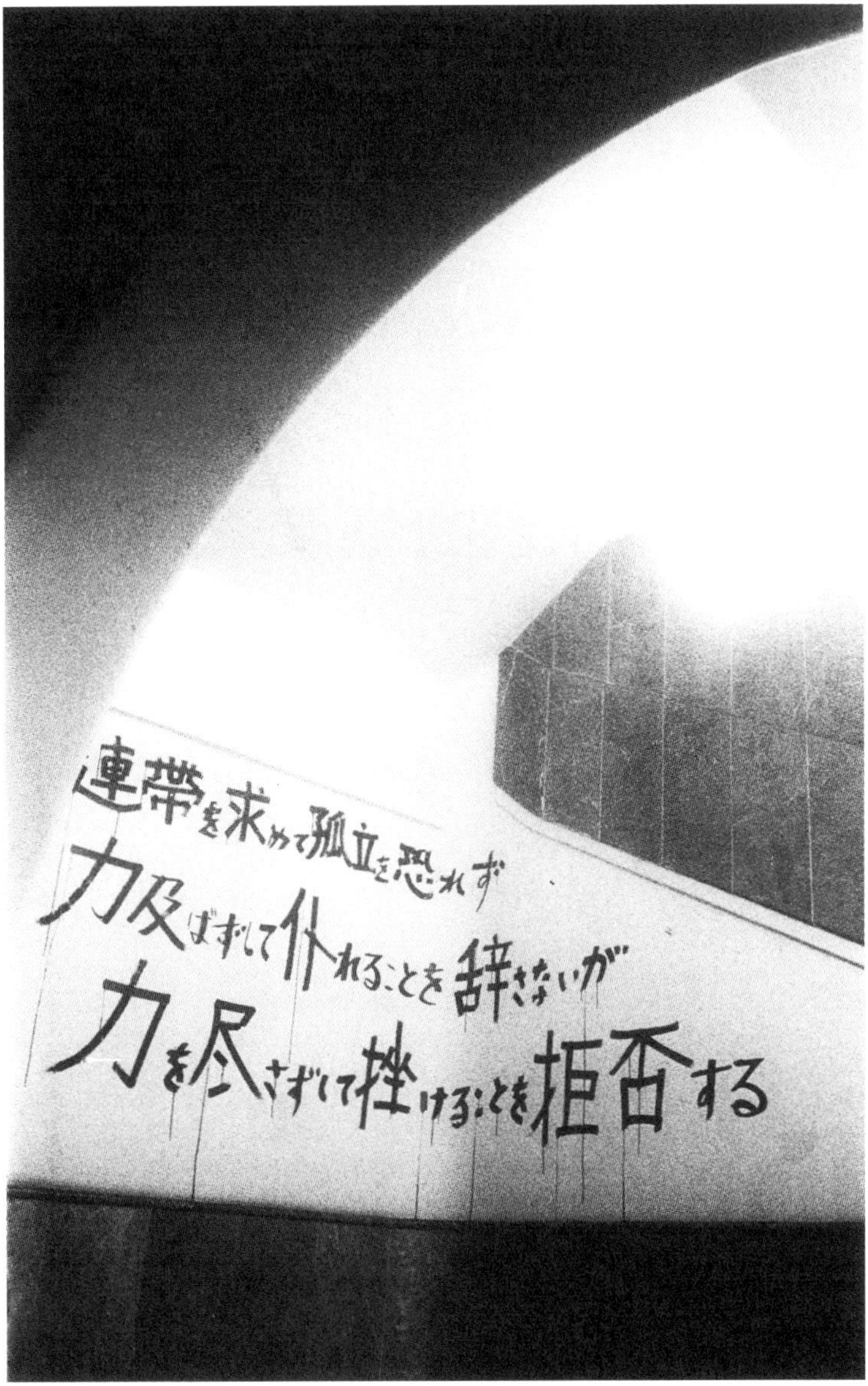

渡辺眸「全共闘　東大安田講堂」（1969年）

写真

時代の現場１９６８―７２

大島洋

東松照明と「写真100年」展

写真の1968年は、激動を続けたあの日々の記憶とともに鮮やかである。ブレ・ボケという言葉は写真という枠組みを越えて拡がったし、この年に創刊された写真同人誌『PROVOKE――思想のための挑発的資料』の同人らの撮る写真はほとんどブレ・ボケと同一視して語られた。「コンポラ写真」という言葉が初めて登場したのもこの年のことで、ブレ・ボケとともにコンポラもまた大きな写真の潮流になってゆく。そして「写真100年――日本人による写真表現の歴史」展が開催された年でもあった。

6月池袋の西武百貨店で開催された「写真100年」展は、日本に写真が渡来した幕末から太平洋戦争の敗戦までのおよそ100年の間に撮られた写真を幅広く掘り起こした企画だった。会場内を行き来して随分と長い時間をかけて見た記憶がある。これほどの規模と企画内容の写真展は稀というよりも皆無の時代である。

主催したのは日本写真家協会で、その推進の中心となったのが東松照明だった。1971年にはこの企画展の蓄積と成果をベースにして『日本写真史 1840-1945』が出版され、膨大な写真の収集作業の開始から「写真100年」展、そして刊行に到るまでの一連の事業によって、日本の写真史は初めて本格的に検証され、体系化されていく大きな第一歩になったといってよい。写真の歴史はまだ浅かったとはいえ、カメラや写真技術の発達史のようなものは辛うじてあっても、日本における写真表現史と呼べるものはこの「写真100年」まで私たちは持っていなかったのである。

1968年には成田空港建設に反対する三里塚闘争が激化し、そして日大全共闘と東大全共闘をはじめとする多くの大学のバリケード封鎖や占拠があり、さらには拡がるべ平連（ベトナムに平和を!市民連合）のデモ、新宿をデモ隊と群衆が埋めつくした国際反戦デーを始めとする闘争では線路が占拠・破壊され、歩道の敷石という敷石は砕かれて機動隊に向けて投石された。封鎖された大学構内や三里塚、頻発する反戦闘争の現場には、カメラを手にして学生や農民たちと闘いを共にする写真家たちがいた。そして線路の防衛目的で建てられた新宿駅前の仮設壁面には、警備の隙を窺って「このカべの向こうはベトナムだ」と大書されたりもして、日米安保、空港建設、ベトナム戦争、大阪万博、沖縄返還協定等の反対闘争は渾然となり、こうして列記を続けたら限りがない、そんな時代の只中で開催された「写真100年」展である。

開催の前年春になって本格的に動き出した写真資料収集の過程では、明治初期に北海道開拓を写真記録するプロジェクトの中心にあった田本研造を見出した内藤正敏ら、多くの写真家が北海道から九州にかけて調査と収集に当たるなどさまざまな運営作業に関わったが、多木浩二と中平卓馬は東松からの熱い要請に応えて編纂委員会のメンバーとして仕事をするために写真家協会員になっている。

東松によると企画展から出版まで「写真100年」は「多木浩二がいたからあそこまでできた。あれは多木の仕事だったと思っている」ということだった。蛇足になるが、「中平はほとんど役に立たなかったけどね」と笑った。収集された写真を熱心に見て過激に私見は述べるものの、それから先はあまり力に……ということのようで、「中平らしい、分かるだろう」という笑いのようだった。そして推進役を務めた自身については、「自分で言い出した企画なんだから、お前がやれ」ということになったのだとも話してくれたことがある。

つまり発案者が東松照明であったということ、これはきわめて重要である。まだ敗戦後の貧困と混乱が日常に深く折り重なっていた十代後半から写真を撮るようになり、大学では全日本学生写真連盟の結成に向けてその中心として活動し、卒業後は岩波写真文庫のスタッフカメラマンからフリーランスになってと、戦後写真を体感し体現し続けてきた東松の胸中にあったのは平坦で素朴な写真通史ではなかった。

たとえば日本を代表する写真家のひとりとされる木村伊兵衛は1920年頃から写真を撮るようになり、戦中は対外宣伝制作をする東方社で写真責任者としてグラフ誌『FRONTO』の中心に立ち、戦後になってもその自らの戦争責任に向き合うことなどは一切なく、常に時代に寄り添いながら長く第一人者としてあり続けた写真家である。木村らがプロパガンダの一翼を担ったことへの批判が顕在化したのも「写真100年」からだった。この木村や、土門拳、濱谷浩らによる戦前、戦中からの仕事との間に一線を画し、さらには1900年前後から1930年代にかけて活発だった絵画主義的な表現を「芸術写真」の下に精査するなど、21のセクションに分類して展示することで敗戦までの「写真100年」を批判的に総括することを考えていたものと思われるからである。

しかしそれがどれほど批判的総括ではあったとしても、写真史という最もベーシックな企画展が１９６８年というあの激動し続けた日々の中で、しかも渾身の努力をもって開催されたことを振り返ると、なぜ？　との思いも掠《かす》めないではないが、そんな懐疑など一瞬に蹴散らしてしまうほどに、敢えてこの時代だからこそ１００年の歴史を自らの力で手繰り寄せて開示し、思考と行動の起点とすることの必要性や覚悟をあの日々の中で切実に感じていたのだとの思いを強くする。

当然ながら展示された写真の時代表現等に対する批判と憤り、あるいは発見や共感等々はあっても、激しい闘争の最中に開催された写真の歴史展の企画に対しての高揚感こそあれ、違和感を抱くことはなかった。こうして半世紀の時を経て、やっとそのことに気づいたということの方が驚きといえるかもしれない。重ねて記しておかなければならないのは、50万点を超える写真に目を通し、この日本写真史をほとんどゼロから編纂したのは自身もカメラを手にしてあの時代の現場に身を晒していた写真家たちであって、写真の批評家やその周辺の人たちではなかったということである。

『プロヴォーク』とブレ・ボケ

「写真１００年」展からまだ間もない11月、多木浩二と中平卓馬は、高梨豊と詩人の岡田隆彦をメンバーに引き入れて、写真同人誌『PROVOKE——思想のための挑発的資料』（以下『プロヴォーク』）を創刊する。

「写真100年」展の仕事をする中で交友を深めた多木と中平との話し合いの中で突然立ち上げが決まったということではあったが、そうした機運はもう少し以前からあったように思う。文学や詩、思想等の文字表現を手段とする同人誌であれば当然数多く存在していたし、高額だった写真印刷等の製作費用にしても廉価とは言えないまでも、算段すれば若い写真家たちでもなんとか実現可能なところまできている時代でもあった。そして前年の1967年には東松照明が自身の写真集を刊行し続けるために「写研」を設立して『日本』を出版していたのも大きな刺激になっていたし、学生写真連盟の結成過程にも見られるように、組織の立ち上げや仕掛けることを得意とする東松からの挑発も実際にあった。

ともあれ、6月開催の「写真100年」展からほとんどすぐ『プロヴォーク』創刊号に掲載するための撮り下ろし撮影と企画編集作業に着手していて、多木と岡田が評論を書き、多木は写真にも挑んでいる。創刊号の写真タイトルは「1968・夏」で、多木、中平、高梨ともにそのテーマの下に撮っている。そして2号からは中平の強い意向もあって森山大道も同人として参加するが、とはいっても『プロヴォーク』は翌年にかけて律儀にもきっかり3号を刊行しただけの正真正銘の3号雑誌だった。

高梨と森山は『プロヴォーク』の創刊よりも以前から『カメラ毎日』等で作品掲載を重ね、すでに若手写真家として高く評価され着目される存在だった。高梨は日本デザインセンターで広告写真を撮っていたが、1964年『カメラ毎日』連載の「オッカレサマ」で日本写真批評家協会の新人賞を受賞し、66年の同誌1月号では初期の代表作となる「東京人」を発表している。さらに翌67年にはこの「東京人」を出品したパリ青年ビエンナーレ写真部門の大賞を受賞するなどしていた。

森山は上京して細江英公のアシスタントをしていた頃、事務所を細江と共同使用していた東松の「占領」シリーズなどからの強い影響のもと「ヨコスカ」を『カメラ毎日』に発表している（151頁）。67年には同誌に掲載を重ねた「にっぽん劇場」のシリーズで高梨と同様に批評家協会の新人賞を受賞し、さらに翌68年には初めてとなる写真集を『にっぽん劇場写真帖』として刊行している（150頁）。

この頃の中平はといえば『アサヒグラフ』や『朝日ジャーナル』等への掲載はあったものの、写真家としての実績といえるようなものはまだ多くなかった。そして気鋭の批評家として写真やデザイン、建築等について執筆するようになっていた多木に至っては、先述したような経緯から写真家協会に席を置いてはいたものの、自身について『プロヴォーク』の立ち上げの瞬間まで写真家であるとは微塵も考えていなかった。これは多木が折に触れ話していたことである。

森山と同様に高梨も「東京人」を撮るにあたって、東松からの影響が大きかったことを明かしているし、4人それぞれに東松とは浅からぬ関係にあった。そして中平が写真家になったその経緯は、東松との出会いを措いて語ることができない。新左翼系の月刊誌『現代の眼』の編集者になったばかりの1963年、映画の批評を書いてほしいと東松に連絡をとったのが最初である。

その依頼は頓挫したものの意気投合した二人は一緒に映画を見歩くなど頻繁に会うようになり、東松の提案でグラビアページを設けて「I am a king」という連載を開始することになる。企画構成は東松で、自身の写真を掲載する号もあるが、高梨や森山ら東松が評価する若い写真家たちを多く起用した。中平にとっては東松からの影響はもとより、同世代の森山や高梨との出会いも大きかった。にわかに写真を撮ることへの関心を膨らませ、柚木明という名前でグラビア掲載にも割りこんだが、これはペンネームというよりは編集者であることを秘するための匿名といってよかった。ともあれ中平にとっては最初の発表写真ということになったのである。

東松から中古のカメラを貰い受け、「これで俺も写真家になった」と言い放ったというエピソードがその頃漏れ拡がったが、真偽のほどはともかくとして、それから間もなく編集者を辞して写真家を名乗ったのである。なんらの技術の習得もなく、カメラを手にするなりそんな未熟さなどまるでお構いなしに、ブレようがボケようが、露出オーバーやフィルムの高温増感現像のために粒子が荒れたり色褪せようが一切動じることなく撮りまくり、確かにカメラを持ったその日からいきなり写真家になってしまったのだった。写真がたやすく撮れる現在であれば驚くようなことでもないが、当時としては既存の写真の価値観に揺さぶりをかけるような写真家デビューだった。苦しい修業によって技術を習得するという時代から、カメラを持つことができたら誰でもその瞬間から写真家になることが可能な時代の到来を、唐突に突きつけたといってもよい。

多木と東松は同世代でもあり出会いは古く、１９５０年代半ばに多木が編集者として働いていた「岩波写真文庫」の県別シリーズの仕事を通じてだった。60年代に入ると当時編集を請け負っていた旭硝子の広報誌の表紙連載を東松に依頼しているし、東松が当時住んでいた家を家財ごと多木に明け渡したことや、多木の編集事務所の一角を東松が借りて仕事場にしていた一時期もあるなど、公私ともに長く親交が続いていた。そして1966年、この10年の蓄積を背景に執筆した「東松照明論」では、「I am a king」の連載を高く評価して、これは創造のための方法論の実験であり、「虚構の本質を示そうとする試み」であったと記している。東松のこの企てこそが、やがて多木と中平に「虚構を認識する装置」としての『プロヴォーク』創刊を促す大きな力になったように思う。多木がこのように評価した「I am a king」の担当編集者として東松からの影響のもと写真家になった中平と、そこに写真を掲載した高梨と森山が同人になったのは偶然といえるようなものではなかったということである。

『プロヴォーク』がスタートすると、ブレ・ボケ・アレ（以下、ブレ・ボケ）はさらに大手《おおで》を振った。『プロヴォーク』以前の森山の写真にブレ・ボケはほとんど認められなかったのだが、ここでは日に日にその過激さを増した。中平とともに「ブレ・ボケの旗手」と称されるなどして、それはまるでゲバ棒と火炎瓶とで闘うかのように、写真の常識や制度のようなものをことごとく挑発し破壊している感があった。ブレやボケは当時の中平や森山が傾倒していたウィリアム・クラインの写真集『ニューヨーク』などにすでに顕著なものではあったが、過激な反対闘争の時代の中でさらに過激さをエスカレートさせてゆく彼らの行動と、論理的であるようでいて実は直感的かつ感覚的に核心に突き刺さるような文章と写真が放つ視覚的な刺激とが重なって、ブレ・ボケは時代の空気そのものだった。

多木は『プロヴォーク』が発行された期間に限って写真家だったということになるが、どの写真も荒々しく、そしてブレ・ボケだった。しかし多木は中平とは異なり、写真家ではなかったものの相当程度の撮影技術を有していた。先述の編集・制作を請け負っていた広報誌に掲載する取材写真の大半を自分で撮っていたし、建築家の篠原一男らから直接の撮影依頼もあって建築分野の写真も多かった。だからこのブレ・ボケは森山と同様に、直感であったか考え抜いたうえであったのかを問わず、多木が選び取った方法だった。

『プロヴォーク』自体は第3号を発行した翌70年、番外版のような『まずたしからしさの世界をすてろ』を刊行して活動のすべてを閉じてしまう小さな同人誌にすぎなかったのだが、この時期のメディアに繰り広げられる彼らの活動の全体が求心力や破壊力を見るものに働きかけた。

そしてブレ・ボケが勢いを持ったのは、当時の時代背景によるところが大きいと思う。日米安保、空港建設、大阪万博など反対闘争、学生運動は次第に先鋭化してゆき、その一方で闘争への行きづまり感も潜在し、急速な経済成長のなかでさまざまの矛盾が露呈して閉塞感を強くしていった。未来への明るい展望も、正しげな主張や批判も、何もかもが空疎に感じられる先行き不透明な時代のなかで、言葉に置き換えることのできない写真を標榜するブレ・ボケがリアリティを持ったのである。『まずたしからしさの世界をすてろ』はその証《あかし》であり、同じ年に出版された中平の最初の写真集『来たるべき言葉のために』という書名が、『プロヴォーク』のサブタイトル「思想のための挑発的資料」と対をなしていることは明らかだった。

コンポラ写真

高梨だけは他の3人とは違ってブレやボケはごく稀であり、シャープな映像によって時代と向き合おうとしているようにも見えた。そのことについて、「あのひとたちはクラインだったけど、ぼくはロバート・フランクでしたから」と、当時影響を強く受けた写真家を引き合いに語っているのは興味深い。

そして自身の写真観について、「否定すべきことであるということ」を表すためには「それはきれいなほど、よけい悲惨である、ぼくはそういうふうに回り込んで感じてしまう」のだと語ったことがあり、『プロヴォーク』はその実践の場であったように思われる。印刷や紙質を落として写真だけでなく本自体もアレさせようと多木と森山が主張したことがあり、これに中平と高梨で反対したというエピソードを高梨から聞いたことがある。中平の反対は少し意外にも思えたが、『来たるべき言葉のために』を刊行した1970年、「荒れに荒れた映像、あるいはことさらにピントをぼかした写真。それらはすでにデコレイションとなってしまったのだ」と自らを追いつめて、出発点に戻らなければならないのだと宣言する。そしてその翌年には自己否定をするように、「植物図鑑」というタイトルで写真を発表しているのだ。それはブレ・ボケや情緒的一切を排して図鑑のように撮ろうとする中平の決意でもあった。そして評論集『なぜ、植物図鑑か』を著したのは73年のことになる。

「コンポラ写真」という言葉が初めて使われたのは、大辻清司が68年6月号『カメラ毎日』の特集に寄せた文中である。ジョージ・イーストマンハウスで66年に開催された企画展に併せて刊行された写真集『CONTEMPORARY PHOTOGRAPHERS TOWARD A SOCIAL LANDSCAPE』(「コンテンポラリー・フォトグラファーズ——社会的風景に向かって」)に掲載されたリー・フリードランダーらの作品と、日本の若い写真家たち一群の傾向に多くの共通点が見られるとして、それを「コンポラ写真」と略称した。その特徴として「横位置が多い」「誇張しない何気ない撮り方」「日常を広々と撮る」ことなどを挙げて、「カメラの機能を最も単純素朴な形でつかおうとする、態度の表明」であるとした。

コンポラは若い写真家や学生たちの間に瞬く間にブームとなって、ブレ・ボケとともに若い写真家たちの表現傾向を二分した。そしてこの特集では若い牛腸《ごちょう》茂雄らとともに高梨豊の写真が掲載されたことや大辻の教えを受けていたこともあり、高梨の「東京人」がコンポラ写真の先駆であったとも見做されてゆくようになる。

1968年銀座ニコンサロンで写真展「セーフティーゾーン」を催した新倉孝雄や牛腸をはじめとして、コンポラに括られた写真家たちの多くが「東京人」をはじめとする高梨作品からの影響を受けていたことも確かではあったが、高梨はそのことについて、コンポラとされる写真家らの中には収まりのよいスタイルでしかない写真が少なくないことを指摘している。そこには撮影時に生じるだろうボルテージが感じられないとして、自身の写真のスタイルはコンポラに入るのかもしれないとしつつ、「東京人」を念頭に現実を追いつめていくためには撮影時のボルテージを上げていくことが不可欠なのだと、その重要性について語っている。そして表面的なスタイルだけならば写真など撮らないほうがよいのだとまで批判していて、そこには高梨が感じていただろうコンポラと自身の写真との間の距離も読み取れるように思う。

ともあれこうして高梨は、ブレ・ボケと『プロヴォーク』、そしてコンポラ写真というふたつのムーブメントの中心に位置づけられることを余儀なくされたのだった。ブレ・ボケ、コンポラともに数年前から見受けられるようになってきた写真表現の傾向であり、コンポラ写真という命名と『プロヴォーク』の創刊が同時期であったことも重なって、混同して語られることも多く、それればかりか両者の相違や類似性についての分析や指摘にしても、実に曖昧であり、さまざまに恣意的であることが多い。

そもそも「コンテンポラリー・フォトグラファーズ」とコンポラ写真とが渾然と解されてもいる。当事者のひとりであった中平卓馬にしても、『プロヴォーク』刊行時だった69年には『アサヒカメラ』の特集「コンポラかリアリズムか」で高梨とともにコンポラ擁護の側に立っているが、72年には森山大道『写真よさようなら』収載の対談で「以来ぼくはコンポラのイデオローグにされてしまったが、実はそれは大間違いだ」として批判に転じている。

その後のコンポラ写真の流れを見ると、コンポラ写真家それぞれに徐々に「コンポラ」のスタイルを変えながらも長く撮り続けられたように思う。それに対してブレ・ボケは、「それらはすでにデコレイションとなってしまったのだ」と中平が書いたのが70年であり、森山も『写真よさようなら』を最後にして次第にブレ・ボケから遠ざかった。コンポラと同様に、ブレ・ボケはそれから後も多くのエピゴーネンが絶えなかったものの、瞬く間に消え去ったといってよい。

日米安保、三里塚、反戦、沖縄

ここまで「写真100年」『プロヴォーク』とブレ・ボケ」そして「コンポラ写真」に絞って、写真の1968年を中心に思い起こしてきたが、これを72年頃まで拡げて簡潔に記し、さらにもう少し幅広くこの時代の写真と写真家についても通観しておきたい。

東松照明は69年米軍占領下に置かれていた沖縄に2カ月間滞在し、表紙いっぱいに「沖縄に基地があるのではなく基地の中に沖縄がある」と書かれた『OKINAWA 沖縄 OKINAWA』を自身の運営する写研から出版し（112―114頁）、この年にはこれも写研から『おお！新宿』を、どちらも撮ってから時を置かずに出している（116―119頁）。さらに72年には『現代の眼』連載と同名タイトルで自身の写真集『I am a king』を刊行、そしてこの年返還になった沖縄に移住して沖縄本島や宮古島の生活と文化に目を向け、75年『太陽の鉛筆』として結実する。

中平卓馬は『プロヴォーク』が始まった頃になると東松を否定するようになり、やがてエスカレートして敵視に変わった。68年の末であったか、70年に向けて行動しようとの若い写真家への東松の呼びかけで「100人集会」というのが立ち上げられたことがある。私も参加していたのだが、そこに中平が乗り込んできて「この狸オヤジに騙されるな！」と絶叫し、なぜか東松も居るなかで拍手に包まれたことがあった。そして70年の『来たるべき言葉のために』の翌71年にはパリ青年ビエンナーレに参加し、「サーキュレーション――日付、場所、行為」と題して会期中毎日撮影してはその日のうちに展示し、展覧会場に写真を増殖させたが、主催者とトラブルになり終了2日前に撤去している。そして72年に書き下ろした「なぜ植物図鑑か」を巻頭に置いた同名の評論集を翌年刊行しているが、77年記憶障害に陥ってから後の写真『新たなる凝視』『ADIEUAX』へと繋がっていく。

高梨豊は『プロヴォーク』の前後から撮り続けた作品を74年『都市へ』に結実させるが、これには別冊『東京人』が併せて収められた。そして森山大道は69年「アクシデント」、71年「何かへの旅」をそれぞれ『アサヒカメラ』に連載するが、72年の『写真よさようなら』から次第に精彩を失ってゆき、その再起は80年代に入っての『光と影』を待たなければならない。多木浩二は『プロヴォーク』以降カメラを手にすることも殆どなくなり、72年には『ことばのない思考』を著し、写真、建築、デザインからさらに芸術哲学へと関心と執筆の幅を拡げてゆく。

コンポラを代表する写真家として語られることの多い牛腸茂雄であるが、最初の写真集は71年刊行の『日々』で（154―159頁）、これは関口正夫との共著である。単著は77年『**SELF**

AND OTHERS』ということになり、どちらも自費出版である。新倉孝雄は68年の写真展「セーフティーゾーン」から長い時を経て、91年『SAFETY-ZONE 1961-1991』を刊行している（160―163頁）。コンポラが注目されてブームの観があったとはいえ、その多くは私的関心の日常光景を撮った作品であり、写真集ということになるとまだまだ難しい時代であった。

渡辺眸の最初の写真集『新宿コンテンポラリー』は68年の刊である。イーストマンハウスの企画も念頭にあっただろうが、コンポラではなくコンテンポラリーとしているところに渡辺の意思が表れている。そして新宿のデモをきっかけに学生闘争に関心を抱くようになり、東大闘争のバリケード内での撮影を唯一人認められ、69年『東大全共闘――われわれにとって東大闘争とは何か』を出版する（230頁）。この写真集の著者は、渡辺と東大全学助手共闘会議だった。1969年1月には機動隊による放水と突入で安田講堂は落城し、各メディアはその詳細を報じた。この当時は毎日新聞の写真部員であり、後に『シャオハイの満州』など中国残留孤児や戦禍をテーマに発表を続けてきた江成常夫もその一人で、はからずも江成にとっての最初期を代表する一枚となった（4―5頁）。

『新宿、わたしの解放区』などの著書のある佐々木美智子（182―187頁）もまた日大闘争と全学共闘会議議長としてその中心にあった秋田明大らに深く共鳴して撮影と行動を共にしているし、日大全共闘記録班のように志を同じくする同世代の多くの若い写真家らがカメラを「武器」にして現場に立っている。渡辺はその後72年からは　頻繁にインド、ネパールに長期滞在し、佐々木は79年からブラジルに渡り、90年代に入るまでアマゾンなどに生活の拠点を移している。

北井一夫は自身も在籍した日大芸術学部校舎もバリケード封鎖され、学生たちと寝食を共にするなどして60年代半ばから68年にかけての全学連闘争を撮影し、69年からは空港建設反対闘争を『アサヒカメラ』に連載するなど三里塚を中心に撮影を重ね、71年『三里塚』を出版する（6―7頁、170―171頁）。そしてその後は日本の村々を撮り歩くようになる。

児玉房子は牛腸らとともに大辻清司の下で写真を始めていて、長く都市の日常を撮り続けているが、1968年から70年代にかけてのコンポラのスタイルとは必ずしも重ならない。渡辺と同様にコンテンポラリーな時代の記録としての都市光景であり、この間の闘争の現場も多く捉えている（178―181頁）。羽永光利は前衛美術やアンダーグラウンド演劇、舞踏などを中心に60年代から70年代の芸術と芸術家を膨大に記録しているが、やはりこの時代の日々の闘争にも大きな関心を示している（206―213頁）。東松照明や奈良原一高らと共にセルフ・エージェンシーVIVOのメンバーであり、三島由紀夫を主人公に『薔薇刑』を撮った細江英公もこの時代から舞踏の土方巽や大野一雄を長く撮り続けている（261、265頁）。

1970年に刊行された石黒健治の『広島 HIROSHIMA NOW』は、大テーマである原爆投下の広島であるよりも、次第に日常の姿を取り戻してきた日本のどこにでも見ることができるような等身大の都市の現在に眼を向けている（166―169頁）。60年代半ばから日本のミイラ信仰を撮影・研究し、さらに後年には『出羽三山』など独特の世界を切り開いてゆく内藤正敏は、先鋭化するこの時代の中で東京の下層に生きる人々と都市の闇の時間を顕現させていく（198―201頁）。急速に変貌してゆく農村と農村の若者を見続ける丹野清志もまた都市と農村の表裏一体の関係性に着目し、高度経済成長がやがて行き詰まっていく時代の都市が曝け出す矛盾に眼を向けている。

本橋成一の『炭鉱・ヤマ』も68年の刊行である。経済成長とエネルギー革命が謳われる時代の一方で、九州、北海道と多発する落盤事故や切り捨てられるように閉山に追い込まれていく炭鉱の町を65年頃から撮り続けた写真集だった（222―227頁）。後年は「ナージャの村」「アレクセイと泉」など映画監督としての仕事も多い本橋であるが、72年からは大衆芸能やサーカスを撮っていく。

鈴木清はいわき市の生まれで郷里の炭鉱で働いていたのだが閉山になったために上京し、漫画家志望から転じて写真家を志す。69年各地の炭鉱を訪ね歩き『カメラ毎日』に「炭鉱の町」を掲載し、それらは72年『流れの歌』に結実する。この写真集をスタートとして、『ブラーマンの光』『愚者の船』『修羅の圏《たに》』など旅を重ねながら鈴木ならではの独自の世界を展開した（188―189頁）。土田ヒロミもまた日本各所に撮影の旅をして民俗学的ともいえる独自の世界観によって『俗神』に結実させている（196―197頁）。南良和は自身の生まれ育った秩父の山村をテーマとし、この時代から急激に変化し消えてゆく民俗信仰や風習を記録し続けた（222頁）。

桑原史成は韓国での撮影がまだ難しかった60年代半ばから現在まで撮り続けているが、写真家としての出発は水俣病の取材からだった。まだ水俣病が広く知られてはいなかった62年に写真展「水俣病」を催し、65年には写真集として上梓し、さらに第二水俣病として知られる新潟阿賀野川を取材し、そして70年には『水俣病1960～1970』を刊行するなどしている（173―177頁）。英伸三は『農村からの証言　写真記録』など農村問題を主たるテーマとして撮り続け、それを通じてさらに広く日本社会の様々な問題を追い続けた（214―215頁）。

1972年の沖縄返還以前ではあったが、前述もしたように返還協定への反対闘争や1970年のコザ暴動などと日米安保、三里塚、そしてベトナム戦争等の反対闘争は渾然となって激化していた。まだ琉球大学の学生だった比嘉豊光ら沖縄の若い写真家や学生たちはこの時代を熱く記録している（8―9頁）。沖縄には独自の写真文化が育っていて、早くは米軍占領下の伊江島で土地の強制接収に対する抵抗運動の先頭に立ち、さらに射爆演習地の建設反対闘争を50年代から60年代半ばまで撮影記録し続けた阿波根昌鴻や、宮古島や久高島の祭祀を始めとして琉球弧の島々を民俗学的視点から膨大に記録した比嘉康雄らがいた（216―219頁）。その後の世代にコザ暴動を撮り現在まで写真家として活動する比嘉豊光を始めとして、平敷兼七（220―221頁）や石川真生、平良孝七らがそれぞれに沖縄を見続けてきた。

そして71年、荒木経惟の『センチメンタルな旅』が刊行される。その扉で鮮烈な「私写真家宣言」をして、妻陽子との新婚旅行を撮った写真集である（164―165頁）。65年には下町の少年を主人公にした「さっちん」で太陽賞を受賞し、写真をコピーして束ねた「ゼロックス写真帖」のシリーズを70年に制作するなどその活動は知られていたが、『センチメンタルな旅』はその後の写真表現に新たな境地を開き、陽子が亡くなる90年までその日常を撮り続けることになる。72年にはそれまで勤務していた電通を退社し、それから以降70年代半ばからの疾走するように発表される写真展、写真集、雑誌掲載等々には目を見張らせるものがあった。現在までに刊行された写真集だけでも優に４００冊を超えている。

深瀬昌久が妻の洋子や生まれ故郷で写真館を営む家族を撮るようになったのも70年頃からである。ときには裸になっての記念写真を思わせるような独特のスタイルで、71年刊の『遊戯』にも収められているが、『洋子』が出版されたのは離婚後の78年になってからだった。

70年代に入ると広告写真が活発になって衆目を集めるようになり、あるいは73年に沢渡朔の『少女アリス』や篠山紀信の『スター１０６人』といった写真集も刊行されるなどしている。もちろんそれは写真のみに限られたことではなく、社会の様相すべてを覆い尽くすように生じてきたことでもあった。ごく簡略にではあるがこの時代の写真家たちの動向を列記したことからも、それは窺い知ることができると思う。前に記したように、72年に森山の『写真よさようなら』が、73年には中平の『なぜ、植物図鑑か』が出版された時代だった。

（おおしま・ひろし　写真家）

舞踏

暗黒舞踏の時代

國吉和子

「ガルメラ商會」から「燔犠大踏鑑」へ

戦後日本に登場した暗黒舞踏（「暗黒舞踏」という名称は、創始した土方巽の活動について特化して使う。そして土方になんらかの影響を受けて70年代以降に登場する舞踏家や舞踏集団を広く「舞踏」と表記し、区別する）の流れを振り返ってみると、未だよくわからないことが多い。1968年という年もそのひとつだ。1960年代末から1970年代初めにかけて約5年間ほど、土方巽が舞台活動から離れていた時期があって、1968年はそのきっかけとなった年らしい。

ダンサー土方巽は1959年の『禁色』初演によってすでに異端児として現代舞踊界からみずからドロップアウトしている。続く1960年代に発表された舞台は、そのことごとくが既存のダンスからはずれた作舞——たとえば、ホモセクシュアルを暗示し、暴力的なアクションをとおして肉体本来のあり様を一気に明るみに出すような舞台——が特徴だった。

とくに、からだの関節や筋肉をわざと硬直させたぎこちない動きや、突発的で即興的な構成は当然、既存のダンス概念や常識からはほとんど理解されなかった。いわば社会のタブーをあえて逆なでするような舞台を上演し、つねにスキャンダルな話題を提供していたのだ。その結果、感情やイメージを描写する従来のモダンダンスを見慣れた観客は離れてゆき、その代わり文学者、美術家など他領域の表現者をブレーンにつけながら、さまざまな共同作業を行っている。

その頃土方は観客に直接働きかける「体験舞踊」（土方巽DANCE EXPERIENCEの会）と称して

公演を開くと同時に、現代美術のネオダダやハイレッド・センターの作家やアングラ劇団の団員たちとともにイヴェントも行っていた。当時の土方については、舞踊界からみればダンスではなくアングラ演劇、演劇界からみれば前衛舞踊、現代美術からみれば上演系（つまりダンサーや俳優）といった具合に、いずれの領域にも入らない、と同時にどの領域においてもひとにぎりの先鋭的逸脱者たちと交流していたのだ。

土方が始めた暗黒舞踏は、もとは「暗黒舞踊」と称して、1960年の「土方巽DANCE EXPERIENCEの会」のチラシに初見される。1963年「あんま」の「暗黒舞踊派結成八周年記念」を経て、1965年の公演には「暗黒舞踊派提携記念公演——バラ色ダンス——A LA MAISON DE M.CIVEÇAWA（澁澤さんの家の方へ）」となっている。この公演でははじめて「ガルメラ商會謹製」という名称が使われ、その後、1967年までの約3年間、土方は自身が関わった舞台公演には「ガルメラ商會謹製」という言葉を冠している。

「ガルメラ」とは夜店の駄菓子カルメラ焼きを、「謹製」は手作りの銘菓を連想させるが、ふたつの言葉の組み合わせとその音の響きが気に入ったのだろう。また、「商會」といっても実際に商社、商店があったわけではなく、架空の組織名を付して、土方の構成、振付の舞台を総称したと思われる。公演に一種社会的な名をつけることで背景に組織の存在を暗示させる土方の手法である。幽霊会社、いわば虚偽を仕掛けることによって、世間との接点を作ろうとしていたのではないかとは、当時土方の活動を近くから見ていた舞踏家中嶋夏の証言だ。

その後、1966年に暗黒舞踏派解散公演と銘打ち、新宿紀伊國屋ホールで開催された『性愛恩懲学指南図絵――トマト』では演出・振付し自らも出演している。この公演で土方ははじめて「暗黒舞踏」と自称したのだが、同時にこれを機にその後、複数の舞踏家と共演する公演形態をとることはなくなってゆく。「解散公演」と謳ったためか、手元の資料には「ガルメラ商會」の表記は見られないが、土方が関与した作品であることは明らかだ。この作品の出演者には大野一雄、大野慶人、石井満隆、笠井叡、玉野幸一（後の玉野黄市）ら、男性舞踏手が名を連ねている。同時に会場では「解散資金・財団法人暗黒舞踏派コレクション展示即売」が行われ、加納光於、中西夏之、菊畑茂久馬、谷川晃一、宇佐美圭司、赤瀬川原平、三木富雄、野中ユリらが作品を展示販売し公演資金にしたという。

この公演を文字通り、事実上の暗黒舞踏派を解散する公示として受け止めると、その翌年から（1967〜68年前半）は、高井富子、石井満隆、中嶋夏、芦川羊子らの公演が単独で開催されている。彼らはいずれも土方を師と仰ぐ若きダンサーたちであり、土方はそれぞれにリサイタルの機会を与え、自らはその演出、振付を行っている。

1967年上演の加藤郁乎の詩集名を冠した高井富子舞踏公演『形而情學』と、ジャン・ジュネ『ブレストの乱暴者』澁澤龍彥訳をもとに創られた石井満隆 DANCE EXPERIENCE の会「舞踏ジュネ」までは「ガルメラ商會謹製」と付している。たしかに、これ以後の弟子の公演タイトルには「ガルメラ商會謹製」の表記はなくなる。そして実際は、土方の後押しでデビューした舞

踏家は芦川羊子以外すべて独り立ちしていった。芦川羊子だけがその後も土方のもとに身を寄せ、一番弟子として1970年頃から土方のもとを訪ねる若者をまとめるという役割を担い、同時に土方舞踏の具現者として活躍することになる。

こうして1968年を迎えた土方は独舞『土方巽と日本人――肉体の叛乱』（10月9、10日、日本青年館、257頁）を上演、それまでの活動に大きな区切りをつけることとなった。この公演時に配布された種村季弘の檄文には「ガルメラ商會」とことさら大きく押印されているが、この公演を最後に「ガルメラ商會謹製」は一切使われなくなり、それに代わって1970年以後は「燔犧大踏鑑」の名称が土方の作品には残らず付されるようになる。「燔犧大踏鑑」とは、詩人の高橋睦郎が提案し、三島由紀夫の揮毫を得て掲げられることになる、土方の（非公式）登録商標ともいうべき作品の総称である。

肉体の叛乱

1960年代土方巽最後の舞台となった『土方巽と日本人――肉体の叛乱』を、私は当時実際に見たわけではない。この公演については、1960年代から70年代へ土方の作風が大きく変わる区切りとなった舞台、つまり1960年代の総決算であり、ダンサー土方巽が強く影響されていた「西洋近代」からの訣別の儀式と位置づけられている。しかしこの作品の真意は、果たして「肉体の叛乱」という副題が示すような、情念が噴出する表現的な肉体の叛乱だったのだろうか。

土方は、西欧近代がもたらした論理的明晰さに対して、叛乱をおこす肉体を対峙させようとしたのだろうか。中村宏が残した8ミリ記録映像を手掛りに当日の様子を繋ぎ合わせると、その公演は次のようなものだったようだ。

冒頭、リヤカーの輿に担がれながら客席背後のドアから入場する『阿呆王の行列』では、轟くエンジン音とともに、蚊帳の帳を付けた輿の上から打掛を前後ろに着て、髪を髷に束ねた土方が登場、客席を上から睥睨しながら本舞台に入る。吊るされ不気味に反射する等身大の巨大な真鍮板が数枚、その間から長髪を振り乱し模造男根をつけた半裸の土方が踊り出る。真鍮板に幾度も体当たりしながら、逆さに吊るされた一羽の鶏の首に全体重をかける。別のシーンではピアノ演奏とともに真紅のロングドレスの土方が裾を巧みにさばきながら華麗なダンスを踊っている。さらに、土方は髪を左右のおさげに結び鼻筋に一本白い筋を入れた化粧を施し、帯を胸高に締めハイソックス姿の少女となって登場、首を傾げた奇妙な姿勢でジャンプを続けている。そして突然ラストシーンとなり、土方は客席上方にロープで斜め宙づりとなり引き下ろされながら、フィナーレとなる。全編に土方の黒光りする痩身が印象的で、白塗りなどしていない。

全場面を記録した完全な映像ではないが、さまざまな人格、性を次々と踊り分けてゆくこの舞台で、土方はなにを踊ろうとしたのだろうか。画像から伝わってくるのは、個人史と日本の近代が渾然と混ざりながら形成されてきた自分の肉体を、徹底的に対象化し、それによって自らをもつき放そうとする土方の強烈な批判精神だ。『土方巽と日本人』というタイトルの意味もここに明らかになるのではないだろうか。このような土方の踊りを、批評家の市川雅は「内面の異常な膨張と氾濫によって叛乱を起こした肉体」と考え、ちょうどその頃、ニューヨークから帰国した舞踊家厚木凡人の「空無化し物体に転化した肉体」と土方とを対称的に位置づけ、日本におけるポストモダンの双璧とした。こうして、土方と厚木の二人は市川の理論を実証する二つの相対する様相として強調された。当時、日本の現代舞踊界の若手舞踊家の間にも変革の兆しは起っていた。アメリカ遊学から帰国直後の市川は、こうした国内の状況を受けるようにモダンダンスはモダニズムを越える試みでなければならないとして、その理論的位置付けに努力していた。そして、市川の視点に牽引されるように、暗黒舞踏は肉体の過剰な情念を秘めたまま前近代へ遡行する表現として受けとめられるような視点が生まれたといっても言いすぎではない。

公演の副題となった「肉体の叛乱」とは、当日会場で配布された種村季弘の文章による言葉である。そもそもの発端は、公演に先立って開催された細江英公の写真展『とてつもなく悲劇的な喜劇』（1968年3月19〜31日、銀座・ニコンサロン）である。発表された39点の写真は土方を被写体として1965年から撮影したもので、秋田県雄勝郡羽後町田代をはじめ、都内、横須賀などが撮影地とされている。この一連の写真が1969年には現代思潮社から写真集『鎌鼬』として限定1000部で出版された（261頁）。この写真集に収められた東北の風景は1972年以後、土方が繰り広げる「東北歌舞伎」を語るうえで、強力なレファレンスを提供することになるのだが、もう一方では、1960年代の終わりを宣言するに恰好の局面も見いだされたのだった。

それは写し出された土方の狂人を思わせる孤立した異常な姿だった。

今いちど細江の写真展『とてつもなく悲劇的な喜劇』に戻ると、当時この展覧会はことごとく好評のうちに迎えられ、芸術選奨文部大臣賞まで受賞している。しかしその中で、唯一、中平卓馬の批判文（「日本読書新聞」4月15日号）だけが、「狂気についての写真が実は完全に〝整備〟された安定空間、ブルジョア的グッドセンスといってもよい、に支えられているというパラドクス。この美学が逆に狂気を狂気〝らしさ〟に、残酷さを残酷さ〝らしさ〟に、言いかえるなら狂気そのものではなく狂気の〝意味〟に還元してしまう」と手厳しく批判したのだ。この文章が発表されてから間髪を容れずに種村によって書かれた細江と土方を絶賛するアジテーション風の一文（『美術手帖』同年6月号）からの抜粋が、当初は6月上演予定が10月に延期されていた土方の『土方巽と日本人』の会場でプログラムの代わりに配布されたのである。

そのため実際の公演では予想以上に勢いと弾みがつき、土方を取り巻く物や人の勢いも加わって、自ずと挑戦的な舞台が生まれてしまったのではないだろうか。つまり、土方は１９６８年の独舞公演で、叛乱する肉体を踊ろうとしたわけではなく、本当は主タイトルの『土方巽と日本人』の通り、自身の中の日本、戦後の近代日本を徹底的に外部のものとして取り出して見せることによって対象化し、その地点からもっとも遠いところに自分を位置づけようと試みていたのではないだろうか。自身の内部にあってそれまで創作の原動力となっていた根拠、たとえば性的なエネルギーや暴力、近代的美意識や個人史をすべて一度、外化する必要があったのではないだろうか。その作業を行うためには、当日の日本青年館に仕掛けられた賑々しい仕掛けや驚愕、恐れや侮蔑さえも巻き込んだ一種の騒乱ではなく、もっと内側に滑り込むデリケートな時空間が必要だったのではないだろうか。

真相はわからない。が、同年7月号の『美術手帖』（発行は6月）で、富岡多恵子による土方へのインタヴューで、土方は一言も『肉体の叛乱』を示唆するようなことは語っていない。むしろ、土方は故郷秋田での子ども時代の記憶や、「ニホン人」について多くを語り、「この次のおどりは、自分ひとりでおどる」「ニホンのおどりは自分ではじまった」とも言っている。自らの出自に降りてゆくために、土方は自身の「からだの中へ梯子をかけておりてゆく」必要があったのだ。

公演当日の様子を美術評論家の岡田隆彦は次のように記している。「あの晦渋な、およそ娯楽的な要素からほど遠い悪魔的な舞踏にこんなに多くの人びとが集まるようになったのだ」と、このように2日間の公演を演劇人、美術家、文学者、写真家をはじめ多くの若者が目撃し、異様な衝撃を与えた。そしてこの公演がきっかけとなってその後舞踏を志す者が続出した。舞踏家の室伏鴻もその一人だ。彼が記した次の言葉は、当時の若者の心情を語りつくしているように思われる。

私が「肉体の叛乱」で遭遇したものとは、どのようにしても語りつくしえないこと、というものを超えたところの遭遇＝事件であったが、それはまた　ことばを超えたなにものかを創

出しようと四苦八苦する芸術家たちに　限りない勇気と挑発をもたらしたのと同じように
私たち　その遭遇した同時代の複数のものたちに　複数の声をもたらした　そして　それら
の　声の外に　実在する土方巽の魅する力というものがあって　それが又　彼の看板の神話
化に拍車をかけたかもしれない。誰もが　彼の名を通じて彼の外へと　つきぬけねばならぬ

1968年の土方の独舞公演の直後、10月21日には新宿騒乱事件が起こり、翌月には瀧口修造、澁澤龍彥、加藤郁乎、田中一光、中西夏之、池田満寿夫ら、錚々たるメンバーを巻き込んで編集された詩画集『土方巽舞踏展　あんま』（限定版）が出版された。

こうして土方の1960年代「ガルメラ商會」前衛路線は、早くも1968年をもって終わりをつげる。その後4年間、土方は表舞台からは遠のき（舞踏作品を発表することなく）、当時、未曾有の好景気に見舞われていたキャバレー産業の只中で、ショーダンスの振付や構成・演出を行っていた。そのような時期、土方はさかんにスクリーンに登場していたのだ。

フィルムの中の土方巽

土方の映画出演はこの期間立て続けに行われ、1969年から1970年の2年間で9本、1967年から1971年までいれると12本に上る。そのうち、劇映画では1969年公開の石井輝男監督『恐怖奇形人間』以外は、すべて端役での出演である。また、監督別では、石井監督作

品が4本、中島貞夫監督作品が2本、西江孝之監督と黒木和雄監督、中平康監督作品、大阪万博みどり館のパノラマ映像、そして先に触れた中村宏による1968年の舞台記録映像までいれるとそれぞれ1本ずつとなっている。これでもわかるように、東映ヤクザ、アクション路線から異常性愛・残虐血しぶき路線に転向した石井輝男監督映画の中に最も多く土方が出演している。

映像の中に土方が残されている作品、および土方の映画出演は、すでに1950年代から始まっているが、とくに1968年から1971年の期間に撮影された土方の姿には、この期間、表舞台から身を隠すようにしていた土方の逡巡が感じられる。実際、1969年2月に磐梯熱海温泉でのホテル火災で、土方のもとからショーダンスに派遣されていた2人の学生が焼死する事故があり、そのこともあって間近に予定されていた『クロス・トーク／インターメディア』の出演を急遽キャンセルし、事故の事後処理にあたっていたという。

土方の活動は舞台公演活動から、クラブのショーの演出、振付・構成に重点が置かれるようになる。6月には大阪万博展示パビリオン「みどり館」のアストロラマ（全天全周映画）のための映像『誕生』（黛敏郎監修・音楽、学習研究社制作、谷川俊太郎脚本、秋山智弘監督）の撮影で北海道へ向かい、11月には大野慶人の舞台を構成、演出。ちなみに細江英公写真集『鎌鼬』が刊行されたのはその頃である。この間の映像にはその多くにグロテスクな異形性が強調されていることから、土方の映画出演は単に金銭的な必要からとみなされ、暗黒舞踏における位置づけについて、これまでとくに考察されることがなかった。しかし、1972年以後の土方作品の展開を考えるうえで、この1968〜71年の映像にみる土方の演技、舞踏には興味深い示唆が含まれていたことが感じられるのである。

劇映画に土方が出演したものの中では、やはりなんといっても石井輝男監督の『江戸川乱歩全集 恐怖奇形人間』の主役、菰田丈五郎役の土方は強烈な印象を残す。『パノラマ島奇譚』など3作品をミックスした脚本（石井輝男、掛札昌裕）で、菰田は手指の間に水搔きのある障害ゆえに妻から厭われ、それを恨み復讐するために、孤島に理想郷を作ろうと非情な手段で人間達を奇形人間に改造していく。奇形の王国では健常な人間が奴隷となって一生、奇形人間に仕えなければならない。しかし明智小五郎の登場で、丈五郎の夢は崩れ去り自ら命を絶って許しを乞う、というあらすじである。土方の演技は迫真に迫り、また、奇形王国に登場するさまざまな奇形人間には彼の弟子たちが、まるで奇怪な見世物のように現れる。この映像に映されているオドロオドロしい奇形（シャム双生児、半羊半人、銀粉ショーの踊り子をオブジェに飾った船、ハッチバック等々）、まさに驚くべき想像力の果てに生み出されたさまざまな形体の奇形人間が檻に入れられ獰猛に吠えたてている。まさに「極端なものの中にはやさしさもあるし、怪奇さもあるんだから、外側に出て行って調べる必要はない」と土方自身は当時座談会で語っているが、ここまでくると怪奇さは滑稽さと隣り合わせである。

しかし、この奇っ怪な映像はまた、孤島の荒波寄せる岩場での土方の踊りが映像に収められて貴重な1本になっている。この踊りは1968年日本青年館で踊られたものに近いと思われ、不自由な動きではなく、縦のラインを生かした鋭い動きを基調としつつ、荒波打ち寄せる足場の悪い岩場をスリリングに踊り渡ってゆく。同年公開された『臍閣下』（西江孝之監督）の冒頭、タイトルバックで前後ろに着つけた白い打掛姿の土方が子猫を抱いたまま踊る高下駄の踊りも、当時の土方の踊りを彷彿とさせる。

さらに、『元禄女系図――残酷・異常・虐待物語』（石井監督）のタイトルバックではまさに、写真集『鎌鼬』に収められている名場面――土方が赤子を抱いたまま着物の胸を開けて全速力で駆け抜けるシーン――や、1968年の日本青年館の公演で踊った、胸高帯にハイソックス姿の少女の踊り、ぎらつく金属板の間を縫うように踊るシーン、生きた鶏を咥えた土方等々、当時の舞台で踊られたものを急速に再現するかのように、しかしいささか安手のセットで、断片的に挿入されている。

また、『怪談昇り龍』（石井監督）では、見世物小屋に出没する口のきけない、背中に瘤のある変質者役を演じている。忍者のような素早い立回りで盲目の女主人に絶対の忠誠を尽くした挙句、犬のように殺されてしまう役である。この作品には見世物小屋のシーンがあり、イズメに入れられた子どもや、犬と交わる女、キャバレーダンスや、安全マッチの商標など次々と映し出される。ダンサーには芦川羊子や小林嵯峨らが出演している。

『明治・大正・昭和　猟奇女犯罪史』（石井監督）で土方は死刑執行人首切り浅右衛門役で登場、斬首刑としては最後の罪人と言われる、高橋お伝を処刑するシーンに登場し、お伝の嘆願にも動じず非情にも一刀のもとに首を切り落とす役である。この映画には土方が尊敬する阿部定が出所したてで出演していて、定の傍らでかしこまる土方が映っている。また、連続強姦殺人魔の小平義雄を小池朝雄が演じているが、小平にしても定にしても、土方は「肉体に眺められた肉体学」(『現代詩手帖』1969年10月号)で触れている。恐らく土方は、実際の調書とこの映像を参考にして書いたのだろう。犯罪者の心理から土方は多くを学んでいるのである。

このような異常性愛路線の作品のほかに、土方が出演した映画には、黒木監督『日本の悪霊』を挙げておきたい。高橋和巳の小説をもとにしたこの物語は、1950年代初め日本共産党が主張した暴力革命に賛同した学生達が、山村工作隊として山村農民を巻き込んでの革命蜂起工作を促したものの、成果も上がらず、党の方針転換でそれまでの武力闘争を誤りとし終結させた。党の呼びかけで活動した学生達の中には逮捕者がでたり、自殺した者もいたにもかかわらず、党中央はなんら責任を取ろうとしなかったため、裏切られた者たちがその責任を問い直すという話である。

佐藤慶がヤクザと刑事を一人二役で演じたことや、岡林信康のフォークソングがコミカルな風刺を添えている中、かつての活動家のリーダーと思われる人物を土方が演じた。踊りはないが、着流しで山中を獣のように素早く走り回る姿は、強烈な印象を与える。ほかに一瞬だけ、主役の男の幻覚のように辻筋に見え隠れする影も土方だった。その姿は1968年の舞台で少女を踊った時の衣裳だ。そして最後のシーンで土方は、子どもを背負い、左右の手には二人の子どもの手をひいて歩くしょぼくれた着物姿で遠景に一瞬登場する。このシーンにかぶる土方の台詞から、かつての工作隊の隊長が密告者だったことが暗示される。

１９６０年代、土方が政治的活動をしていたか否かについては、ほとんど不明としか言えないが、この『日本の悪霊』では、左翼のなれの果てのような役柄を演じている。彼の稽古場であった東京目黒のアスベスト館には当時、多くの若者が出入りしていた。学生運動家も身を寄せていたことがあると聞いているが、土方と政治の関係を説くには依然として十分ではない。

さて、『日本の悪霊』のような例外はあるものの、映像からうかがうことのできる土方像は、その多くが異形性を強調した姿で残されている。これはなにも奇を衒った悪趣味では全くなく、土方の舞踏身体との関わりを考えると、ちょうど60年代から70年代を結ぶ関節のような意味をもつ時期と位置づけることができる。「五体が満足でありながら、しかも、不具者でありたい、いっそのこと俺は不具者に生まれついていた方が良かったのだ、という願いを持つようになりますと、ようやく舞踏の第一歩がはじまります」と土方は後に記している。

自由に動いて当然な身体は通常ほとんど意識されていない身体であるが、体のどこかに不具合が生じた時、はじめてそれまでその存在さえ気づかなかった感覚が目覚める。その様子はひどくぎこちないものだが、目的的に作動する通常の機能的な動きとは全く異なる体の知覚領域の拡張として捉えられるのである。

こうした奇形や異形なものを、見世物のように陳列し、過酷な視線にさらすことを土方はこの時期、映画というメディアを利用して徹底的に行っていたように思う。そして、石井輝男の血しぶき・残虐路線の過剰にグロテスクな画面の中、つねに土方の視線は射るように鋭いのである。徹底的にこの異形を凝視させせようとする土方の視線なのだ。この姿勢は見事に一貫していて、野生獣のようにすばやい眼球の動きで視線を切り裂く。あるいは見る者を射殺すかのような直視、こうした眼の演技でも、土方は踊っているのだ。1969年の『日本暗殺秘録』（中島貞夫監督）などは、死刑囚の処刑当日、独房の扉の小さな窓から死刑囚の名を呼ぶ、そのほんの一瞬、土方は眼だけの演技で出演している。

とかく興味本位に受け止められがちな舞踏の異形性を、土方はこの時期、あえて強調しあからさまに晒すことによって、通常我々が正常であると了解していたものに、執拗に疑問符をつきつけていた。そこには体を取り巻く外部ではなく、自らの体の内、深く沈潜してゆくこと、自身にとって最も未知な領域に降りてゆくことによって、そのいまだ覚醒されていない領域に遭遇するという土方の暗黒舞踏の基本的な在り方が予見される。

60年代と70年代を継ぐこの5年間の潜伏期は土方にとって人間存在の最下層にまで意識的に降下する為に必要な時間であり、前代未聞の技法を生み出す根拠となったのである。そのきっかけとなった舞台が68年の『土方巽と日本人』だったのである。このような時期を経て、土方は1972年秋に『四季のための二十七晩』を発表、「東北歌舞伎」と自称する暗黒舞踏の新たな局面を迎えることとなるのである。

（くによし・かずこ　舞踊評論）

音楽

商業主義と表現のはざまで

稲増龍夫

ウエスタン・カーニバルとビートルズ論争

1968年1月15日から22日まで、有楽町にあった日本劇場で、「第32回　新春日劇ウエスタン・カーニバル」が開催された。時はグループサウンズ（以下、GSと表記）の全盛期。出演したのはスパイダース、ブルーコメッツ、タイガース、テンプターズなどの人気グループ。この第32回目は日劇史上最高の観客動員を記録した。

戦後のわが国のポピュラー音楽シーンは、演歌に代表される伝統的歌謡曲に対して、おもに米駐留軍経由でもたらされたジャズ、ハワイアン、ウエスタンなどが、新時代の開放的精神を代表する音楽として若者たちを中心に支持を拡大していった。1960年代に入ると、ベンチャーズに代表されるエレキブームが起こり、さらに1966年のビートルズ来日で、ロックが爆発的社会現象となった。GSもその流れの延長である。

もっともGSは、商業主義としてのポピュラー音楽であり、60年代的文脈のカウンターカルチャーサイドからは不評であった。メルヘンチックな王子様ファッションや甘ったるい歌詞の恋愛ソングの数々は唾棄すべき堕落したプチブル文化であり、資本主義の矛盾を隠蔽する策動とみなされた。その意味で、全共闘ムーブメントに関わっていた反体制闘士たちと対峙し、一見、相容れない分断状況が現出していた。

もっとも、こうした表層的対立も、社会学的文脈から俯瞰すると、「世代間抗争」を象徴する出来事と位置づけられる。ビートルズ来日騒動に湧いた１９６６年のテレビ番組『時事放談』（ＴＢＳ）において、保守系評論家の小汀利得と細川隆元が、「ビートルズに伝統武道の聖地である武道館を貸すな」「あいつらは乞食芸人で騒いでいるのはキチガイ少女だ」などの過激な批判を繰り広げたが、当時の大人世代の反応の一端を垣間見ることができる。

大人世代からすれば、ビートルズは一時のブーム。若者たちは反抗期という通過儀礼を経ながらも、次第に大人たちの常識や規範を受け入れていくはずと確信し、「どうせ、ああした音楽に浮かれている若者たちも、大人になれば演歌を聞くようになるんだ」とタカをくくっていた。しかし、60年代後半の「世代間抗争」はきわめて特異な歴史的位相の中で展開されていた。それは、先行世代が、あの誤った戦争に加担していたという事実である。

もちろん、すべての大人たちに戦争責任があったわけではないが、とにもかくにも、その大人たちが「総懺悔」したのだから、この価値観の歴史的反転は、若者側に大きなアドバンテージを与えた。しかも、１９４７年から49年の戦後ベビーブームに生まれた「団塊世代」は、人数的にも圧倒的であり、現状打破の爆発的エネルギーを有していた。

それゆえ、ビートルズにせよＧＳにせよ、音楽的な魅力もさることながら、大人世代に理解されず、「まともな音楽じゃない」と罵倒されればされるほど、潜在意識下の世代闘争心を掻き立てられたわけである。いわば、世代断絶の踏み絵であった。筆者の当時の実感では、ビートルズやロックに理解を示す大人こそ胡散臭いと感じたほどであった。

GSと世代間抗争

ＧＳは、レコード的には１９６５年５月にリリースされたスパイダースの『フリフリ』（３３２頁）が初めてのシングルと言われている。かまやつひろし作詞作曲のオリジナル曲で、手拍子３つが繰り返され、日本的拍を取り入れた斬新なリズム感覚であった。スパイダースは、初期はリバプールサウンドテイストを日本語ポップスに取り込めないかと苦闘し『ノー・ノー・ボーイ』などの名曲を発表したが、１９６６年9月に発売された浜口庫之助作詞作曲の『夕陽が泣いている』が大ヒットし商業的成功を収めた。当人たちは当初、歌謡曲調の楽曲に反発していたが、次第に商業主義路線に従わざるをえなくなっていった、

タイガースは、京都出身の５人組グループ。彼らの登場で、音楽性よりもルックスやファッションを重視した「アイドルＧＳ現象」が世の中を席巻することとなった。67年のデビュー曲『僕のマリー』（３３２頁）は、一見、甘ったるく聞こえるが、すぎやまこういち作の楽曲は、日本人好みのマイナーコードをベースにクラシックの技法を使って従来の歌謡曲とは一線を画していた。タイガース自身は、ライブでは洋楽曲を好んで演奏し、ファーストアルバム『タイガース・オン・ステージ』（３３２頁）でも『タイム・イズ・オン・マイ・サイド』などローリング・ストーンズの曲を多く取り上げていた。当然、事務所側が用意した曲は気に入らなかったが、反発しようにも、社会現象的人気に押し流されていた状態であった。

67年10月にタイガースのライバルバンドとして人気を二分することになるテンプターズが『忘れ得ぬ君』(332頁)でデビューした。この曲はメンバーの松崎由治が作詞作曲したオリジナル曲。冒頭の「ノーノーノーノーノーノーノーノーノー」というメロディをひたすら反復するサビのないミニマルミュージックであり、従来の流行歌ではありえない実験的構成であった。そのテンプターズも、68年6月になかにし礼作詞、村井邦彦作曲の『エメラルドの伝説』(332頁)が大ヒットし、歌謡曲路線に舵を切ることになる。専門家の間では、松崎主導で突き進んでいれば、斬新な日本語ロックが生まれていたかもしれないと言われている。ただ、萩原健一(ショーケン)という、タイガースの沢田研二(ジュリー)と対抗しうるカリスマボーカルが存在したことで、GSブームの頂点を極めることとなった。

こうした流行の裏側では、大人世代の嫌悪感が肥大化していた。68年6月22日、『モーニングショー』を降板した木島則夫がキャスターとなった『ハプニングショー』(日本テレビ)において、タイガースが取り上げられた。木島自身が話題の現場から生放送するという60年代色濃厚な番組であり、タイガースの回は、池袋のジャズ喫茶「ドラム」からの生放送で、タイガース、ファンの女の子と引率の親、文化人などが参加していた。

印象的なのは、高校教師とおぼしき中年男性が、「長髪が不潔だ」「ファンの子は大脳の発達が遅れている」などの過激発言を繰り返したことで、そこで、リーダーの岸部おさみ(現在の岸部一徳、当時21歳)が「ぼくたちが大人になった時は、若者に理解のある、もっと綺麗な大人になりたい」と発言し、タイガースの演奏もいつになく気合が入っていた。

当時の大人世代が、ＧＳは若者に悪影響を及ぼす不良の音楽だと敵視していたことがうかがわれる場面であり、「世代間抗争」の根深さを象徴する構図であった。

カウンター・カルチャーとしての欧米のロック

同時代の欧米の音楽シーンに目を向けると、ビートルズは66年の来日後のアメリカ公演を最後にライブ活動を停止し、レコーディングに専念。最高傑作と言われるコンセプトアルバム『サージェント・ペパーズ・ロンリー・ハーツ・クラブ・バンド』を完成させた。

当時のアメリカの政治情勢としては、黒人に対する差別解消を目指す「公民権運動」や米ソ冷戦の代理戦争だったベトナム戦争の泥沼化が深刻だった。とくにベトナム戦争については、１９６４年のジョンソン大統領誕生以来、本格的軍事介入が進行し、徴兵制によってアメリカ軍に徴用された多くの若者がベトナムに送り込まれる事態になっていた。この時点でベトナムに派兵された米軍兵士は50万人、戦死者は10万人に迫っていた。

ベトナム戦争反対の声は日増しに大きくなり、ミュージシャンの中からも明確な意思表示が行われるようになった。ビートルズのジョン・レノンは、67年8月の記者会見でベトナム戦争への批判を明言し、その数カ月前にはビーチボーイズのカール・ウィルソンが「徴兵拒否」を宣言して逮捕された。68年3月にロンドンで開かれたベトナム反戦デモにはローリング・ストーンズのミック・ジャガーが参加した。

欧米においては、ベトナム戦争に対する厭世気分によって、ロックが政治色を帯びながらダイレクトなメッセージ性を強めていった。同時に、ハードロックやプログレッシブロックなどの、音楽の表現スタイルの多様化が進展し、もはやロックは、従来のポップ音楽の域を超える「新次元の文化」へと変容していったのであった。

GSの衰退と歌謡曲の新しい流れ

60年代後半に欧米の音楽シーンが劇的な地殻変動を起こしていた頃、欧米に追いつくことを目標に邁進してきたGSは、本来、ベンチャーズ、ビートルズ、ローリング・ストーンズなどの洋楽のコピーからスタートしたはずが、68年頃になると、流行歌としてヒットし社会現象となったため歌謡曲化に歯止めがかからなくなった。100を超えるグループがデビューする乱立状態によって目立つことが自己目的化し、とくにファッションにおいて、デカ蝶ネクタイのライオンズ、キュロットスカートをはいたクーガース、神父姿で聖書を携えたアダムスなど、差異化のベクトルだけがあらゆる方向に拡散していった。

もっとも、GSのヒットは、旧来のレコード会社専属作家ではない新感覚の若いソングライターたちの活躍の場を広げ、GSテイストを盛り込んだ歌謡曲が量産された。68年のレコード大賞は黛ジュンの『天使の誘惑』だったが、ハワイアンを取り入れた楽曲はメロディ・アレンジともに斬新であった。彼女のように、GSテイストの楽曲を歌っていたソロ歌手は、後に「一人GS」と呼ばれた。美空ひばりがブルーコメッツと共演した『真赤な太陽』（1967）も、ある意味、「一人GS」楽曲である。68年にデビュー曲『恋の季節』（332頁）を大ヒットさせたピンキーとキラーズは形態的にはGSとの境界線だが、当時のGSサウンドの特徴は、レコーディングにおいてドラムの8ビートがことさらに強調されていたことで、その点でピンキラはロック色が薄かったのでGSと認知されなかった。

こうして、ロックが歌謡曲を侵食していた時代に、69年に『新宿の女』（333頁）でデビューした藤圭子は、演歌というジャンルを超える独特の存在感を放っていた。旅回り浪曲師の父親のもと貧しい幼少時代を送り、その実体験がこもったハスキーボイスの歌唱は、五木寛之が「怨歌」と命名したほどである。可憐な容姿ながら、凜としたオーラを漂わせ、全共闘運動後の挫折感の隙間に染み入り、伝統的演歌ファン以外からも熱烈に支持された。後年、彼女の予期せざる功績は、宇多田ヒカルという天才を世に送り出したことにあった。

ニューロックの時代へ

GSの中でも実力派として一目置かれたグループが存在した。ゴールデン・カップスは、横浜を拠点に、おもにブルーズやR&Bを演奏していたグループで、67年に「いとしのジザベル」でレコードデビューした。68年の『長い髪の少女』はシングルチャート14位のヒットとなったが、本人たちはライブでも演奏したくなかったと語っている。女性ファンが多いGSの中では男性受けするバンドであった。

ゴールデン・カップスに比べるとややマイナーだが、玄人受けしていたのがダイナマイツである。米軍キャンプなどで演奏していたこともあって、黒っぽいフィーリングを体得していた。67年末のデビュー曲『トンネル天国』は小ヒットだったが、ファンの間ではB面の『恋はもうたくさん』（とくにストリングスの入っていないアルバムバージョン）の方が、ガレージロック的テイストで支持された。リードギターの山口冨士夫は、69年のダイナマイツ解散後に伝説のバンド「村八分」を結成し、差別用語を連発する歌詞やがなりたてるボーカルなど、過激で暴力的なロックを展開した。

ゴールデン・カップスやダイナマイツに代表される実力派バンドは、GSブームが急速に収束しつつあった69年あたりからニューロックに転向し（正確には、歌謡曲路線と決別して）、商業主義に毒されない独自世界を追求するようになっていった。

それればかりか、メジャーなGSも再浮上策を模索していた。欧米では、60年代後半から、さまざまなバンドの精鋭メンバーでスーパーグループを作ることが盛んとなり、レッド・ツェッペリンはその代表格であった。そこで、71年に解散したタイガース、テンプターズ、スパイダースから二人ずつが結集してPYGというスーパーグループが誕生した。沢田研二と萩原健一のツインリードボーカルが売りだったものの、二人のファン同士がいがみ合って相乗効果が生まれず、音楽的には斬新な試みをしていたものの、ニューロックファンはハナから商業主義として反発し、ひどい場合は、コンサートで卵を投げられる始末であった。ＧＳ時代の威光は70年代に入るともはや通用しなかったわけである。

69年9月29日に新宿厚生年金会館で開催された「第1回日本ロック・フェスティバル」は、ＧＳからニューロックへとシフトしていく音楽シーンを象徴するイベントであった。参加したのは、ゴールデン・カップス、モップスといった硬派なＧＳ、パワーハウスなどのブルースバンドなどで、さらには、渡辺貞夫グループのギタリスト増尾好秋も参加していた。

欧米のロックはカウンター・カルチャーとして積極的に政治に関与していた印象があるが、学園闘争で盛り上がっていた１９６９年11月17日の佐藤訪米阻止闘争の集会で象徴的事件が起きた。ブラインド・バードというニューロックのバンドが紹介され演奏を始めたところ、ヘルメットで武装した集団がステージに上がり演奏を中止させた。主催者は、「これはニューロックといって、商業主義の音楽とは違うんです」と説明するも、「あなた方は、今日の集会で何を訴えに来たんだ」とメンバーに詰め寄り、その後は、ロック支持派と反対派がステージ上で激しい議論を始めた。高校生だった筆者は、思わぬ展開に戸惑いながらも、その熱いやりとりが興味深かったことは鮮明に記憶している。

70年以降のニューロックシーンの代表的バンドというと、上述の村八分と並んで、頭脳警察を忘れてはならない。R&BテイストのマニアックなＧＳモージョのメンバーだったパンタが結成したバンドであり、三里塚闘争における「幻野祭」（1971）に出演したり、赤軍派へのシンパシーを公言するなど、その活動はきわめて過激であり、さらには、ウエスタン・カーニバルのステージ上でマスターベーションをするなど、70年代末のパンクロックを先取りするようなパフォーマンスを行っていた。ファーストアルバムに収録されるはずだった『世界革命戦争宣言』『赤軍兵士の詩』『銃をとれ』の革命三部作は、いずれも歌詞が問題視され、結局、ファーストアルバム自体が発売禁止になったほどである。

フォークソング革命

68年に戻ると、GS全盛のポピュラー音楽界で、もう一つの勢力が確実に育っていた。それがフォークソングである。戦後、キングストン・トリオらによってもたらされたフォークブームは、富裕層の子弟によってカレッジ・フォークとして定着。鑑賞するだけでなく、ギター一本で演奏できる気楽さで愛好者を拡大していった。当時の個人的印象だと、大学生ではビートルズなどのロック派と遜色ないくらいのファンがいて、わが国でもマイク真木、森山良子、ブロードサイド・フォーなどがGSに伍してヒットを飛ばしていた。

しかし、１９６８年的文脈で革命的存在だったのはザ・フォーク・クルセダーズである。関西出身のアマチュアグループだったザ・フォーク・クルセダーズは、大学卒業が近づき解散記念に67年10月に自主制作アルバム『ハレンチ』を作った。この中の収録曲『帰って来たヨッパライ』

（333頁）が、テープの高速回転を使うなどサイケデリックサウンドのテイストを取り込み、まずは深夜放送で話題となり、1年だけプロ活動をするという決意で、12月25日にシングルとしてリリースされ、300万枚に迫る空前のヒットなった。68年のうちに、彼らは、発売禁止となった『イムジン河』（333頁）を含む7枚のシングルと傑作アルバム『紀元弐阡年』を含む3枚のアルバムを発売し、いずれも好セールスだったが、約束通り68年内に解散した。

ちなみに、契約にあたってフォークル側は、レコード会社にさまざまな条件を突きつけ印税契約も勝ち取った。これは、『帰って来たヨッパライ』の反響があまりに大きく、大ヒット間違いなしとの判断が働いたからであった。レコード会社の口出しに悩んでいたかまやつひろしをして、「自分もフォークルでデビューしたかった」と言わしめたくらいだった。

この、レコード会社に対する強気の姿勢が、69年、日本初のインディーズレーベルであるURC（アングラ・レコード・クラブ）を誕生させた。URCの母体の高石音楽事務所にはフォーク・クルセダーズ以外に、高石友也（高石ともや）、岡林信康、ジャックスなどが所属していた。関西フォークシーンから、高石の『受験生ブルース』（333頁）や岡林の『山谷ブルース』『友よ』（333頁）に代表される、社会的メッセージを鮮明に打ち出した曲が多く生まれたのも、経済的自立によって発売禁止を恐れずに挑戦できたからだと言えよう。

政治性ということでは、新宿西口広場のフォークゲリラが熱かった。69年2月28日、べ平連の若者たちが西口広場で反戦フォークを歌い始めたのがきっかけと言われているが、次第に、土曜の夜に多くの若者が集まるようになった。この広場は、そもそも人通りは多いわけで、おもしろそうだから立ち止まっているうちに歌の輪に加わるという感じで、曲は岡林信康が多かった記憶がある。それが、ゴールデンウィーク明けから警官の数が多くなり、「ここは広場ではなく通路ですから立ち止まらないでください」と規制をかけてきた。7月19日には広場は完全に占拠され、フォークゲリラは霧散してしまった。わずか5カ月間の出来事であったが、アジ演説がなくても音楽の力で連帯が生まれることを実感させてくれた。

ジャズとロックの融合

1968年的文脈でいうと、ロック、フォークと並んでジャズも時代の気分を醸成していた。巨星コルトレーンが67年に肝臓癌で急死した後、もう一人の巨人マイルス・デイビスが黄金クインテットでの4ビートジャズから、次第に8ビート＝ロックに興味を持ち始め、68年の『マイルス・イン・ザ・スカイ』においてエレクトリック・ピアノとエレクトリック・ギターを導入し、ロックテイストのアルバムを発表した。当時、ジャズロックが商業的にも話題になっていたので、「ついにマイルスも」という賛否両論の意見が沸き起こったが、70年の歴史的傑作『ビッチェス・ブリュー』の登場で、新しい挑戦が一時の気まぐれではなく、ファンクの要素も加わった新次元への飛翔として評価されたのであった。

この頃、わが国では日野皓正と渡辺貞夫の両コンボが人気を二分し、日野は『ハイノロジー』

という69年のアルバムで8ビート＝マイルス路線を鮮明にし、渡辺は8ビートよりも、もともと志向の強かったブラジル色を強め、『パストラル』という代表作を発表した。60年代後半から、フリージャズ畑の理論派として活躍していたのが山下洋輔で、国立音大作曲科出身で1965年にわが国で初めてフリージャズを演奏したと言われている。彼を一躍有名にしたのが、69年に紛争中の早稲田大学のバリケード内での演奏で、その模様を、血気盛んだったテレビマン田原総一朗が『ドキュメンタリー青春』（テレビ東京）で放映した。

GSを再発見する

本稿において、1968年的文脈としてあえてGSにこだわったのは、当時としては、間違いなくビートルズよりもファンが多く影響力があったのに、今やビートルズは20世紀を代表する文化として歴史的に評価されているのに対して、GSは、「商業主義」「欧米のコピー」「無思想」というステレオタイプで貶められ、懐メロ音楽として細々と消費されるだけである。

筆者自身、幼少期はクラシック少年だったが、ベンチャーズやビートルズにはすぐ感化され、GSもよく聞いていた。68年時点で言えば、ニューロックやジャズに関心があって、旬を過ぎたGSは食傷気味だった。それが、80年代に入る頃、近田春夫の深夜放送で「マイナーなB級GS」に出会い、商業主義によって歪められた、キッチュでときにシュールな音楽性に魅了され、今までの固定観念を覆された。同じ頃、欧米のマニアたちが、日本のガレージパンクとしてB級

GSの音源を漁っていて、海賊版ながらコンピレーションアルバムが作られたことを知った。そうなってみると、歌謡曲化と片づけていたヒット曲でさえ、ロックと歌謡曲が化学反応を起こした「民族音楽」なのではと思い始めた。

2017年の赤坂BLITZでのゴールデン・カップスの50周年アニバーサリーライブをみても、オリジナルヒットがあるから伝説となったわけで、もしゴールデン・カップスが流行歌路線に手を染めずブルースの道を極めたとしても、しょせんは「よくできたコピーバンド」にしかならなかっただろう。GSの持つ日本独自のキッチュな文化性は、時代を超えて、今のきゃりーぱみゅぱみゅらのクールジャパン音楽に通底していると言ったら言い過ぎだろうか。これ以上の考察は拙著『グループサウンズ文化論　なぜビートルズになれなかったのか』（中央公論新社）をご参照ください。

（いなます・たつお　社会学）

ファッション

ミニスカートと『an·an』の時代

中野 翠

ミニスカートとツィッギー

私の手元にはツィッギー主演の映画『ボーイフレンド』（1971）の劇場パンフレットが残っている。

イギリスの奇才、ケン・ラッセル監督によるミュージカル仕立ての映画。やせっぽちで地味な女の子が、ハリウッド映画界の大物監督にその個性を認められるばかりではなく、ひそかに想いを寄せていた二枚目スターとも結ばれる……という、甘い甘いシンデレラ物語。

映画の大半を占める劇中劇部分がすばらしかった。1920年代を舞台にした若い男女の恋の駆け引きといったところだが、舞台装置は言うまでもなく、ファッション（監督夫人のシャーリー・ラッセルが担当）が見ごたえたっぷり。

言うまでもなく1920年代は画期的にスカート丈が短く（と言ってもヒザ丈くらいだが）、全体にストンとした、バストとヒップを強調しない中性的シルエットになっていたので、やせっぽちのツィッギーにはピッタリ似合っていたのだった。

ツィッギーはすでに60年代半ばのファッショナブルな美神《ミューズ》だった。ビートルズを生み、ローリングストーンズを生んだ、いわゆるスウィンギング・ロンドンを象徴する存在になっていた。

1949年、ロンドン生まれのベビーブーマー。生まれつき細く、少女時代は「ステッキ」とアダ名されていたという。ファッション・デザイナーを夢みて美容院で雑用係をしているところをモデルとして見出され、当時のボーイフレンドがマネージャー役となって、17歳の時にはトップ・モデルになっていた。つまりは映画『ボーイフレンド』と同じような経歴なのだった。

私はこの映画にホレボレ。その後たくさん映画を観たが、ファッショナブルな映画という枠ではベスト3に入る。映画館は確か銀座にあった全線座。古城のような外観でバルコニー席もある不思議ムードの映画館だった。

そもそもミニはロンドンの若者たちのストリート・ファッションから生まれた。戦後のベビーブーマーたちが音楽の世界でもファッションの世界でも力を持ち始めていた。それに目をつけたマリー・クワントと、オートクチュール界のアンドレ・クレージュが1965年にミニ丈の服を発表したことによって世界的規模で流行するようになったのだった。

『ボーイフレンド』(1971)

私は当時大学生になっていた。女子大生たちはミニに飛びついた派と敬遠した派に二分されていたと思う。私は飛びついた派。クラスメートで親友のSさんは敬遠派だった。

なぜ飛びついたかと言うと、(ファッションに関しては)ハヤリモノ好きであったせいもあるけれど、ミニスカートだと私の体型的コンプレックスがごまかせるような気がしたからだ。

従来のスカートはウエストをマークして、ヒップへとつながる、曲線的で女らしいシルエットを強調するものだったけれど、ミニはウエストをマークするものではなく腰骨で引っ掛けるようにして履く、直線的なシルエットだった。言わば成熟した女らしいシルエットではなく、未成熟で中性的なシルエット。そこが私の体型にも性格にも合っているような気がしたのだった。

Sさんは私と違って、体型も人柄も女らしく、また、大人らしかったので、ミニ・スカートに飛びつかなかったのは当然だと思った。ウエストをマークしたタイトスカートがよく似合っていた。

そんな中で、1967年の秋には「ミニの女王」ツィッギーが来日した。三週間ばかりの滞在中に森永やトヨタのCM撮影などに追われたようだ。身長165cmで体重41kgと知って、若かった私は「はあ〜」と溜息をついた。私の記憶では確か脚首のサイズは17cmと知らされたように思う。さっそく自分の足首を測ってみた。18cmだった。ガックリ。

ミニはどんどん短くなって行ってマイクロ・ミニと呼ばれるものまで登場した。従来のコンサバティブなスカートもヒザが見えかくれするくらいの短さにはなっていたと思う。

1969年、当時の佐藤栄作首相の夫人、佐藤寛子さんが沖縄返還協定調印のため夫に同行した時、やや短めのスカートだったので「首相夫人がミニスカート!」と騒がれもした。私の目には「ミニスカート」と言うほどのものではなかったのだけれど。

1969年の丸善石油のテレビCMも大いに話題になった。白のミニスカート姿の小川ローザが、風にスカートをまくりあげられて「Ｏｈ！　モーレツ」と叫ぶのだ。

実際、ミニスカートは何かと気をつかわされるものだった。階段をのぼりおりする時、駅で電車が進入して来て風が吹きあがる時、下のほうにある物をかがんで取ろうとする時……。だから、ミニ丈のキュロット・スカート（大ざっぱに言えば太いズボンをミニ丈にカットしたようなもの）を発見した時は喜んで買った。これで悩み解決。ずいぶん愛用したものだ。

70年代に入ってからはミディ（ふくらはぎまでの丈）、マキシ（くるぶしあたりまで）も流行。ますます多彩に。72年に私はヨーロッパ旅行に出たが、その時のいでたちはサファリ・ルックのベージュのパンタロン・スーツ、マキシの黒コートだった（両方とも森英恵の「ＶＩＶＩＤ」）。マイクロ・ミニの半ズボン――当時のネーミングで言うとホット・パンツも、ごく一部でながら流行した。私はいちおう、これは遠慮した。

ミニスカートの流行は、それにまつわるファッション・アイテムのいろいろも変化させた。

まず、何と言ってもパンティ・ストッキング。これはすでに１９６３年にアメリカで開発されていたのだが、日本では輸入品ということになって高価だった。それが、１９６８年、厚木ナイロン工業（アツギ）で初めて国産品の製造に成功し、一気に普及したのだった。ミニスカートの流行に何とか間に合ったというかっこう。やがて、普通の透明感のあるパンストばかりではなく、レース状に編んだものも登場するようになった。

今やパンティストッキングはカラフル化したのはもちろん、プリント柄のもの、ファンシーな編み目のものなど多種多様。もはや、パンストがなかった頃のことは思い出すのに苦労する程。パンスト以前は確かガーターベルトでストッキングを吊っていたと思う。もちろんストッキングの色は肌色、あるいは黒。伸縮性乏しく、ゆるむ。象の鼻のごとくシワシワになるのが腹立たしかった。高校時代の話ね。

それ以前の子ども時代は2、３㎝幅のゴムのベルトのような、通称「靴下止め」を使っていたと思う。ガーターベルトも靴下止めも、わずらわしいものだった。

パンスト自体の形状は、だいぶ色気には欠けるけれど、女の人たちの活動の幅を大きく広げてくれたと思う。感謝しなくては。

ミニスカートの登場は、他のファッション・アイテムも大きく変えた。今にして思えば革命的。バッグの世界を変えた。それまではヒジにさげる式のハンドバッグが大半だったのだが、ミニの流行にともなって、より活動的なショルダーバッグが、急激に主流になって行ったのだ。

もちろん靴の形状も変わった。ミニのスカートやワンピースとのバランス上、靴のヒールは太めになったり厚めになったり。50年代のマリリン・モンロー的なハイヒール靴は後退するようになった。少なくとも若い女の子たちの間では。

ブーツも流行。ミニスカートの場合、太かろうが細かろうが、脚に直線感があるということが重要なので、ブーツを履くと直線感がプラスされて、全体のバランスがよくなるのだった。

当然、ヘアスタイルにおいても変化が見られた。ツィッギーがそうであったように頭部は小さめにしたほうが、ミニの服にはバランスがよかった。基本的にパーマをかけないストレート・ヘア。ショートのほうがバランスがいいけれど、ストレートのロングヘアも人によってはＯＫだった。とにかく中途半端にふくらませたおばさんパーマは、もってのほか。

時代の空気に敏感でカットのうまい美容院が人気を集めるようになった。70年代初め、ファッション大好きの女友だちの間では、原宿の（？）萩原宗の美容室と、銀座のコワフュール・シバヤマの名があがっていた。美容院もブランド化し始めていたのだった。

当時、ミニは一時的な流行のように見る人もいたのだが、半世紀経った今も決してすたれたりしていない。スカート丈の選択肢の一つとして完全に定着している。今にして思えば偉大なる発明なのだった。

パンタロンの流行

ミニスカートと共にパンタロンも大流行。

それまでのパンツスタイルと言ったら、ズボンとかスラックスと呼ばれて、ウエストをマークした、股上《またがみ》深く、足首に向かって細くなって行くシルエットのものに限定されていたのだが、60年代末あたりから、股上浅く、裾広がりのシルエットのものがめきめきと主流になって行ったのだった。その新シルエットのパンツはパンタロンと呼ばれた。

これは女に限らず男（ただし若者）のパンツスタイルにも影響を与えたと思う。というのは、70年1月から74年3月にかけて、NHKテレビで「ステージ101」という若者番組があり、そのレギュラー出演者の男子の一人（確か「ヒロ」と名乗っていたような気が……）が、ジーンズの裾の前部を15㎝くらいタテに切り裂いて、ロンドンブーツ（靴のつまさき部分も上げ底にして、かかともハイヒール）を履いて、強引にパンタロンのシルエットにしているのを見て、笑い、かつ、「なるほどー、その手があったか！」と感心した記憶があるからだ。

とにかく70年に入って、パンタロンはドッと普及した。カジュアルなものからドレッシーなものまで多彩な形で。ヒザ下あたりでカットしたパンタロンは南米の牧童にちなんだシルエットということでガウチョ・パンツと呼ばれた。１９３０年代あたりに欧米の少年たちが履いていたようなヒザ丈の裾をすぼめたパンツ（ベルギー漫画「タンタン」の愛用パンツ）も出回って、私はそのシルエットが好きで、茶系のグレンチェックのパンツをブーツと合わせて履いていた。

そうなのだ、ミニスカートと、多彩になったパンツスタイルの影響で、この時期からブーツの需要がグッと伸び、デザインの幅も大いに広がった――と思う。

『*an·an*』の衝撃

１９７０年３月３日。平凡出版（のち、マガジンハウス）から雑誌『*an·an*』創刊号が発売された。私は「あっ、出たーっ」と思い、駅の売店（キヨスクという名称はまだなかったはず）で、さっそく買った。電車の中でザッと目を通し、強い衝撃を受けた。「これだ、これだ、私が待っていたのはこういう〝女性誌〟だ！」と。

というのは、その数カ月前（69年の秋）に臨時に出版されたとおぼしき『平凡パンチ女性版』というのを私は読んでいて、その中に「編集スタッフ募集！」というページがあり、大いに興味をひかれていたからだ。

その時の私は大学を出たものの就職には失敗して、銀座にあった新聞社でアルバイトをしていた。お茶くみとか使い走りといった仕事で、さすがに「このままではマズイよね」と思っていた。だから、この募集広告には注目したわけだが、その内容が風変わりだった。「これがあなたの応募用紙」と題して、「このスペースであなたの趣味や特技を生かして、あなた自身をアピールしてください」という意味のことが書かれていて、ほぼ1ページ大の白紙になっていたからだ。文章でも絵でも写真でも何でもいい、自由自在の、画期的な応募用紙だった。

だいぶ迷ったものの、おおぜいの応募者の中で勝ち抜く自信が無く、結局、パスしてしまった。

年が明けて1970年。確か2月だったと思う。新聞広告に主婦の友社の「コピーライター募集」というのをみつけ、軽い気持で受けたら受かってしまった。一名だけの採用だった。編集部ではなく宣伝制作課だったのが、ちょっと気になったが、大手の老舗出版社だったので（その当時は今では考えられない程、主婦雑誌がよく読まれていたのだった。社長は雑誌協会の会長になった程、権威があった）、親を安心させたい気持もあり、入社した。

上司も同僚も人柄のいい人たちだった。新しく創刊される予定の女性誌の広告作りというのがメインになっていた。自然と広告デザインのほうも手がけるようになった。そこそこ意欲を持って働いた。給料も決して悪くなかった（結局2年ちょっとで辞めて、フリーのライターへの道を選択したのだが）。

『an·an』創刊号が出たのは、私が主婦の友社に入社した1カ月後だった。何と言うタイミング！「私が待っていたのはこういう〝女性誌〟だ！」と思うと同時に、「あの時なぜ応募しなかったのだろう⁉」と激しく後悔した。

『an·an』に続いて、5月には『non-no』（集英社）が創刊された。たちまち「アンノン族」と呼ばれる程、両誌は大ヒットした。つまり、ベビーブーマーたちが大量に20代に突入して来た、そのニーズに応えるべく、各社から（主婦の友社からも）新感覚の女性雑誌がワラワラと創刊されたのだった。

「アンノン族」と呼ばれた中で、私は断然、『an·an』派だった。ファッション写真も文章部分もエッジが立っているというか、小生意気でユーモアも漂っている感じがしたからだ。たちまち『an·an』の顔のごとく、たびたび登場する立川ユリは、それ以前に「装苑」で立川ユリ・マリ姉妹としてデビューしていて、その頃から注目もしていたモデルだったし。

『an·an』は女性ファッション誌として画期的だった。堀内誠一さんによるアート・ディレクションがすばらしかったうえに、ちょっとしたキャプション（写真に添えた説明文のようなもの）も新鮮だった。フレンドリーでハツラツとした感じでワクワクさせられた（数年後、『an·an』の文章を担当していたフリーライターの三宅菊子さんと出会い、アシスタント的な仕事をするようになった。多くのことを学んだ）。

雑誌の大半を占めるファッション・ページも変わっていた。従来のファッション誌は必ず「作り方のページ」が巻末にあったのだけれど、『an·an』にはそれがなかった。つまり既製服（そして編集サイドがオーダーした服）をコーディネートや背景の中で面白く見せるという新基軸のファッション誌なのだった。

従来のファッション誌は、服のディテールがよくわかるように、背景はごくシンプルで、いかにもスタジオ撮影の感じの写真が多く、モデルのポーズもスタティックなものが多かったのだけれど、『an·an』のファッション写真は、街や自然の中で、動きのあるロケ写真が多かった。

ちょうどその頃、新世代（ベビーブーマーより一世代上、30年代末生まれ）のデザイナーたちが続々とブティックを構えるほど力をつけて来ていた。松田光弘（ニコル）、金子功（ピンクハウス）、山本寛斎（カンサイ）、菊地武夫（ビギ）、花井幸子、コシノジュンコ――。のちに（74年）TD6と呼ばれるようになった人たち。

それまでの「既製品＝（別名）ぶらさがり＝安物」という概念をくつがえし、憧れのブランドというイメージに変えて行くことになる人たちだった。『an·an』はそこにいち早く注目。新感覚の既製服をどう見せるか、どうコーディネートするか、どういうシチュエーションで着るか……ということに重点を置いた新機軸のファッション誌なのだった。フランスのファッション誌『ＥＬＬＥ』と提携していたということも大きかったと思う。

とにかく私と妹は『*an·an*』を毎号、むさぼるようにして読んだ（と言うより、みつめた？）。その２年ほど前から、私たちは森英恵が新しく打ち出した「ＶＩＶＩＤ」という若い子向けのブランドの服に夢中になっていたのだった。若い子向けと言いながら、結構お値段は高めなので、もっぱらセールを狙って買っていたのだけれど（当時は日本橋のＤＩＣビルで、のちに竹橋の科学技術館で大規模なセールがあった）。

それが『*an·an*』の登場で、ＴＤ６を中心とした新世代デザイナーたちの服を知り、彼および彼女たちのブティックの大半が青山・原宿にあることを知り、俄然、そちらのほうへと関心が向かったのだった。銀座のデパートでも阪急では「ニコル」のコーナーが出現していた。「ピンクハウス」も買えたような気がするが、ちょっと記憶がおぼろ。

とにかく『*an·an*』の影響で、私と妹は旅行ファッションを楽しむようになった。国鉄（ＪＲ）が「ディスカバー・ジャパン」のキャンペーンを展開していた時代でもあった。妹は写真学校に行っていたので、私をモデルに（？）『*an·an*』ぽい写真をバチバチ撮っていた。古都やひなびた風景の中で、ハヤリモノの服を着て、ノビノビしたポーズをとる――というのが、私たちにとっては『an·an』ぽいのだった。

とにかく、気に入りのブランドの幅がグッと広がった。それまでは森英恵の「VIVID」、それから当時すごいイキオイでブティックができていた「ロペ」くらいしか選択肢がなかったのだ。

「ロペ」はシンプルなデザインのものが基本だったけれど、シャツブラウスのカッティングが、体の線にスーッとフィットしているところがよかった。ミニスカートだと上体（ボディと袖）はできるだけ細くフィットしたもののほうがバランスがいいのだった。

主婦の友社に入社して、すぐ。隣りの課で私と同い歳のMさんがフラリとやって来て、いきなり（名乗る前に）、私のシャツの衿をつまんで「ロペ、ね」と言ったのが、おかしかった。すぐに仲よくなった。ファッション大好きなのに営業に回されていた彼女は、半年後くらいだったかな、資生堂の臨時採用試験を受けて、みごと合格。スタイリスト（という言葉はまだ一般的ではなかったが）になった。

話は戻る。とにかく『an·an』によって新世代のブティックが続々できていることを知った。80年代のDC《デザイナーズ&キャラクターズ》ブランドのはしりだった。その動きはデパートの陳列法も変えて行った。それまでは、ブラウス、セーター、カーディガン、スカート、コート……というふうにアイテム別に陳列されていたのだけれど、この頃からしだいにブランド別になっていった。80年代以降だと思うがデザイナーのブティックやメーカーのテナントが並ぶようになっていったのだ。

『*an·an*』はまた、スタイリストという新職名を定着させ、憧れの職業にした雑誌でもあった。今の『*an·an*』からは想像しがたいかもしれないが。

ヒッピー、フォーク、戦闘スタイル

60年代後半から70年代にかけて、おもにアメリカ西海岸を席捲したヒッピー・ムーブメントも、ファッション界に大きな影響をおよぼした。

泥沼化してゆくベトナム戦争下で若者たちは反体制色を強め、自然回帰思想や東洋思想などへの傾倒を示すようになり、LSDなどの幻覚的体験に関心を抱くようになっていた。そうした一群の若者たちはヒッピーと呼ばれるようになっていた。LOVE&PEACEを合言葉に、音楽界、アート界、ファッション界を揺さぶった。戦後ベビーブーマーたちによるカウンター・カルチャーだった。

ファッションの世界では、パリ・コレクションを頂点とするハイ・ファッションに対して、ジーンズを中心に、インドや南米などの貫頭衣的なユッタリとしたシャツなど、いわば「粗衣」的なものを中心に、民俗的な布製ショルダーバッグ（というより袋）、サンダル、伸ばしぱなしの長髪、ヒゲ、ノー・メイク、素朴な手作り感のあるアクセサリー……などが流行。

私もつられて（?）1972年にヨーロッパ旅行をした時は、スペインで黄色の貫頭衣的な木綿シャツ（衿元に民俗的刺繡入り。インド製だったかも）を買い、やや裾広のジーンズを履き、足元は（確か）イタリアで買った木靴《サボ》（甲の部分は皮革）といういでたちだった。

1972年に制作された映画『フォロー・ミー』（キャロル・リード監督、日本公開は73年1月になってしまうのだが）はヒッピーファッションが大きなテーマとなっていて、忘れられない。ヒロインは元ヒッピーのアメリカ女（ミア・ファロー）でイギリス滞在中に、上流家庭育ちの青年と出会い、結婚する。ハイソの若奥様になったわけだが……ハイソならではのコンサバティブなファッションにはまったくなじめず、ダボダボ・シャツや布製ショルダーバッグなど、ついついヒッピー・テイストのファッションになってしまうのだった……という話を軸に私立探偵も大きく絡むロマンティックコメディになっているのだった。ミア・ファローは1945年2月生まれなので、ベビーブーマーとは言い難いが、『ローズマリーの赤ちゃん』（1968）、『ジョンとメリー』（1969）、『フォロー・ミー』（1972）、『華麗なるギャツビー』（1974）……と傑作に続々主演。この時期のファニーな美神《ミューズ》の一人なのだった。

60年代末から70年代初めのこの時期の「ファッション」で書き落とすわけにはいかないのが、全共闘の活動家諸君のヘビー・デューティ（？）ファッションだ。

1969年の1月の東大紛争、そして2月の日大紛争の衝撃は大きく、たちまち全国に広がっていった。いわゆる全共闘運動。それに対応して警察側の警備も過激化。機動隊の大動員、装甲車、放水車、有刺鉄線、ガス弾、放水……。

すでに1968年頃から活動家の一部に見られた戦闘スタイル（ヘルメット、ゲバ棒、口元をおおうタオル）が凄いいきおいで定着していった。警察や機動隊との乱闘や催涙ガスに対応して生まれたスタイルだが、顔の露出部分の少なさは、「個人」ではなく「群れ」という意識を高めるのに有効だったのでは？　私情ではなく大義に生きるという心情を奮い立たせたのでは？

１９７０年か71年だったと思う。私が勤め始めていた主婦の友社は御茶ノ水の駿河台にあり、日大や明大などがズラッと並ぶ学生街で（パリ革命にちなんで神田カルチェ・ラタンと呼ばれていた）、激しいデモや乱闘のまっただなか。デモのある日はガラス扉の受付ではシャッターをおろしていた。それでも、そのシャッターには投石の音や体がぶつかる音が鳴り響いていた。

全共闘諸君たちのファッションもさることながら、彼らのかかげる旗も、ちょっとした見ものだった。日大芸術学部の旗は、何色かのスプレーを吹きつけたモダンアート風のもので、私は「さすが、一番かっこいいよ」などと思っていたのだが……。

ある日、御茶ノ水駅で一群の全共闘諸君と遭遇した。ゲバ棒、ヘルメットの戦闘スタイルの男子たちが続々と、かつ整然とホームへの階段を降りて行くところだった。私は威圧感のようなものに圧倒されると同時に、「ほんとに、そんなふうに突き進んで行っていいの？　ためらいは無いの？」と危惧せずにはいられなかった。

（なかの・みどり　エッセイスト）

映画

解体と噴出

四方田犬彦

映画史における世界的同時性

1950年代とは、日本映画が国際的な脚光を浴びることになった時期であった。衣笠貞之助、溝口健二、そして黒澤明が監督したメロドラマとアクション映画が、欧米の国際映画祭で注目され、その「普遍的な」ヒューマニズムによって高く評価された。とはいえそこに描かれていたのはもっぱらサムライに代表される近代以前の日本の伝統社会であり、海外において異国情緒が肯定的評価に影を落としていたことは否定できない。1960年代とはそれに対し、現実の日本、欧米と同じ資本主義経済に立脚し、数々の社会的矛盾を抱え込んだ日本を舞台とする〈作家〉のフィルムが、国境を越えて高く評価された時期であった。欧米の批評家と観客は市川崑や大島渚を通し、日本映画の内側に、単に美的な優雅さを越えた哲学的、政治的思索が存在していることに気がついた。この傾向は60年代が終わりを迎えるにつれ、加速度的に進行した。1968年から72年にかけての5年間とは、それまで独自の発展を見せてきた日本映画が、〈世界映画〉の最前線において受容されるという文脈が、ほぼ成立した時期である。

この時期、欧米ではどのようなフィルムが制作されていたのだろうか。

フランスでは〈1968年〉は、まずジャン＝リュック・ゴダールの『中国女』から始まった。従来の映画制作・配給・受容の制度的システムに対する異議申し立てが活発化し、五月革命の直後からラディカルな映画人による集団制作が開始された。ゴダールやクリス・マルケルは匿名的なアジビラ映画（シネ・トラクト）の制作に関わった後、ジガ・ヴェルトフ集団、メドヴェトキン集団といった共同制作体制へと移行していった。カンヌ映画祭は中止に追い込まれ、映画雑誌『カイエ・デュ・シネマ』は公然と毛沢東主義を標榜した。

　イタリアではピエル・パオロ・パゾリーニがギリシャ悲劇の脚色を通してヨーロッパ中心主義の解体を試み、ブルジョワ社会を痛烈に批判するフィルムを矢継ぎ早に発表した。その薫陶を受け、ベロッキオやベルトルッチといった新人監督がデビューを飾った。ユーゴスラビアではドゥシャン・マカベーエフが性的革命を問うフィルムを発表し、スウェーデンではベルイマンが、深層心理学に基づく人間解釈を大胆に行っていた。ポーランドではポランスキーが、スペインではカルロス・サウラが、韓国では金綺《キムギ》泳《ヨン》が、国家体制の苛酷な検閲体制と闘いながら、主題と手法において実験を試みていた。キューバではトマス・グティエレス・アレアが、ブラジルではグラウベル・ローシャが「映画における第三世界」を問う作品を次々と発表した。それと軌を一にするかのように、ラテンアメリカの映画人はハリウッド帝国主義に対抗して、「第三の映画」「不完全な映画」を唱え、理論武装を行った。

　ハリウッドでは「赤狩り」で追放されていた映画人の復権が進み、ベトナム戦争を始めとする現実の政治社会問題への懐疑と抵抗が、積極的に映画に取りあげられることになった。ニューシネマが話題を呼ぶなかで、ダルトン・トランボが反戦映画『ジョニーは戦場へ行った』（1971）を監督したことは、象徴的な事件である。一方、同じアメリカでもニューヨークでは、『リトアニアへの旅の追憶』（1972）のジョナス・メカスを中心として個人映画の運動が高揚し、ジャック・スミスからスタン・ブラッケージまで、多様な映像作家の創作が知られるようになった。

では、こうした海外の映画人による映画的異議申し立てや実験的試みを横目で眺め、かかる傾向に充分に自覚的でありながら、日本映画はどのような世界的同時性を体現していただろうか。あるいは体現できていたのだろうか。大手映画会社によるプログラム・ピクチャーと、個人の〈作家〉の映画という二つの軸に沿って、この問題を考えてみよう。

「任侠映画」と鈴木清順事件

1960年に年間製作本数547本という驚異的な数字によって、文字通り栄光の絶頂にあった日本映画は、その後急速に凋落し、大衆娯楽の王者としての地位から転落した。1968年の時点で、映画産業はすでに危機が露呈していた。大手五社によるスターを中心としたプログラム・ピクチャー体制は、検討を余儀なくされた。1968年からの5年間は、その意味で、来たるべき終末を前にして最後の大輪の花が咲き誇った日々であった。

日活は「ニューアクション」路線のもとに、アナーキーなアウトローの青年たちの一群を主人公としたシリーズを製作した。松竹は喜劇『男はつらいよ』（1969～95）と『喜劇・女は度胸』（1969）のシリーズを軸として、人情喜劇路線を更新した。東宝は怪獣映画で健闘し、大映は脂の乗り切った増村保造のフィルムを創り続けた。だがこの時期、もっとも時代の気分を反映し、学生を始めとして多くの観客に支持されたのは、東映の任俠映画（俗にいう「やくざ映画」）であった。満洲映画協会（「満映」）の残党が中心となって戦後に発展した東映には、松竹や東宝に比べ、もとより反国家、反体制の製作姿勢が濃厚であったが、その傾向が最大限に発揮されたのが、伝統的な任俠道に徹するアウトローを中心としたこの路線であった。

放浪の身のヤクザがふとした偶然から土地の親分に一宿一飯の恩義を受け、思いもよらぬ対立関係に巻き込まれてしまう。仲間どうしの分裂や親分の背信行為にもかかわらず、彼は自己の信じる道徳理念を守ろうとするあまり、屈辱に耐え、我慢を重ねる。だが最後の瞬間に短刀を抜き、悪の元凶を打ち倒す。そこに予期せぬ助っ人が登場する。『日本俠客伝』（３２４頁）『昭和残俠伝』から『緋牡丹博徒』シリーズまで、これが典型的な任俠映画の筋立てである。

日本経済は急速に高度成長をとげ、社会からは前近代的な痕跡が消滅しようとしていた。そのさなかにあって任俠映画の流行は、旧時代の勧善懲悪主義を捻転させた、感情的倒錯以外の何ものでもなかった。にもかかわらず、それは圧倒的な人気を呼んだ。バリケードを築いた学生たちはみずからを主人公に重ね合わせ、自嘲と陶酔を同時に体験した。大島渚はけっして任俠映画を撮ろうとしなかったが、自作が上映されたとき、「健さん、こいつを叩き斬ってくれ」という観客のヤジとそれに続く大拍手を聞いて、複雑な思いに駆られたと告白している。

とはいうものの、大手映画会社の製作体制は混迷し、その凋落は間近に迫っていた。日活は渡哲也をスターに仕立て上げることまではできたが、後続のニューフェイス、原田芳雄は個性派俳優以上になることができなかった。日活の愚かな経営陣は、『殺しの烙印』(1967、325頁)を撮りあげた直後の鈴木清順を不当解雇した。黒澤明は初のカラー作品『どですかでん』(1970)の後、精神的に疲弊して自殺未遂を犯し、勅使河原宏は前衛映画上映運動に疲れ、映画界から撤退した。1971年には大映が倒産。日活もまたアクション路線を放棄して、方針を一大転換した。

作品と映画批評の補完関係

とはいえ、大手企業の映画製作とは対照的に、ATGや若松プロ、小川プロに代表される小さな制作会社はこの時期、もっとも豊かな結実を残している。低予算と劣悪な撮影条件にもかかわらず、そこではこれまで日本映画が禁忌としてきた、近親相姦と前衛党の裏切りといった主題が率先して取りあげられ、さまざまな実験的話法と演出が試みられた。またこの動向を援護射撃するかのように映画雑誌が次々と創刊(321頁)され、新作をめぐって批評家による鋭い批評を掲載した。

『シネマ69』は鈴木清順や加藤泰といった作家を強く支持した。『映画批評』は映画と政治の間に横たわる緊張関係を喚起させ、批評と映画的実践という二元論の克服に腐心した。『季刊フィルム』は、前衛映画運動の中心人物であった勅使河原宏の近傍にあって、世界的同時性の立場に立ち、前衛的なるもの一般を広く支援した。日本の映画批評はこの時期、目下進行中の映画と映画監督に正面から向かい合い、真の意味で高原《プラトー》の状態を保っていた。この3誌の水準を越える映画雑誌が今日に到るまで登場していないことからも、それは了解できる。封切館で、名画座で、あるいは大学の学園祭や自主上映会で、映画という映画は上映されるや、熱っぽく議論され、観客を行動へと促した。ジガ・ヴェルトフ集団の作品をもっとも早い時期に映画館で上映したのは、本国フランスを別とすれば日本であった。創立されたばかりのフランス映画社の情熱が、そこには強く働いていた。1968年、鈴木清順が日活を不当解雇されたとき、映画ファンたちが開いた抗議集会は、当の監督をさしおいて、共闘会議の結成へと向かった。

では具体的に映画作家たちは、どのようなフィルムを撮っていたのだろうか。

ATGから輩出した作家たち

松本俊夫はマルチプロジェクションによる実験映画『つぶれかかった右眼のために』(1968)で、東京の政治的動乱とさまざまな映像を並行して提示することで、今まさに生成しつつある映像の現前を作品に仕立て上げた。彼はその一方で、日本で最初の、同性愛を主題としたコラージュ風劇映画『薔薇の葬列』(1969、315頁上段)を、また鶴屋南北に原作を仰いだ残酷劇『修羅』(1971)を監督した。個人映画から劇映画までを自在に往還し、理論家としても、アジテーターとしても、まさにこの時期の前衛を代表する存在であった。

松竹でメロドラマ監督として出発した吉田喜重は、1970年に『エロス+虐殺』(313頁上段）で無政府主義者、大杉栄の死と、不毛な欲望の消費に明け暮れる現在の若者たちとを交互に描き、実験的作風が高く評価された。彼はその後、『煉獄エロイカ』（1970）や『戒厳令』（1973）で、戦前と50年代、そして未来社会におけるテロリズムを描き、鏡と分身、不在と現前をめぐる形而上学的な迷路を構築した。

羽仁進は『初恋・地獄篇』（1968）と『午前中の時間割り』（1972）で、無垢でありながら攻撃性と攻撃誘発性を合わせもった少年少女を描き、青春映画というジャンルの解体へと進んだ。篠田正浩は『心中天網島』（1969）によって、近松の人形浄瑠璃に斬新な解釈を持ち込んだ。そこでは伝統演芸の約束ごとがことごとく覆されるとともに、人形と人間という二元論が廃棄され、物語の底面に潜在していたエロティシズムが前景に躍り出た。

寺山修司は松本俊夫と羽仁進、篠田正浩のフィルムに脚本を提供する一方で、『トマトケチャップ皇帝』（1971）では子どもの対大人戦争を描き、その延長上に『書を捨てよ町へ出よう』（1971）では、家族という観念の匿名的な消滅を即興的に演出した。世界には嘲笑してはいけないものなど存在していないと口にしつつ、寺山は挑発し煽動した。また実相寺昭雄は『無常』（1970）『曼陀羅』（1971）『哥《うた》』（1972）を通して、伝統的な日本的風景を背景に、性的な禁忌の侵犯を大胆に描いた。

こうした監督たちの多くにとって製作基盤となったのは独立プロであり、ＡＴＧである。ＡＴＧ、正式には「日本アート・シアター・ギルド」は１９６１年に結成され、東京をはじめとする

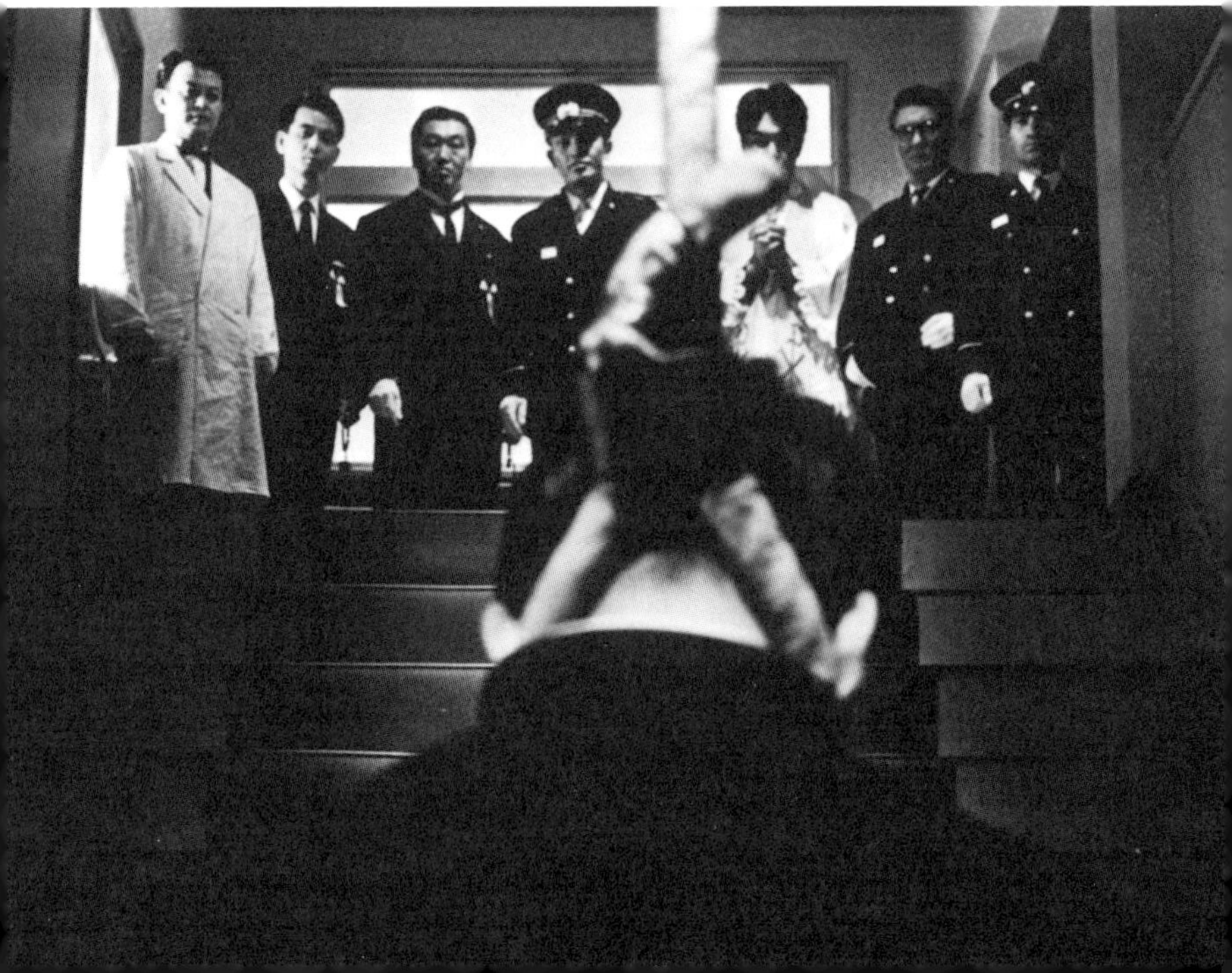

いくつかの大都市に芸術映画専門館を設置すると、海外の芸術映画の配給を積極的に開始。独立プロ作品の配給にも大きく貢献した。60年代後半には１０００万円、つまり大手会社の一本の製作費のおよそ5分の1を予算とし、実験精神に満ちた監督たちに作品を依頼するという、異例の製作方針を採用した。アートシアター新宿文化（以降ＡＴＧ新宿）の支配人、葛井欣士郎の製作者としての炯眼と情熱は、永く記憶されるべきである。

大島渚の挑発

だがここでわれわれは、68年からの時期において、もっとも過激に活動し、機会あるたびにスキャンダルを引き起こしていた二人の本質的映画人について、論じておかなければならない。大島渚と若松孝二である。彼らは（大島の著書の題名を用いるならば）、文字通り〈解体と噴出〉を生きた。

大島渚は吉田喜重や篠田正浩とともに、「松竹ヌーヴェルバーグ」の一員として出発した。ちなみにこの言葉は、１９５０年代末、パリのヌーヴェルヴァーグに喚起され、斬新な主題をもってデビューした日本の若手監督たちを示していた。大島は『日本の夜と霧』（1960）の上映が一方的に打ち切られたことに怒り、ただちに松竹を退社。それ以後、映画監督として不遇時代がしばらく続くが、韓国での長期滞在体験が彼の作品世界に決定的な変化をもたらした。在日韓国人問題を積極的に自作に持ち込み、国家権力に対する否《ノン》の姿勢を明確に打ち出すようになったのである。

『絞死刑』(1968、313頁下段)では、連続強姦殺人犯で処刑されたはずの在日韓国人青年がこともあろうに蘇生してしまい、居合わせた拘置所所長、保安課長、検事、教誨師といった面々に向かって、朝鮮人とは何かと問い尋ねる。彼は処刑のショックで記憶喪失に陥ってしまったのである。日本人スタッフは弱腰になるが、唯一、日の丸を背にした検事だけは動じず、青年と対決する。青年は自分を有罪とする国家が存在するかぎり自分は無罪であると主張し、処刑を受け入れる。だがその直後、彼の身体は消滅してしまう。このグロテスクな寓意劇はカンヌ国際映画祭で上映されるや、異国情緒に満ちた日本映画というステレオタイプの認識を、根本的に改めさせた。大島は続く『帰って来たヨッパライ』(1968)でも在日韓国人問題を喜劇として取り上げ、話法において過激な実験を展開した。その傾向は『新宿泥棒日記』(1969)において頂点に達した。演出画面とインタヴューが混在するなか、次々と字幕が挿入され、夥しい書物からの引用が声として流れていく。もはや劇映画とドキュメンタリーの区別は消滅し、68年から69年にかけての新宿の政治的騒乱とアングラ芝居の映像が、矢継ぎ早にテクストを横断していく。それは言葉に正確な意味で、この時期の新宿の肖像であった。

1968年、國學院大学映画研究会が撮影した生フィルムが官憲によって暴力的に押収されたとき、大島は声を大にして怒り、学生たちを叱咤激励した。敗者とは映像を持たぬ存在であり、闘争はみずからの映像を確固として所有することから始まる。それが彼の信念であった。この事件が間接的に契機となって、『東京战争戦後秘話』(1970)が完成する。大島は都立竹早高校の映画少年たちと組み、原將人（後出）を脚本家として起用した。プロットとしては、反戦デモを撮影中に官憲に撮影カメラを強奪されてしまった青年の物語が採用された。もっともこの物語そのものが不確定であり、青年は映画で遺書を遺して自殺を遂げようとする。大島がこの即興作品の次に発表した『儀式』（1971）は、戦後日本史の偽善と虚妄を、満洲国から引き揚げてきた少年の眼を通して描くという筋立てで、きわめて重厚かつアイロニーに満ちていた。まさに大島は、時代としての1968年を存分に生き抜いた存在であった。

武装闘争と風景論

若松孝二は日本映画のなかでも最下級の映画として蔑視されてきた、ピンク映画の監督である。彼は低予算早撮りを得意とし、生涯に150本以上を監督した。初期作品『壁の中の秘事』（1965）がベルリン国際映画祭で評価されたとき、日本の映画評論家たちはいっせいに「国辱」を叫んだが、若松は罵倒を勲章として平然と受け取った。『処女ゲバゲバ』（315頁下段）『狂走情死考』『ゆけゆけ二度目の処女』（1969）といったフィルムから窺われるのは、性とは快楽である以前にすぐれて政治的行為であるという信念である。この立場は必然的に若松に、主題としてテロリズムを選ばせることになった。『性賊　セックスジャック』（1970）は、武装闘争を呼びかける新左翼集団の偽善と背信を、真のテロリストである下層労働者の青年の眼から批判したフィルムである。

大島渚と並んで、若松孝二もまたスキャンダリストして天才的な才能を持っていた。1972

年、新宿東口の交番がテロ集団によって爆破された直後、彼はすぐ間近の新宿ＡＴＧで、テロリスト集団の興亡を描く新作『天使の恍惚』（1972）のための製作発表会見を行った。時機をわきまえないのかと罵倒の言葉を投げかけるマスコミ記者たちに対し、若松は一歩も退かず、テロリズムの真の原因を探究するためにも、テロリズムの映画を撮らなければならないと力説した。このフィルムは大ヒットした。

若松がこの時期に夥しい作品を遺しているが、今日的観点からもっとも重要なものは『赤軍―ＰＦＬＰ　世界戦争宣言』（1972、３２９頁）である。これはカンヌ映画祭から帰国の途中、足立正生と立寄ったパレスチナ難民キャンプと現地での武装闘争を描いたドキュメンタリーであった。若松はこの作品が完成するや、バスにフィルムを乗せ、全国巡回を行った。また危険を冒して難民キャンプにフィルムを持ち込み、上映会を組織した。映し出されていたパレスチナの青年たちのほとんどは、その時点でイスラエル軍によって殺害されており、遺族たちはフィルム上映に深い感謝の意を表した。この作品以後、若松はパレスチナ難民とそれを支援する日本赤軍に深く関わることとなり、その時代への拘泥は晩年の『実録・連合赤軍　あさま山荘への道程《みち》』（2008）において集大成されることになる。

若松プロからは個性的な若手監督が、少なからず出現した。『毛の生えた拳銃』（1968）の大和屋竺《あつし》。『ニュー・ジャック＆ベティ』の沖島勲。そして足立正生である。

足立は若松と共同監督で『赤Ｐ』を撮り、大島渚映画において助監督兼俳優であった。彼がこの時期に担っていた役割の大きさについても、ここで触れておかなければならない。1969年、日本中を震撼させた連続殺人の犯人、永山則夫が逮捕されたとき、新藤兼人はただちに『裸の十九才』(1970)で永山のそれまでの人生をドラマ化した。そこには観客の共感可能な存在としての、不運にして孤独な青年の物語が描かれていた。足立は新藤とは対照的に、永山どころか、人物が一人も登場せず、ただ永山が幼少時より逮捕直前まで眺めてきた風景だけをカメラに収め、『略称・連続射殺魔』(1969)なるフィルムを共同監督した。このフィルムと大島の『東京战争戦後秘話』とは、人物の不在の風景を捕えたショットが政治的含意を持ちうるというメッセージにおいて、通じ合うものを持っている。この事実に喚起された松田政男ら『映画批評』の面々が中心となって、「風景論」と呼ばれる一連の論争が生じた。それは(今日では望むべくもないが)この時期、映画作家と批評家とが完成されたばかりのフィルムをめぐり、いかに真摯に向かい合っていたかを証拠立てる論争であった。

ドキュメンタリーにおける共同体と単独者

1968年とは、小川紳助が三里塚闘争をめぐる最初のフィルム、『日本解放戦線・三里塚の夏』を発表した年であった。彼は毛沢東の「下放」主義よろしく、小川プロの面々を引連れて直接に三里塚に住み込み、農民と同じように米作りを行うことを、ドキュメンタリー製作の基本に置いた。1973年までの6年間の間に6本のフィルムが製作された。そこでは空港建設に反対し、農地を死守しようとする農民たちの闘いと日常生活とが、力強い語り口で描かれていた。小川のフィルムは新左翼系の学生から圧倒的な支持を受け、大学や公会堂を借りて頻繁に上映された。上映会場ではスタッフが育てた米が売られ、上映そのものがひとつの運動と化した。小川は中立的な映像など存在しないと主張した。いかなる映像も、国家権力の側から撮られるか、反権力の側から撮られるかのどちらかであって、そこには明確に加担の論理が働いている。小川のカメラマンはしばしば公務執行妨害で逮捕された。『日本解放戦線』には、画面にむかって機動隊員が接近し、いきなり乱暴にレンズを覆って、撮影行為を中断させてしまうというショットが存在している。これは日本ドキュメンタリー史において記憶すべき瞬間である。

土本典昭は小川とは対照的に、つねに外部から単独者として行動した。彼は京都大学全共闘の指導者、滝田修の日常を描いた『パルチザン前史』（1969）を撮り終えると、ただちに水俣に足を向け、窒素垂れ流しによる公害病のリサーチを開始した。１９７１年に最初のドキュメンタリー『水俣　患者さんとその世界』（３２３頁）が完成した。土本はその後も水俣に拘泥し、生涯に17本の作品を遺した。そこには患者へのインタヴューはもとより、糾弾集会の記録、科学的説明、一日の日常生活、水俣を訪問した流行歌手の歌謡ショーまで、実に多様なジャンルの映像が集められている。土本は安易に地元の共同体に身を寄せることなく、つねにその外側に留まっているという点で、小川紳助の加担の論理の対局に位置していた。小川と土本以降のドキュメンタリストは、この二項対立をいかに乗り越えるかという問題を突きつけられた。

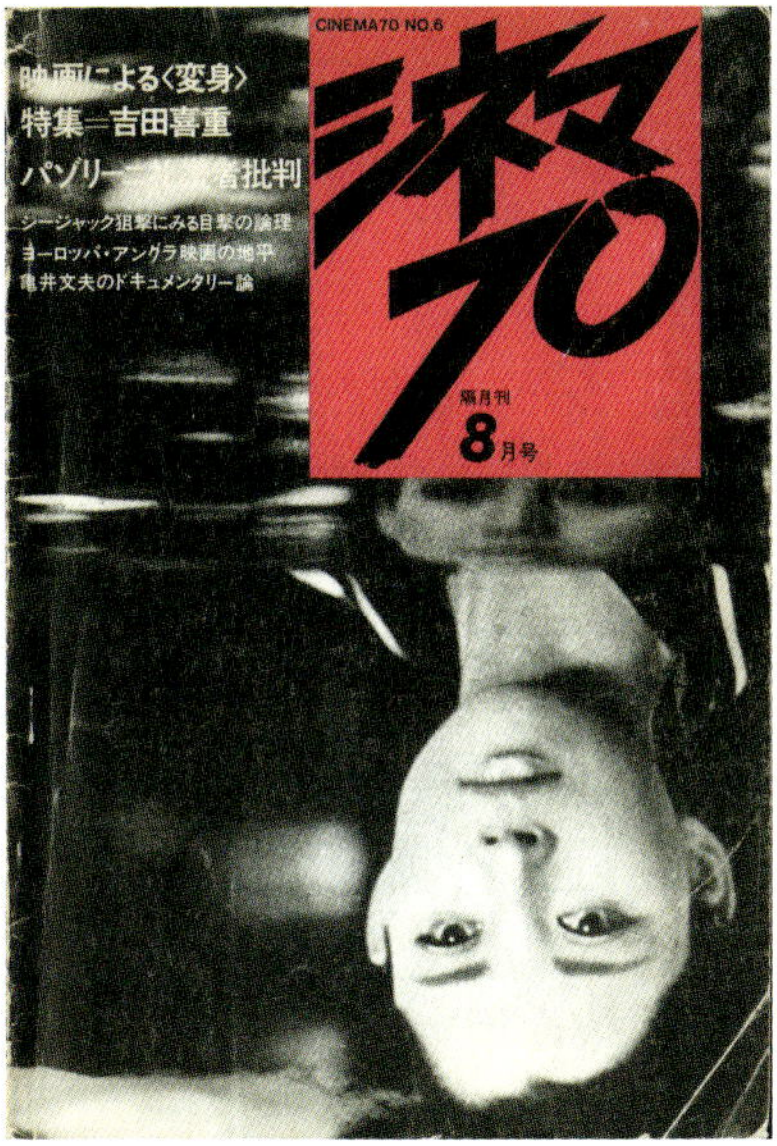
CINEMA70 NO.6
シネマ70
映画による〈変身〉
特集＝吉田喜重
ジージャック狙撃にみる目撃の論理
ヨーロッパ・アングラ映画の地平
亀井文夫のドキュメンタリー論
隔月刊
8月号

FILM
季刊
フィルム
NO.10
特集＝死をめぐる想像力／映画宣言集

ジャン＝リュック・ゴダール監督 1967年作品
中国女
時代を告発する明確な映像
愛と政治のかなたに世界の未来を
問いかけるゴダール近作！
LA CHINOISE
un film de
JEAN-LUC GODARD
avec
ANNE WIAZEMSKY
JEAN-PIERRE LEAUD
JULIET BERTO
MICHEL SEMENIAKO
images
RAOUL COUTARD
自主配給＝フィルムアート社
FILM

映画
批評
1973
6
バーカ!!
ゴシ
ゴシ

布川徹郎はこの時期、日本社会を批判する視座を得るため、東アジアの歴史的文脈をドキュメンタリーに導入しようと試みた、稀有の監督である。彼は新左翼の反戦闘争を記録することから出発し、『モトシンカカランヌー』（1971）では、コザの売春婦と暴力団の世界に足を向け、彼らの人生観をカメラに収めた。『倭奴《イエノム》へ』（1972）では韓国在住の被爆者たちを訪問し、告発する言葉を奪われた彼らの声に耳を傾けた。『アジアはひとつ』（1973）では、国民党政権下で抑圧されている台湾先住民の存在に照明を投じた。小川、土本がひとつの固有の土地に拘泥したのと対照的に、布川はさながら遊牧民のように国境を越え、周縁地帯にあって最下層に貶められている者たちを見つめ続けた。

ジャンルとしての個人映画

１９６８年以降の５年間の映画状況でもし最後に書くべきことがあるとすれば、それはこの時期、以前にも増して、個人映画が興隆してきたことである。紙数の都合上、簡潔に述べておきたいが、『無人列島』（1969）『GOOD-BYE』（1971）の金井勝、『臍閣下』（1969）の西江孝之、『クレイジー・ラブ』（1968）の岡部道男といった監督たちは、これまで日本映画が一度として足を踏み入れてこなかった極私的な、また荒唐無稽な世界へと、16ミリカメラを抱えて旅立っていった。

スーパー８の爆発的普及は、個人映画の製作をさらに気軽なものに変えた。誰もがギター一本でフォークソングを作れるように、８ミリ映写機１台で映画を作ることのできる時代が到来した。

日本侠客伝
花と龍
吠える昇り龍
狂乱のドス
任侠玉井金五郎の行く手をさえぎる
北九州博徒の大勢力！
原作 火野葦平
監督 マキノ雅弘
高倉健
星由里子
二谷英明
津川雅彦
水島道太郎
山本麟一
小松方正
内田朝雄
川村真樹
高橋とよ
三島ゆり子
遠藤太津朗
天津敏
藤純子
若山富三郎

日活
殺しの烙《らく》印《いん》
脚本・具流八郎
監督・鈴木清順
宍戸錠
南原宏治
真理アンヌ
小川万里子
長弘
宮原徳平
緑川宏
久松洪介
荒井岩衛
伊豆見雄
戸波志朗
野村隆
萩道子
南廣
玉川伊佐男
日活株式会社製作配給

この時期、草月フィルム・アート・フェスティバルが契機となって、奥村昭夫や原将人といった個人映画作家が輩出したことも忘れてはならない。大手映画会社の斜陽化とプログラム・ピクチャーの困難とは裏腹に、次の世代は商業主義とは無縁な自己表現として映画製作を享受するようになっていた。大映が倒産したとき、重役であった衣笠貞之助が、高齢にもかかわらずミリで新作を試みようとし、周囲に止められたという挿話は、70年以降の日本映画の動向について少なからぬものを語っている。

以上が1968年から5年間に日本映画の世界で起こった出来事であった。なんと多くのフィルムが撮られ、なんと多くの事件が起きたことだろう。とはいえ1972年以降、日本映画は産業としてますます困難に直面し、製作面では苦境を強いられた。黒澤明や鈴木清順、加藤泰といった著名な監督たちが沈黙を強いられたばかりではない。ATGが青春映画に路線を切り替え、実験的な主題の映画製作から離れたため、少なからぬ監督たちが新作の機会を逸することになった。吉田喜重はTVの美術ドキュメンタリーに流れ、大島渚は日本国内ではなく、世界市場に通用する映画作りを目指して、『愛のコリーダ』(1976)を発表した。日活は窮余の手段として踏み切ったロマン・ポルノが軌道に乗り、結果的に世界最大のジャンル映画を映画史上に遺すことになった。だが、こうしたことはまた別の物語である。さしあたりわれわれは、1968年以降の数年間に日本映画が見せたあの激しい輝きを、目の裏に焼き付いた残像として記憶しておかなければならない。

(よもた・いぬひこ　映画史・比較文学研究)

ドロッパワー

1970年3月1日

VOL.1 NO.1

TITLE DESIGN KENKICHI-KIDO

一部 100円（送料共）

東京都文京区大塚5−36−11「ドロッパワー」TEL. 941−6448

日本経済新聞　昭和45年2月4日（水曜日）

恐怖の幻覚剤

LSDやっぱり日本に

警視庁、鑑定を急ぐ

会員組織で密飲か

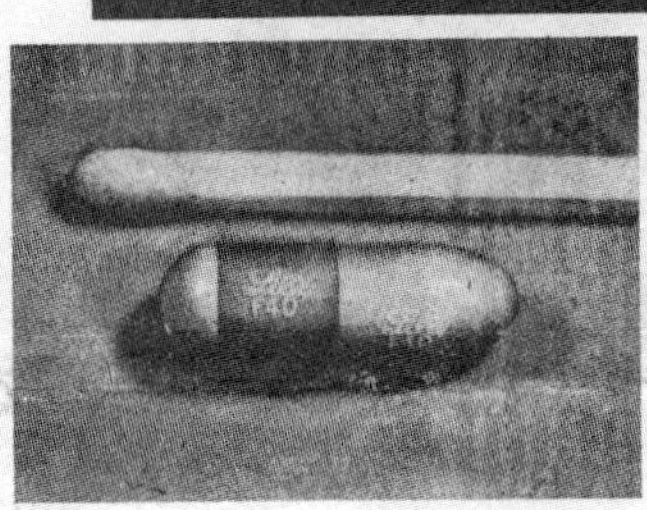

入手したカプセル

LSDを麻薬に指定

厚生省 取締りへ政令改正

麻薬よりも危険

心臓マヒや精神分裂に

LSD型3号機の実験成功

全略 北海道 パター

投稿歓迎

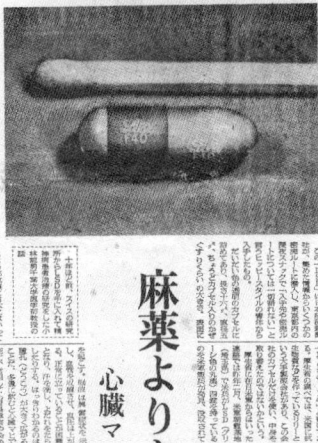

KOROSUNA: Do not Kill

STOP THE KILLING! STOP THE VIETNAM WAR!

AN APPEAL FROM CITIZENS OF JAPAN AND THE VOICE OF HIROSHIMA

An angry elephant, the most enormous ever seen, is rampaging through the Southeast Asian jungle. Contemptuous of all other life, he tramples all underfoot, smashing down the trees, vines and flowers, crushing beneath his ponderous feet the nests of birds and the homes of his weaker neighbors. By the law of the jungle, Might is Right. But by the same law, he too will be destroyed by his natural enemies and the creatures he has outraged. Such is the bitter truth of this Vietnam war.

THE JAPANESE PEOPLE AND THE CITIZENS OF HIROSHIMA SAY:

In the past, we Japanese waged war all over Asia as a means of attaining our political goals. To justify these wars, our leaders made up slogans: "Peace and Freedom in Asia!" and "Stop Communism!" We believed these slogans, and, like the elephant, we trampled on the rights of others. By the law of the jungle, we were crushed. With the atomic bombing of Hiroshima we experienced the utmost savagery of war. We learned of its futility: both the bombs and the bombers are victims.

The Vietnam war reminds us of Hiroshima and all our own bitter past. Having inflicted bombs and suffered them as well, we can imagine the feelings that lie deep in the hearts of the bombed Vietnamese. We can also imagine the emotions of American youngsters who are now sent out to destroy Vietnamese.

THE JAPANESE ARE AGAINST THIS WAR:

We are a nation of more than 100 million people. We consider ourselves to be among America's friends in Asia, but your government is losing our sympathy by its rampage in Vietnam. Eighty-two per cent of the Japanese adults are opposed to the United States war policy in Vietnam, according to a nationwide poll conducted by the Mainichi, a leading independent daily.

TO YOUR GOVERNMENT, WE SAY:

We have learned from past experience, and the lessons of our history, that policies imposed on other nations by force of arms, are futile. The minds of men cannot be won by destruction of life and possessions. If the United States values its national destiny, it must stop this destruction. THE UNITED STATES MUST STOP BOMBING NORTH VIETNAM, UNCONDITIONALLY AND PERMANENTLY. IT MUST UNILATERALLY DE-ESCALATE ITS WAR ACTION. ALL PARTIES INVOLVED IN THE FIGHTING MUST THUS BE BROUGHT OUT OF THE JUNGLE TO THE CONFERENCE TABLE. Only SUCH negotiations can bring this senseless war to a just conclusion—settlement of the Vietnamese questions by the Vietnamese people themselves.

We say this from our past experience—especially the painful experience of Hiroshima and Nagasaki.

TO AMERICAN CITIZENS:

We Japanese are with you whenever you speak up against this unjustifiable war. Let us cry together "We are against this war!" so that our policy-makers will hear our compelling voice. This is no time for silence. We must speak up now!

JAPANESE POINT OF VIEW

(Mrs.) KURIHARA Sadako
(atomic bomb victim in Hiroshima)

In the atomic bombing of Hiroshima, I lost my parents and everything I had. I am still suffering from radiation after-effects. It was on Aug. 6, 1945 that the first atomic bomb was used on man, largely as an experiment. Now, we survivors of the atomic bombing see Vietnam being used as a proving ground for new American weapons. As human beings sharing the same fate, we have deep sympathy with the bombed people of Vietnam. In one voice with all others, we cry out from Hiroshima, "Stop the war and restore peace to Vietnam!"

KITAZONE Tadao (dock laborer, Tokyo)

Americans never forget Pearl Harbor. Before the Japanese Imperial Government started the perfidious attack, many people in Japan opposed the war and were jailed. I am one of the many. The Vietnamese people are now fighting against your government just as your forefathers led by George Washington fought against England, which refused to give them independence. I want to fight for the independence of Vietnam in the spirit of the American revolution upheld by George Washington and Abraham Lincoln.

HIDAKA Rokuro
(professor of Tokyo Univ.)

What America gained in Japan by its war in Vietnam is only the Japanese people's disappointment, distrust and indignation. In public opinion surveys, the Japanese used to point to America as the country they favored most. A recent poll showed that America is no longer the country best liked by the Japanese. This is the first time in the postwar history that the United States has failed to rank first in such polls. I remember that George Kennan warned about this in his testimony to your Senate. What he was fearing has already become a reality.

(Miss) YOKOI Miyako
(sixth grade primary school pupil, OSAKA)

I am terrified to hear many boys and girls of my age have been killed in Vietnam. American friends, do stop killing them.

(Mrs.) UCHIYAMA Ayako (housewife)

Is it true that the Vietnam war is being fought to defend Asia from Communism? Do you justify the killing of so many innocent children and women in Vietnam because you are against Communism? Misled by the military clique, the Japanese committed a grave crime in Asia years ago. Will you, American women, give your serious thought to the atrocities your men are acting in Vietnam?

NOMA Hiroshi (novelist)

Eyes burning with hostility to China are like the blinkered eyes of the carriage-horse. This narrowed vision in man leads to recklessness. War is escalated in Vietnam and crisis hangs over Japan, Asia and the whole world. I write these lines in sorrow and anger.

MURO Kenji (student)

I was born in 1946, the year after the last war ended. I myself have no personal war experience. However, I believe those who can see the situation objectively can often grasp its meaning better than those who are on one side of the war. American friends, listen to Japanese young people who are definitely against your war. We may be seeing something which you in America fail to see in the Vietnam situation.

Dr. MURAMATSU Hiroo (physician)

Vietnam is now being showered with napalm bombs and sprayed with poisonous chemicals. Human lives are being taken on a mass scale. Those in the medical profession cannot let this murderous act continue because they live for the sake of saving human lives. America must immediately stop killing the Vietnamese.

(Miss) SHINZATO Fumiko
(Okinawa student)

Okinawa is actually a part of Japan, but it is subject to American military rule. All our islands have been turned into a military stronghold. There are 950,000 of us Japanese living in Okinawa. Our land has been confiscated arbitrarily for your military bases and our people are forced to work for your bases under humiliating conditions. Frequently, your planes accidentally drop vehicles, timber and light bombs on the homes of Okinawans, and many have killed or injured. We have little political freedom under your military government. Your leaders explain that the Okinawans must endure all this for the sake of freedom. But there is no freedom to be protected in Okinawa. Nor are democracy and security of life. We want to be part of Japan again as soon as possible. We demand therefore that you end the Vietnam war and return our islands to our homeland.

BEHEIREN: Japan (Peace for Vietnam!) Committee
Sankyo Building, 2-1-4, Sotokanda, Chiyoda-ku, Tokyo, Japan
Tel: Tokyo 255-2886 Cable: JAPAXVIET TOKYO

I send $........to BEHEIREN as a contribution to its movement.

Name: ______

Address: ______

Nationality: ______

The fund for this advertisement has been raised by BEHEIREN (Japan (Peace for Vietnam!) Committee) from among hundreds of thousands of people all over Japan and from all walks of life and of all ages, who responded to a call issued by 13 persons whose names are printed right at the bottom. Especially in Hiroshima, the local YMCA and other citizens' groups took an active part in the fund-raising campaign.

BEHEIREN was founded in April, 1965, by writers, composers, artists, professors and citizens' groups with no political affiliation, with novelist ODA Makoto as chairman. BEHEIREN sponsored its first anti-war advertisement in the New York Times on Nov. 16, 1965. Your comments on this ad and financial contribution are welcome to BEHEIREN.

AWAYA Noriko, singer
EI Rokusuke, popular song writer
IZUMI Taku, composer
KAIKO Ken, novelist
KATO Yoshiro, cartoonist
KOMATSU Sakyo, novelist
KUNO Osamu, university professor
KUWABARA Takeo, university professor
MATSUMOTO Seicho, novelist
ODA Makoto, novelist
OKAMOTO Taro, painter
SHIROYAMA Saburo, novelist
TSURUMI Shunsuke, university professor

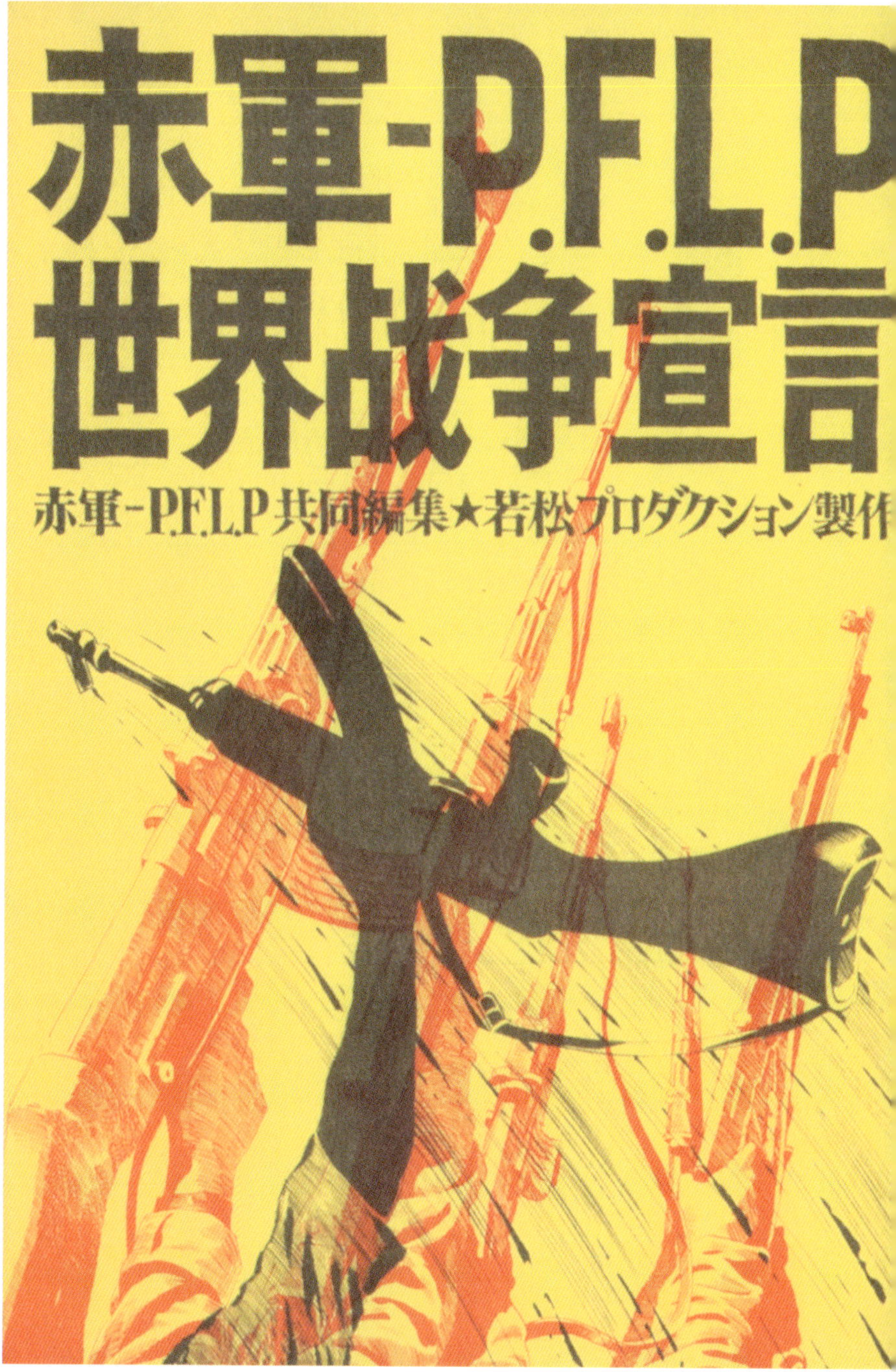
赤軍-P.F.L.P
世界战争宣言
赤軍-P.F.L.P共同編集★若松プロダクション製作

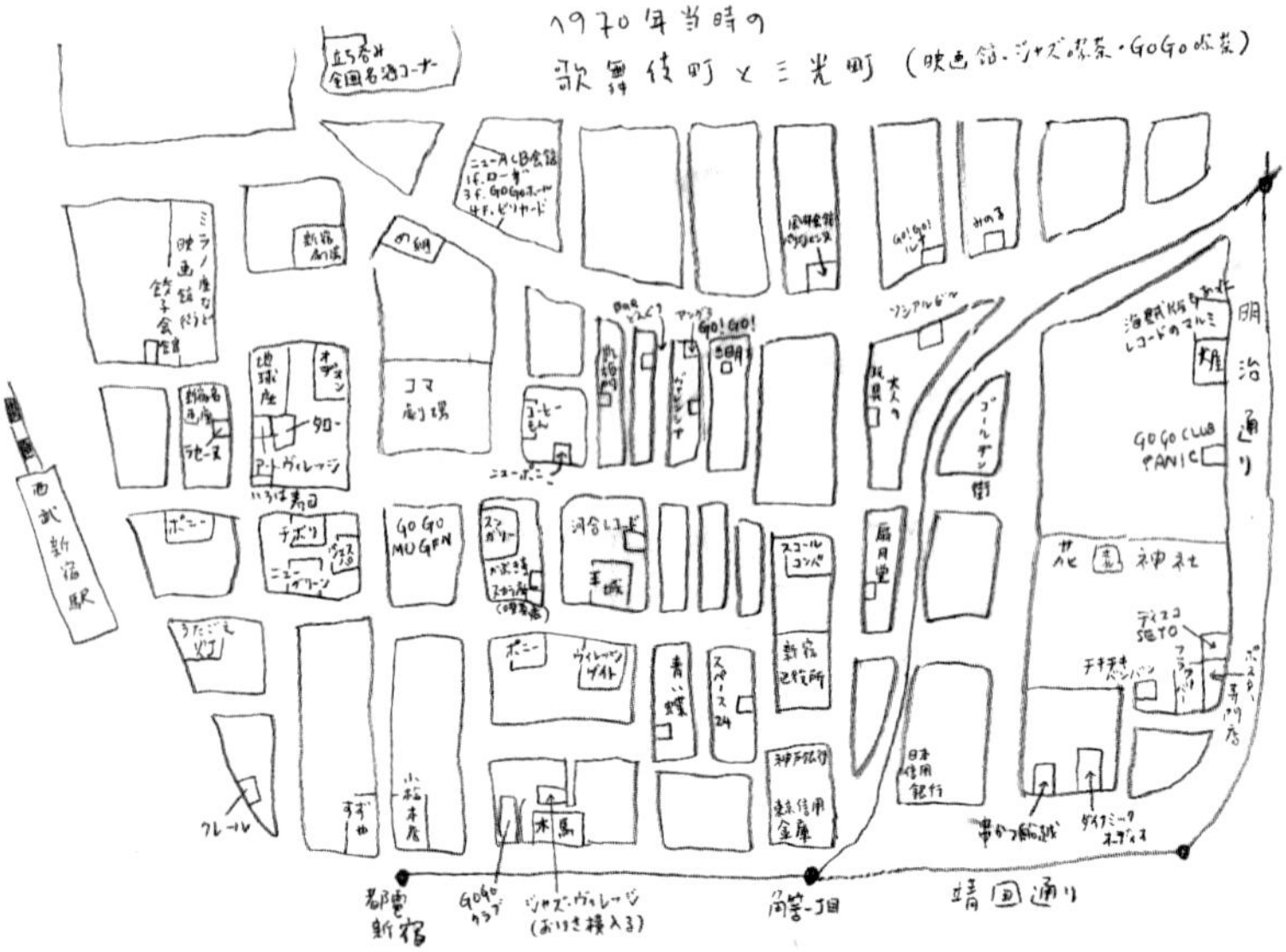
1970年当時の
歌舞伎町と三光町（映画館・ジャズ喫茶・GOGO喫茶）
立ち呑み 全国名酒コーナー
ミラノ座など映画館
餃子会館
新宿劇場
コマ劇場
地球座
オデヲン
タロー
アートヴィレッジ
いろは寿司
ポニー
チボリ
ニューグリーン
GOGO MUGEN
河合レコード
王城
ポニー
ヴィレッジゲイト
青い蝶
スペース24
新宿区役所
神戸銀行
東京信用金庫
小田急
小松本屋
すずや
木馬
クレール
GO GO!
スコールコンバ
扇月堂
ゴールデン街
ソシアルビル
日本信用銀行
花園神社
GOGO CLUB PANIC
ディスコSEYO
ポスター専門店
海賊版およびレコードのマルミ
串かつ能登
ダイナミックオフィス
明治通り
都電新宿
GOGOクラブ
ジャズヴィレッジ（おけさ横入る）
角筈一丁目
靖国通り

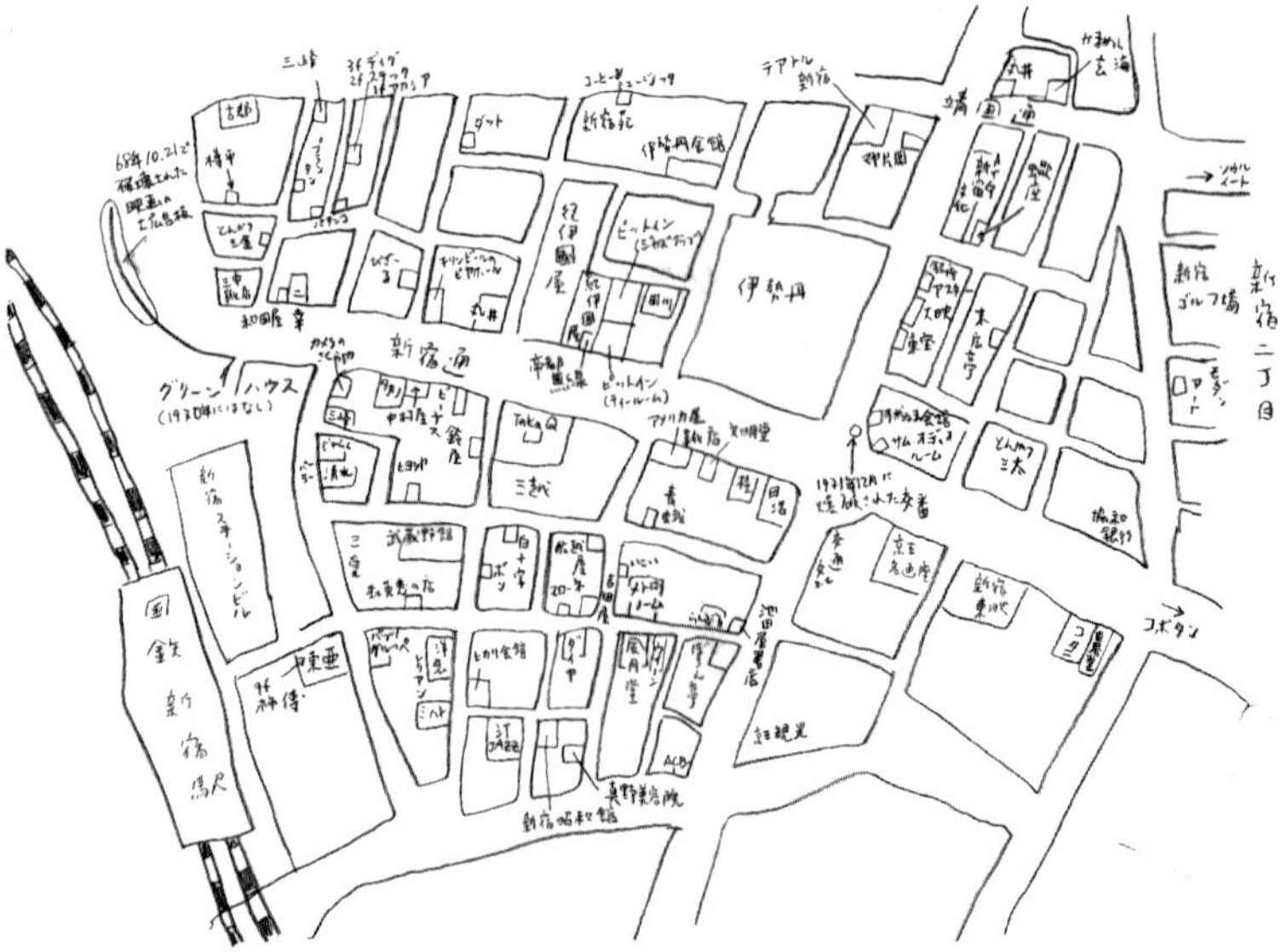
三峰
古都
模甲
とんかつ三金
和田屋
西武新宿駅
グリーンハウス（1973年にはなし）
新宿ステーションビル
国鉄新宿駅
中村屋
タカノ
高野
三越
武蔵野館
伊勢丹会館
伊勢丹
紀伊國屋
ピットイン
新宿通
アメリカ屋
新宿花
テアトル新宿
靖国通
末広亭
とんかつ三太
協和銀行
新宿ゴルフ場
新宿二丁目
京王名画座
新宿東映
コタン
コボタン
新宿昭和館
凮月堂
ACB
紀伊國屋書店
ヒカリ食堂
DIG
ソシアルイート

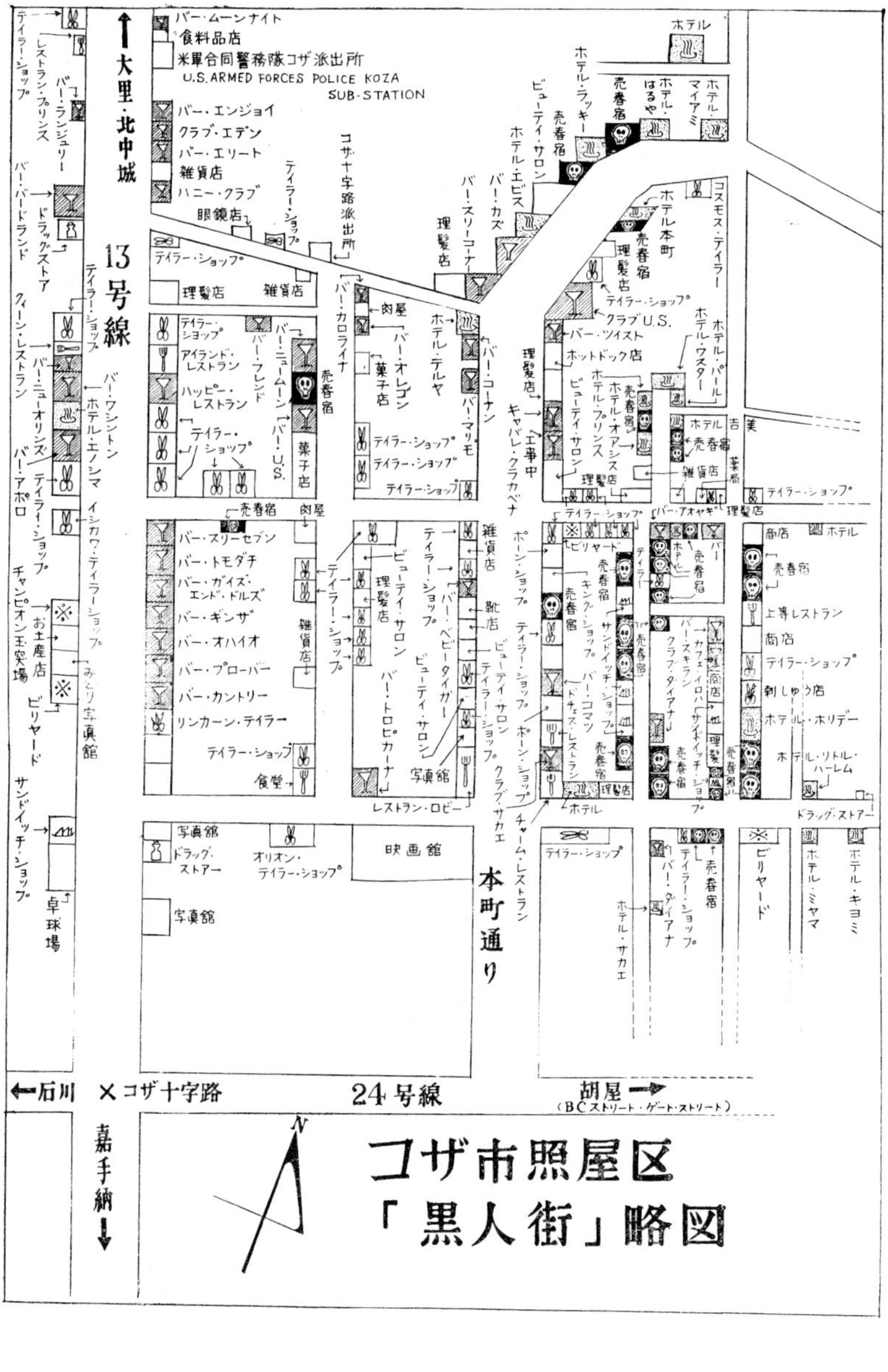

コザ市照屋区「黒人街」略図

Polydor
SDP-2001
STEREO
¥370
MY MARY
僕のマリー
こっちを向いて
ザ・タイガース
THE TIGERS
Polydor Records

CW-291 CROWN
ステレオ
クラウン 45RPM
モンキーで踊ろう
フリフリ
モンキー・ダンス
田辺昭知とザ・スパイダース

●グループ・サウンドに新しい波！待望テンプターズのデビュー・ヒット！
FS-1029
ステレオ
PHILIPS
忘れ得ぬ君
今日を生きよう
唄
ザ・テンプターズ
日本ビクターの
フィリップス
レコード

STEREO
THE TIGERS
ON
STAGE
Polydor

★エリート・サウンド'68— おしゃれ娘と貴族野郎
King stereo
BS-865
恋の季節
つめたい雨
Pinky & Killers
ピンキーとキラーズ

PHILIPS
唄＊ザ・テンプターズ
FS-1049
ステレオ
PHILIPS
エメラルドの伝説
僕たちの天使
日本ビクターの フィリップスレコード
定価 ¥400

いとしのジザベル
CP-1005
STEREO
Capitol
● JEZABEL ● HIWA-MATA-NOBORU
陽はまた昇る
〈コーラス〉
ザ・ゴールデン・カップス
THE GOLDEN CUPS

RCA
JRD-3003
新宿の女
女のブルース
藤 圭子
●女のブルース
●新宿の女
●あなた任せのブルース
●生命ぎりぎり

山谷ブルース
VICTOR
SV-1028
＊岡林信康
友よ
＊岡林信康
＊高石友也
＊フォーク・キャンパーズ
ビクターレコード

これが話題のアングラ・レコード！
帰って来たヨッパライ
Capitol
ソーラン節！
ザ・フォーク・クルセイダーズ
HARENCHI

STEREO
イムジン河
IMJIN RIVER
THE UWABAMI
蛇に食われて死んでいく男の悲しい悲しい物語
ザ・フォーク・クルセダーズ
FOLK CRUSADERS

受験生ブルース
VICTOR
SV-681
高石友也
ビクターレコード

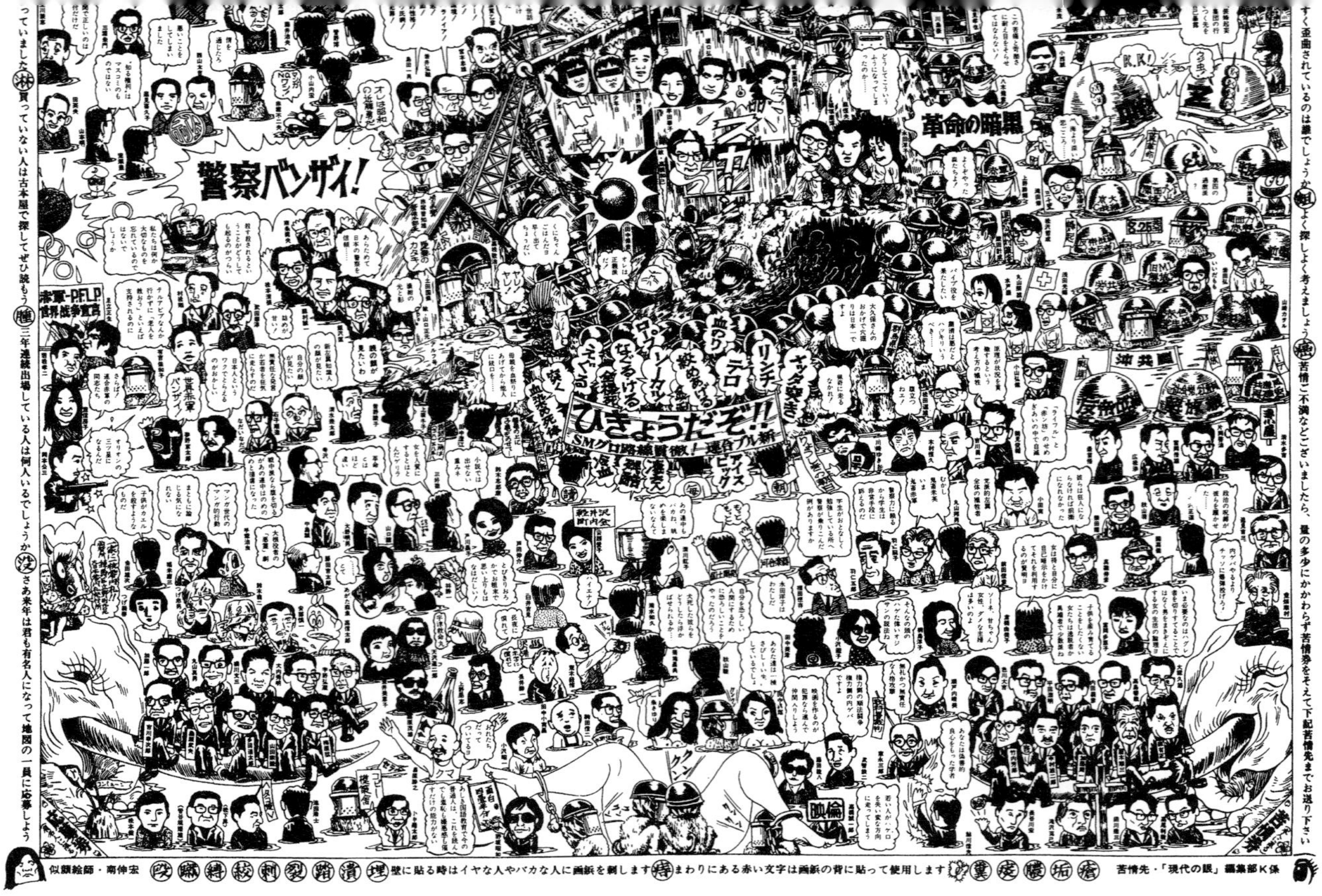
っていました
買っていない人は古本屋で探してぜひ読もう
三年連続出場している人は何人いるでしょうか
さあ来年は君も有名人になって地図の一員に応募しよう
すく歪曲されているのは誰でしょうか
よく探しよく考えましょう
苦情ご不満などございましたら、量の多少にかかわらず苦情券をそえて下記苦情先までお送り下さい
警察バンザイ!
革命の暗黒
ひきょうだぞ!!
SMグロ路線貫徹!連合ブル新
リンチ
テロ
似顔絵師・南伸宏
壁に貼る時はイヤな人やバカな人に画鋲を刺します
まわりにある赤い文字は画鋲の背に貼って使用します
苦情先・「現代の眼」編集部K係

作画師・赤瀬川原平
脱稿1972.11.24. P.M.4:45
「現代の眼」1973年新年号特別大附録
制作・桜画報社
配置師・松田哲夫
皇紀二千六百三十二年
大日本民主帝國論談地圖
去年はイヌ年でもないのにワンコロが大活躍しましたね
呪 この中には全部で何匹いるでしょうか
蔑 オヤ？ 猫も一匹まぎれこんでいます
淫 昨年と一昨年の新年号にも楽
これは最近の文化人、政治人、象徴人、および一般人の発言や動向をわかりやすく歪曲したものです
屁 有名人の皆さん、あなたはこの中のどこにいるでしょうか
乱 発言が
ガーン
はずかしながら…
天皇一家バンザイ！
友好バンザイ！
復帰バンザイ！
女性自身
ヤングレディ
女性セブン
週刊女性
自衛隊
沖縄上陸大作戦
チッソ
ヤンキー ゴーホーム
ヤマトンチュー クルシミー
ハバーン ワーッカリマンナ
生きていて よかった

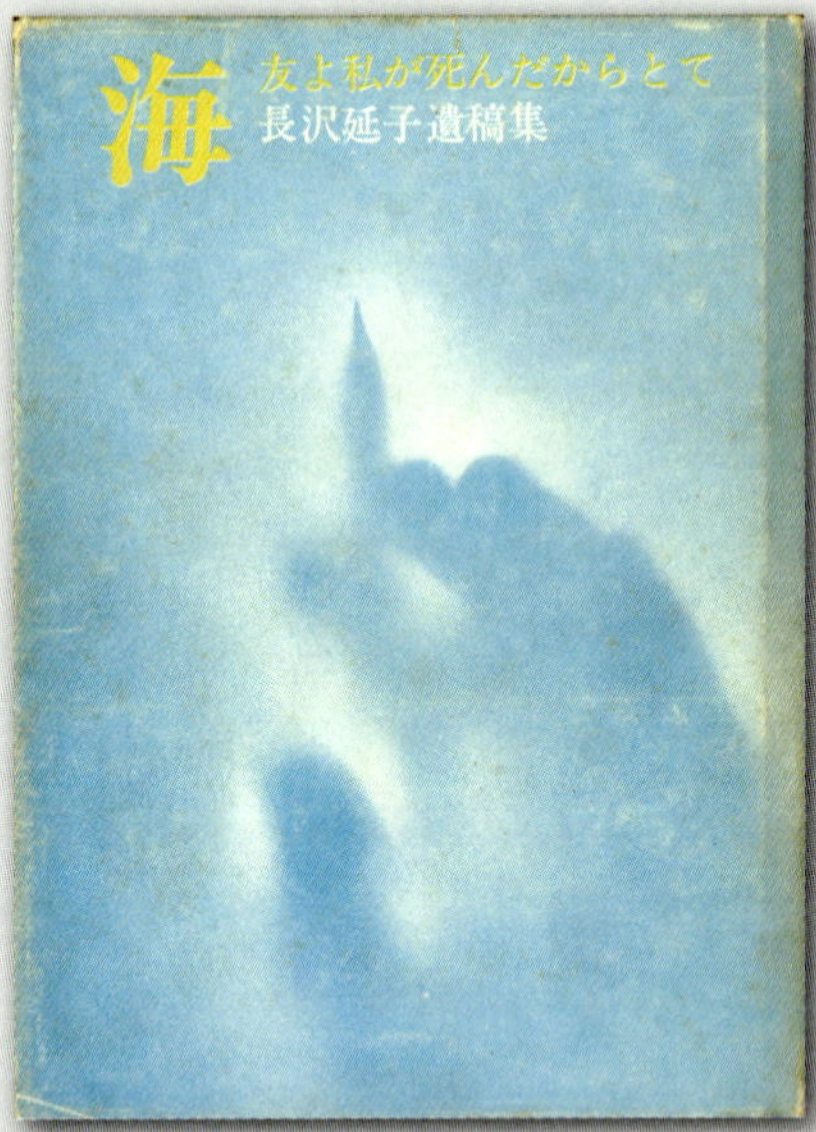
海
友よ私が死んだからとて
長沢延子遺稿集

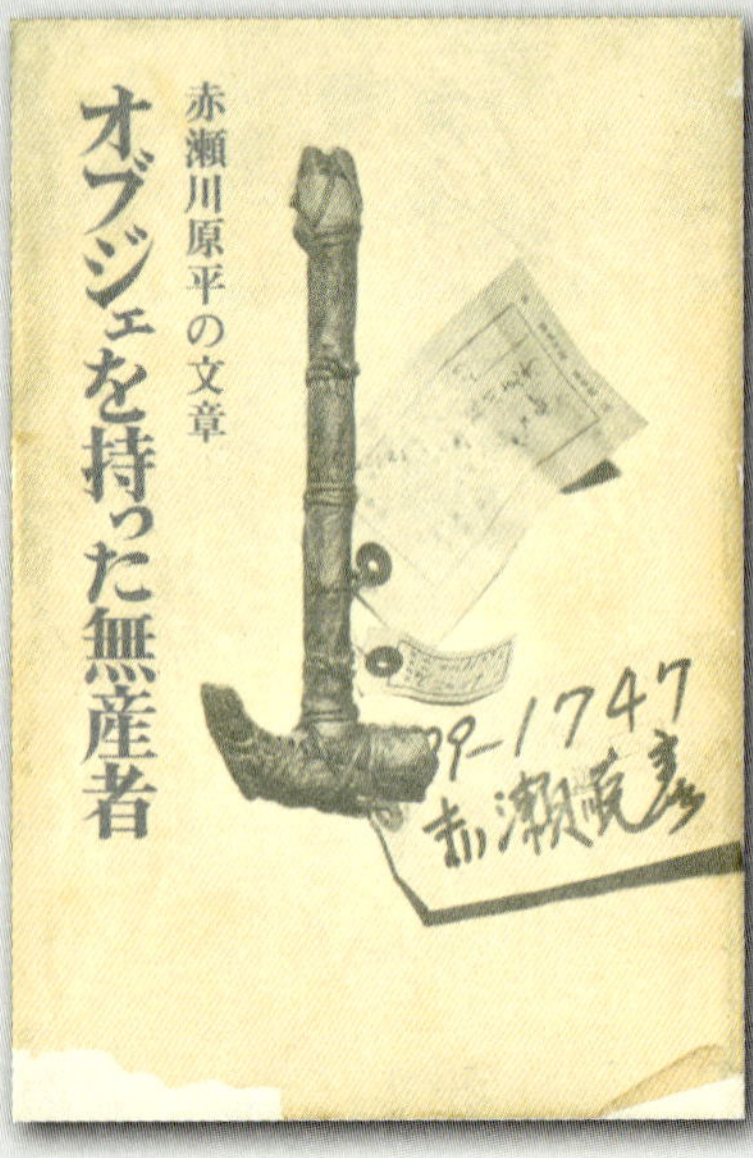
赤瀬川原平の文章
オブジェを持った無産者

充ち足りた死者たち
ジョイス・マンスール
巖谷國士訳
薔薇十字社

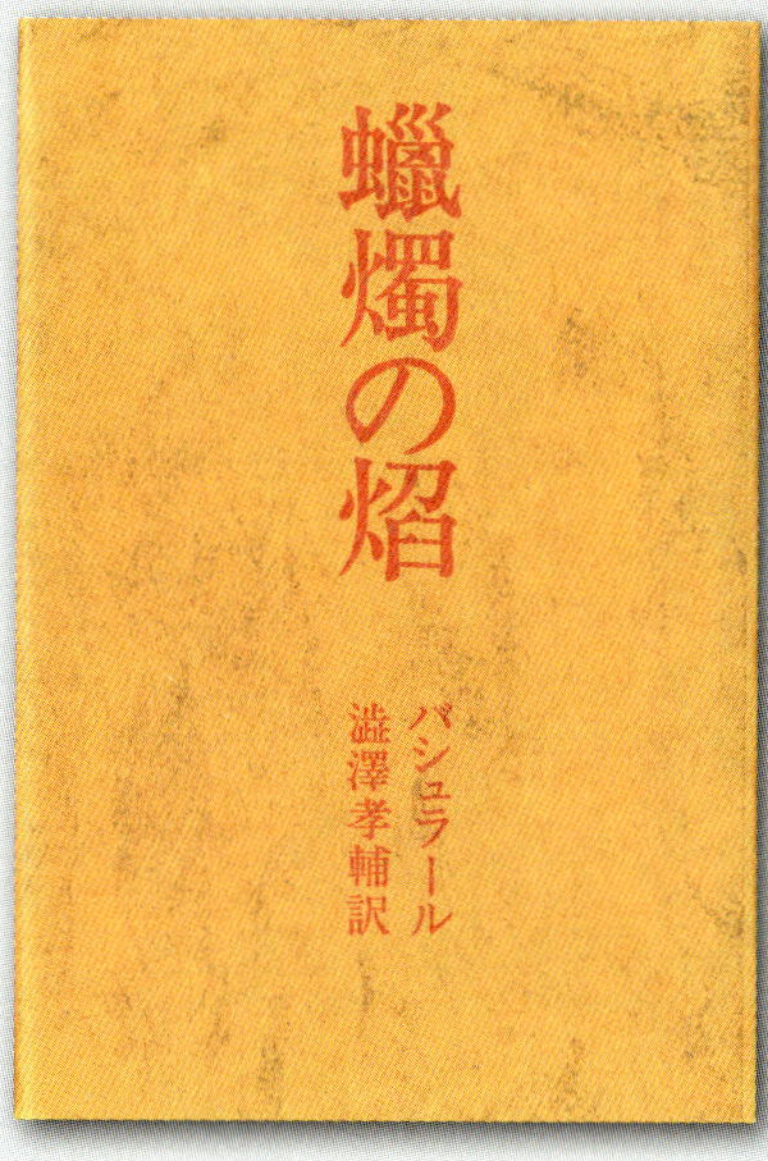
蠟燭の焰
バシュラール
澁澤孝輔訳

澁澤龍彥集成
I
桃源社
澁澤龍彥集成
I
澁澤龍彥集成
I

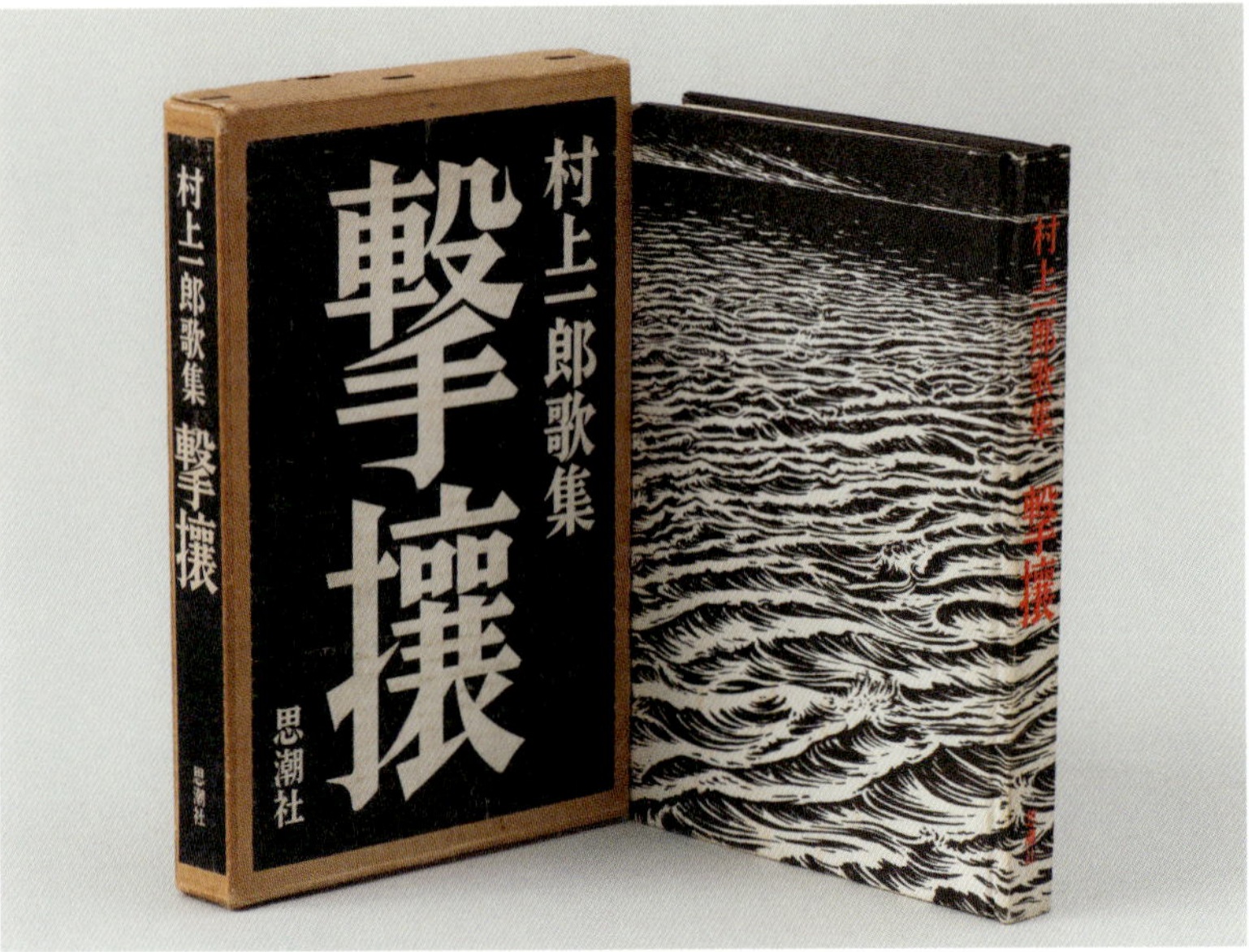
村上一郎歌集 撃攘
思潮社
村上一郎歌集
撃攘
思潮社
村上一郎歌集
撃攘

寺田 透 現代思潮社
ランボー着色版画集私解
ランボー着色版画集私解 寺田 透
Les Illuminations de Jean-Nicolas-Arthur Rimbaud Interprétées par Terada Tôru

来るべき書物 ブランショ 粟津則雄訳
来るべき書物
モーリス・ブランショ
粟津則雄訳

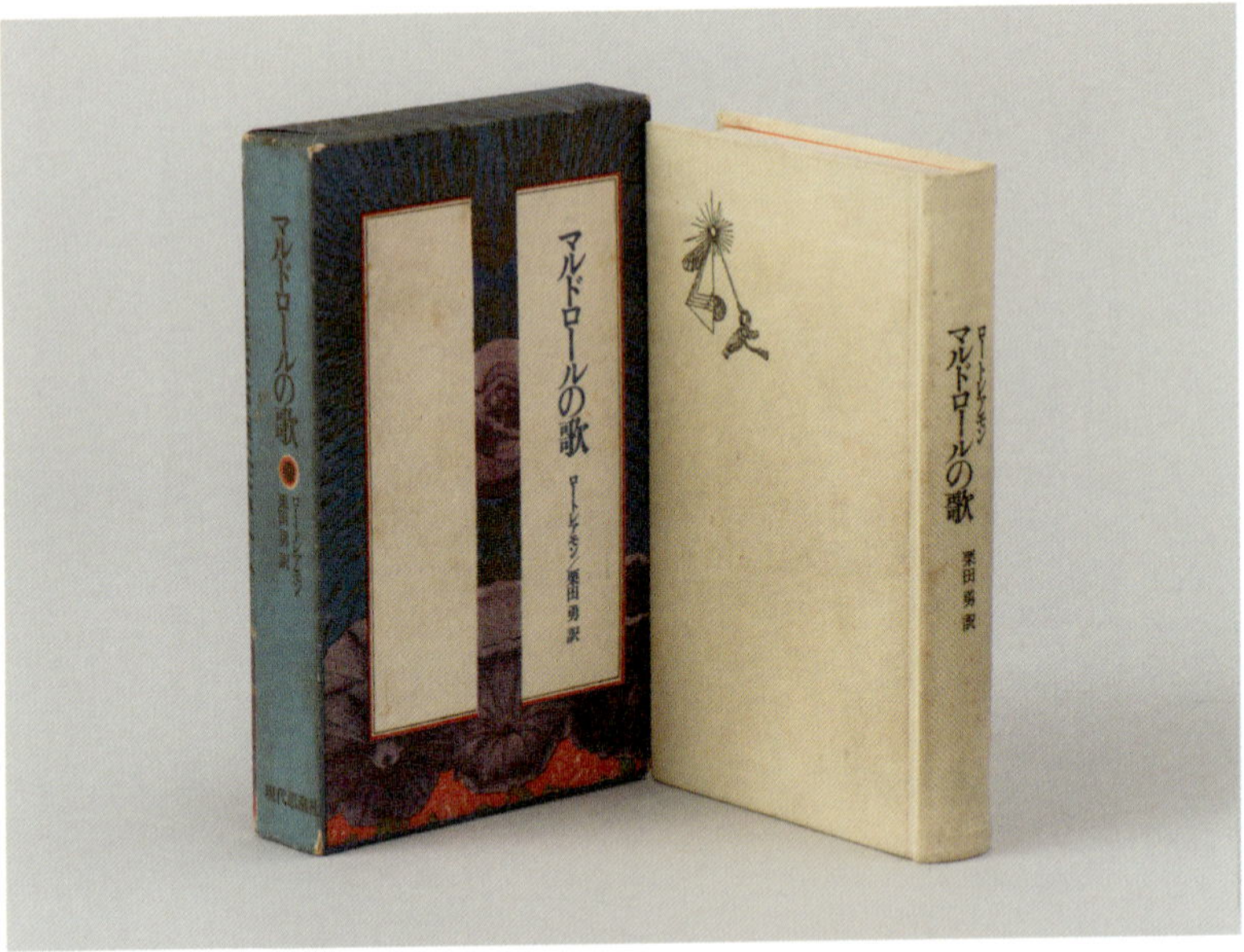
マルドロールの歌
ロートレアモン／栗田勇訳
現代思潮社
ロートレアモン
マルドロールの歌
栗田勇訳

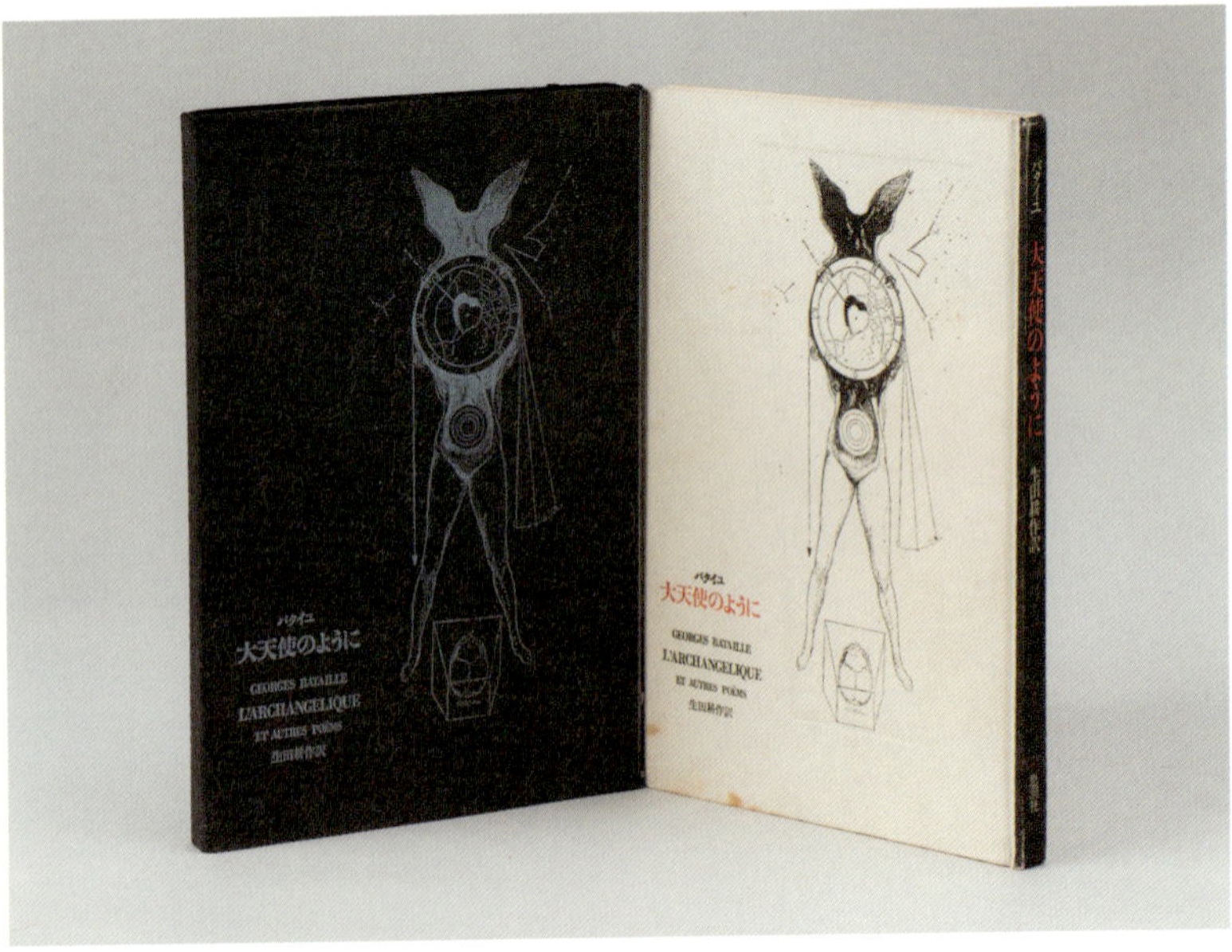
バタイユ
大天使のように
GEORGES BATAILLE
L'ARCHANGELIQUE
ET AUTRES POÈMS
生田耕作訳

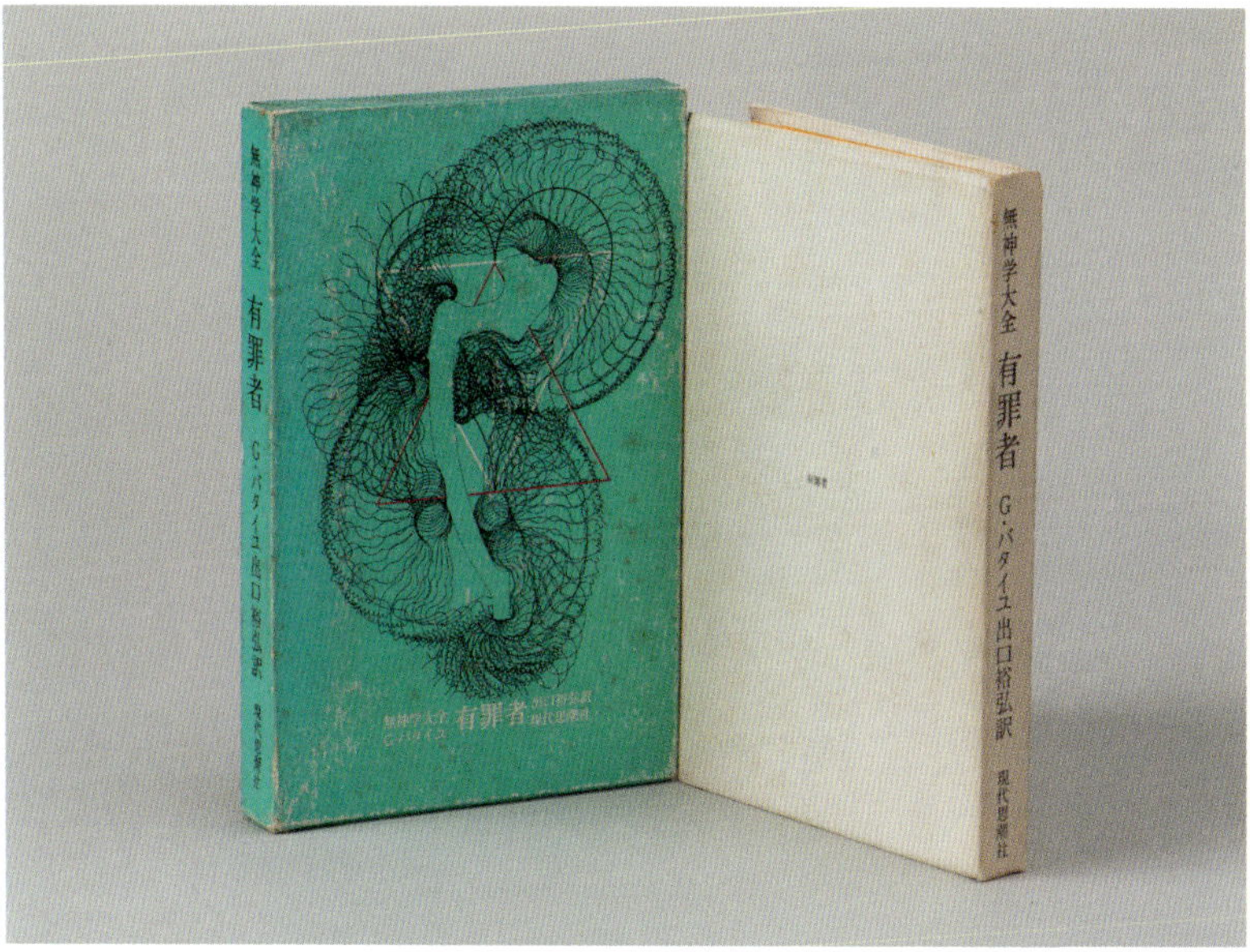
無神学大全 有罪者
G・バタイユ 出口裕弘訳
現代思潮社

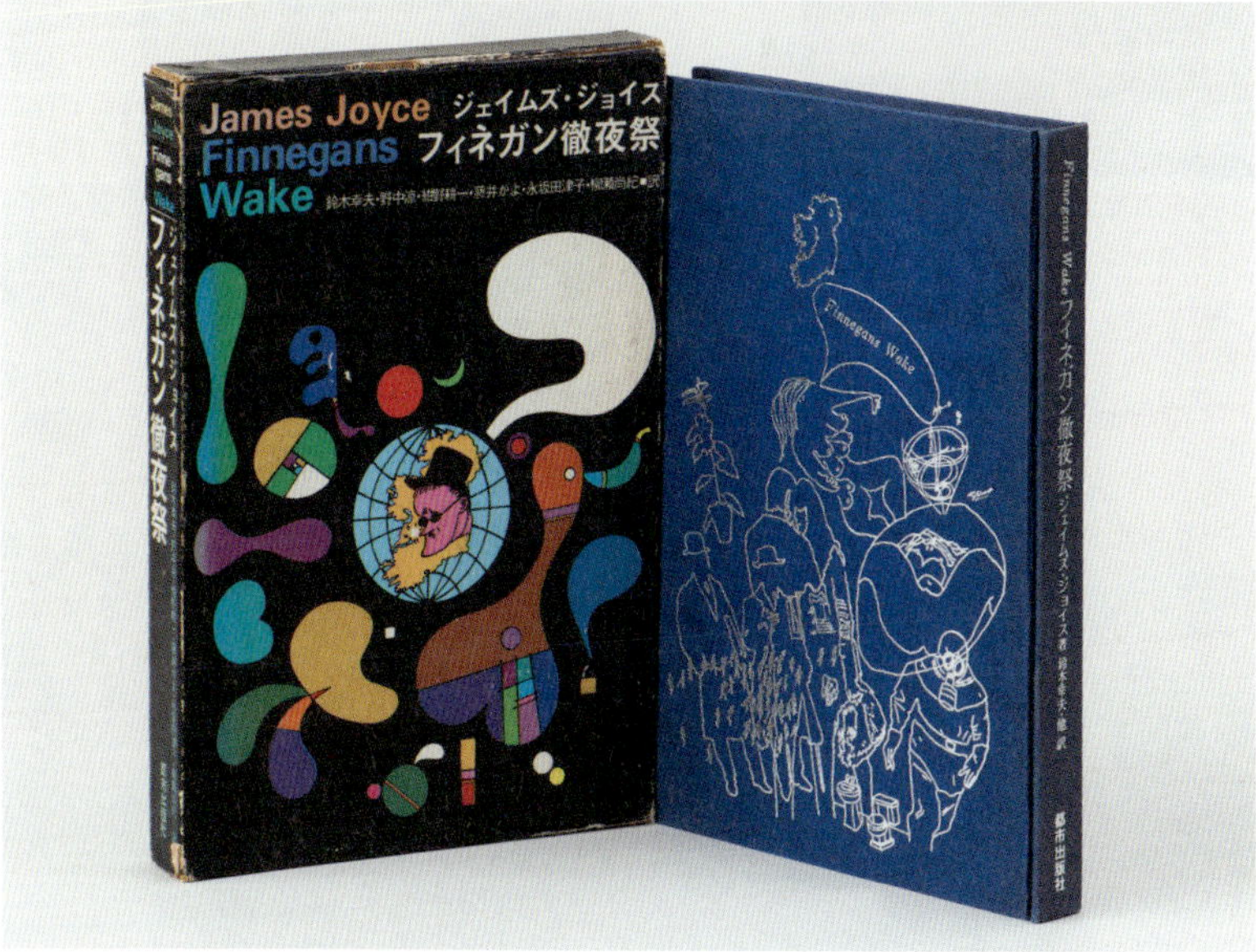
James Joyce
ジェイムズ・ジョイス
Finnegans Wake
フィネガン徹夜祭
鈴木幸夫・野中涼・紺野耕一・藤井かよ・永坂田津子・柳瀬尚紀 訳
Finnegans Wake
都市出版社

月刊
漫画
ガロ
No.45
1968
5月号
白い旗
水木プロ製作
水木しげる

月刊
漫画
ガロ
No.61
1969
6月号
カムイ伝51 赤目プロ作品 白土三平

月刊
漫画
ガロ
No.79
1970
8月号
カムイ伝63
白土三平

月刊
漫画
ガロ
No.84
1970
12月号
カムイ伝67 白土三平
星をつかみそこねる男3 水木しげる

COM
こむ
まんがエリートのための
まんが専門誌
68 1
新年特別号
手塚治虫／石森章太郎／永島慎二／別冊付録 罪と罰
300,000 あすなひろし

COM
こむ
1970 5/6
合併号
★まんが界に躍進する本格派まんが月刊誌★
手塚治虫‖石森章太郎‖永島慎二‖赤塚不二夫‖大山・学‖
樹村みのり‖真崎・守‖長谷邦夫‖松本零士‖やなせたかし

COM
こむ
1970 2
★まんが界に躍進する本格派まんが月刊誌★
火の鳥／手塚治虫 サイボーグ009／石森章太郎
特集／これがブラック・ユーモアだ！

COM
こむ
※まんが界をリードするユニークなまんが専門誌※
2.
手塚治虫
藤子不二雄
川本コオ
みやはら啓一
長谷邦夫
永島慎二
岡田史子

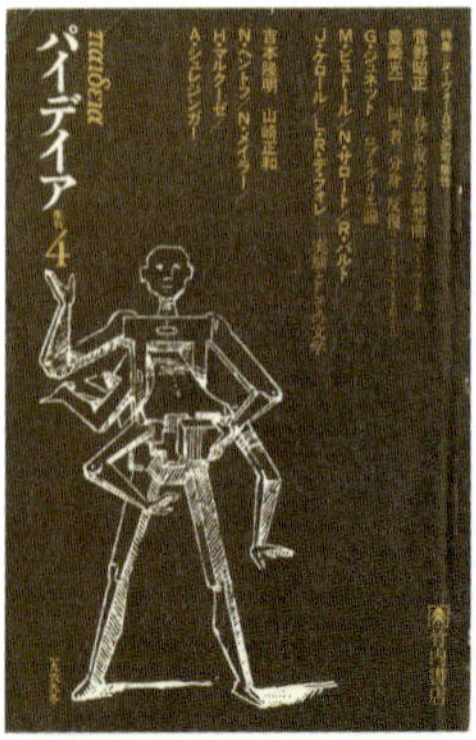
παιδεια
パイデイア 4
G.ジュネット
M.ビュトール N.サロート R.バルト
J.ケロール
N.ヘントフ N.メイラー
吉本隆明 山口昌男
竹内書店

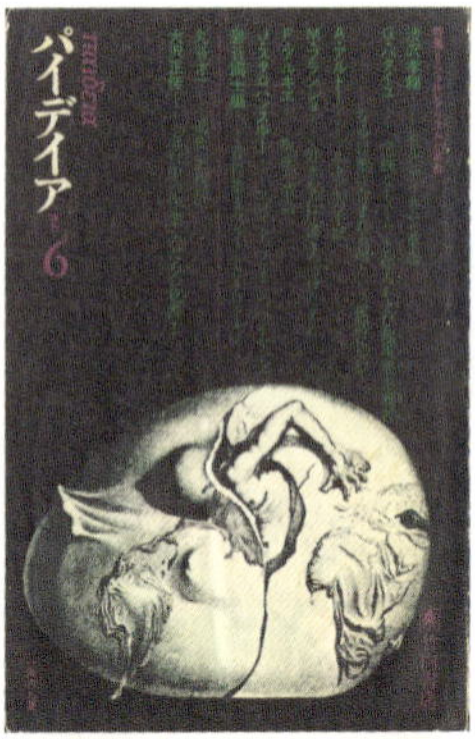
παιδεια
パイデイア 6

παιδεια
パイデイア 8
M.レリス
R.バルト
G.バタイユ
出口裕弘
M.フーコー
高橋康也
J.ジョイス

παιδεια
パイデイア 9

παιδεια
パイデイア 10
J・L・ボルヘス

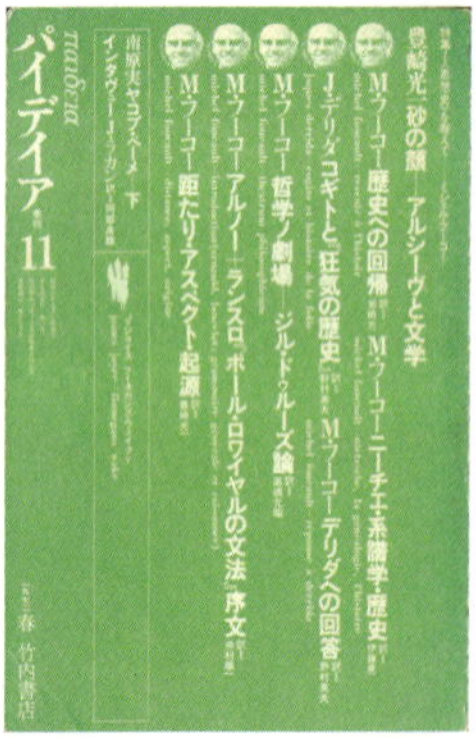
παιδεια
パイデイア 11
豊崎光一 砂の顔 アルシーヴと文学
M.フーコー 歴史への回帰
M.フーコー ニーチェ・系譜学・歴史
J.デリダ コギトと『狂気の歴史』
M.フーコー デリダへの回答
M.フーコー 哲学ノ劇場
ジル・ドゥルーズ論
M.フーコー アルノー・ランスロ『ポール・ロワイヤルの文法』序文
M.フーコー 距たり・アスペクト・起源
南原実 ヤコブ・ベーメ 下
インタヴュー J.ラカン
竹内書店

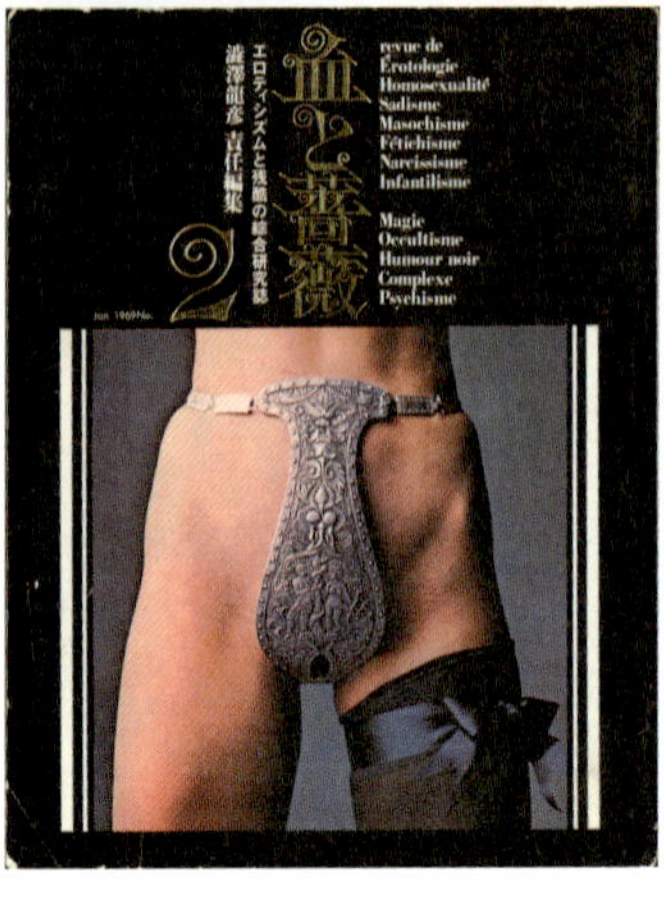
血と薔薇
2
Jan 1969 No.
澁澤龍彦 責任編集
エロティシズムと残酷の綜合研究誌
revue de
Érotologie
Homosexualité
Sadisme
Masochisme
Fétichisme
Narcissisme
Infantilisme
Magic
Occultisme
Humour noir
Complexe
Psychisme

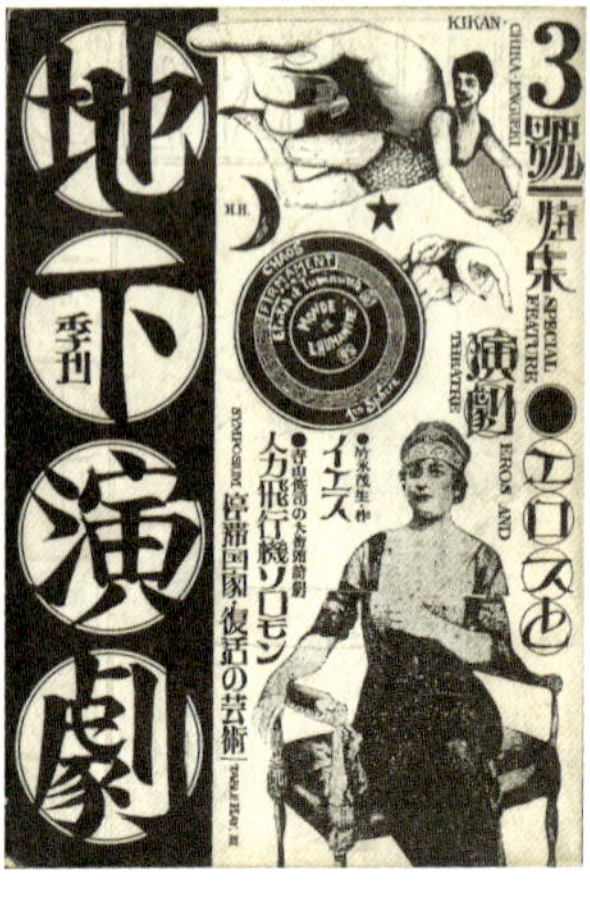
KIKAN CHIKA-ENGEKI
季刊
地下演劇
3号
特集 SPECIAL FEATURE
エロスと演劇 EROS AND THEATRE
イエス
人力飛行機ソロモン

少年マガジン
22

少年マガジン
5.31号 23
GIANTS
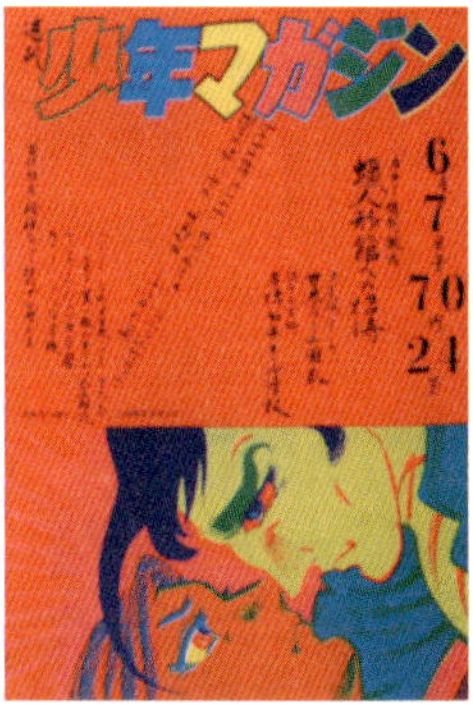
少年マガジン
6
7
70
24

少年マガジン

週刊
少年マガジン
START'71 新年特別号 1月3日号 80円
またショーガツ〜

週刊
少年マガジン
特別巨弾号
25
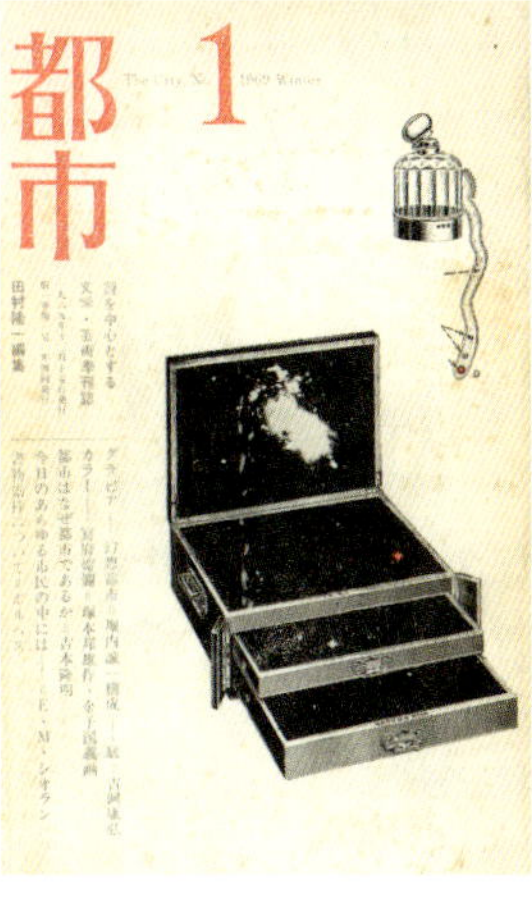
都市
1

provoke
3

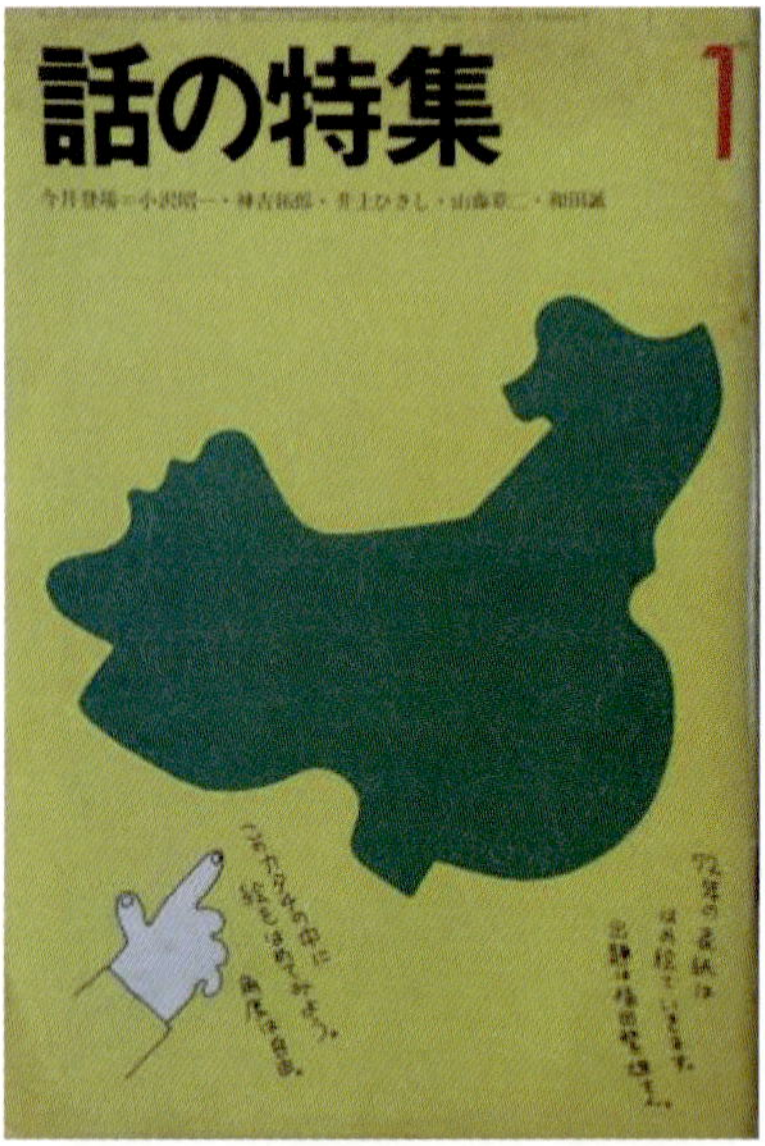

話の特集
1

話の特集
2

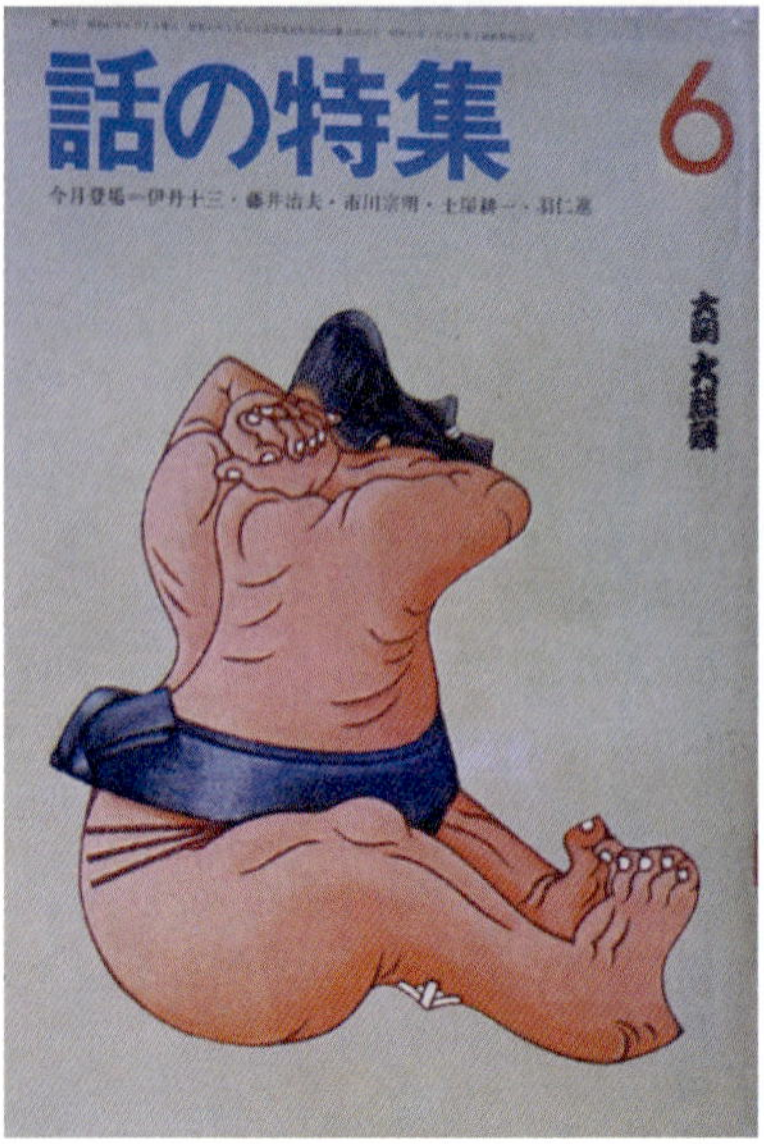

話の特集
6
今月登場＝伊丹十三・藤井治夫・市川宗明・土屋耕一・羽仁進

話の特集
7
今月登場＝石原慎太郎・上田哲・林征二・平岡正明・中村とうよう

遊
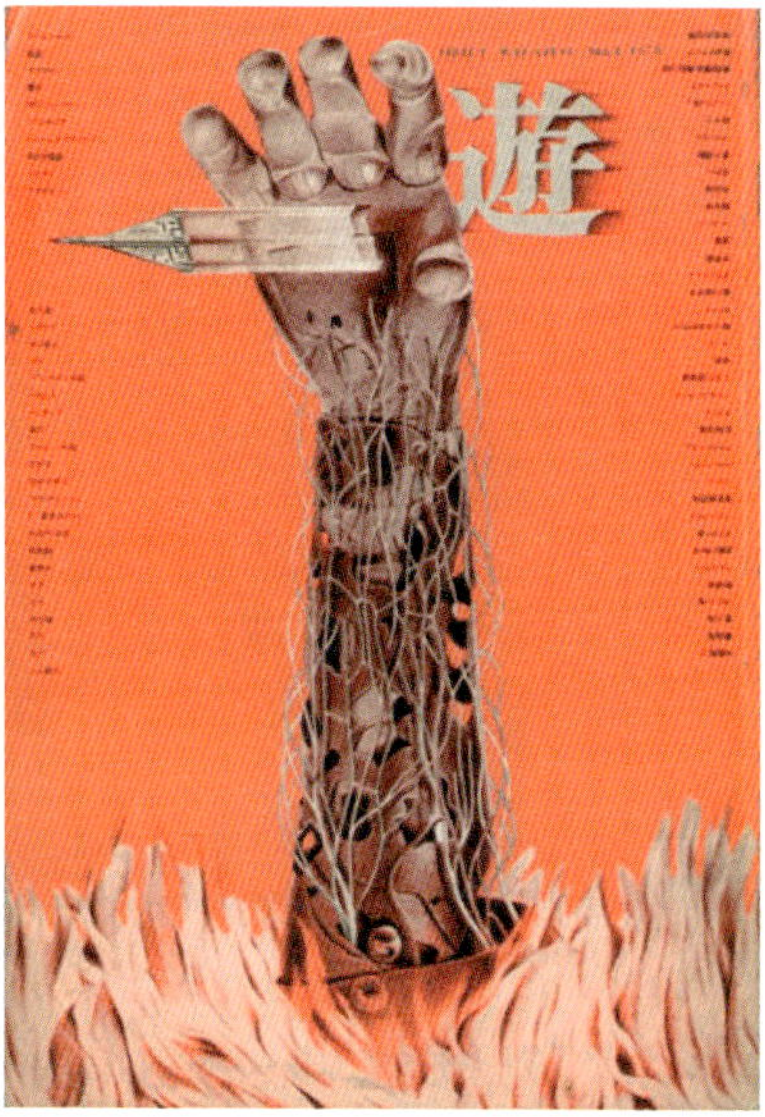
遊
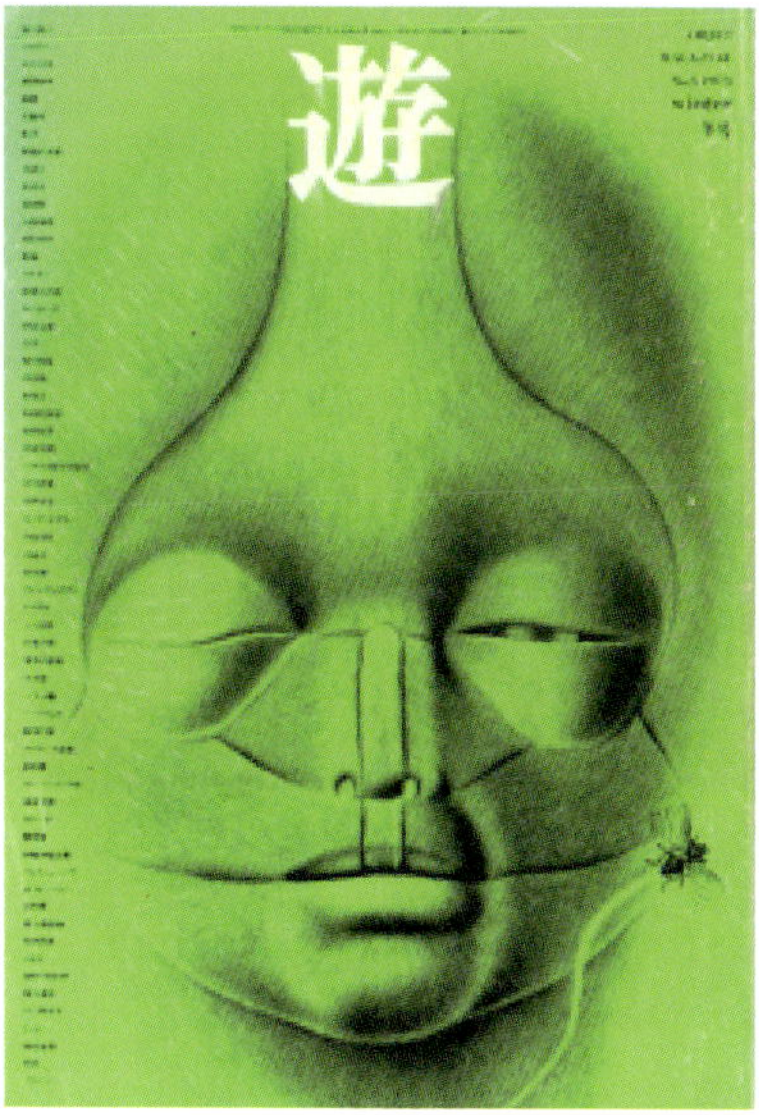
遊
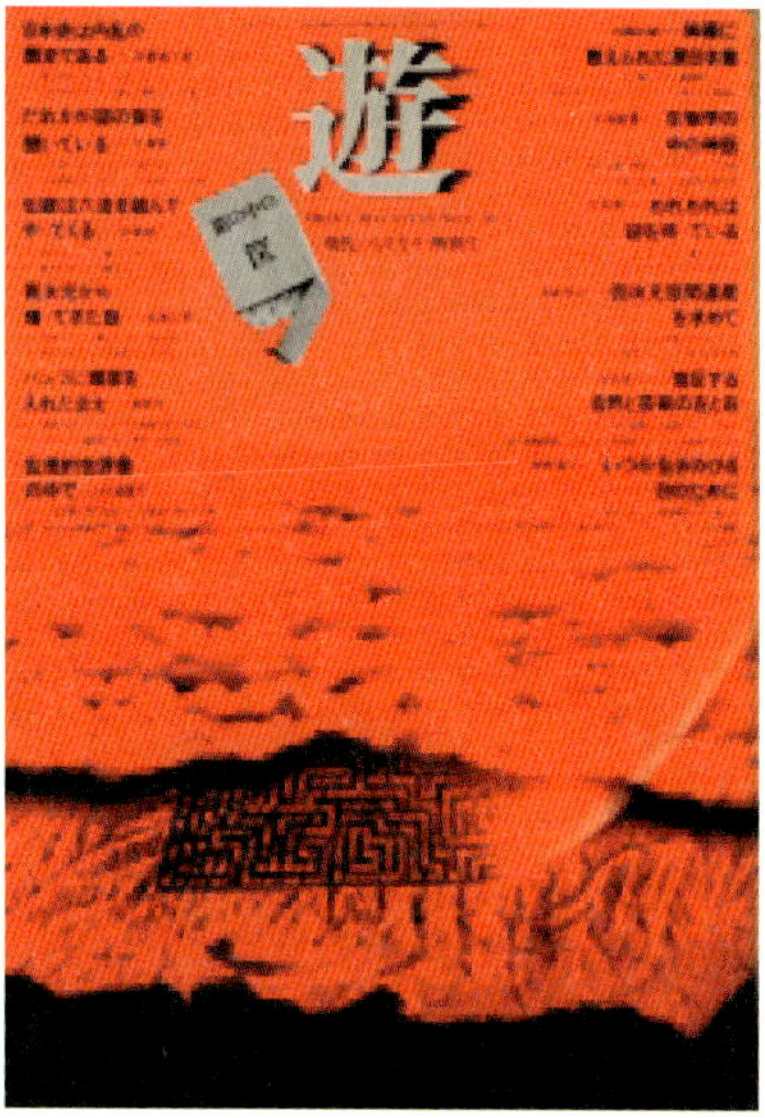
遊

99粒のなみだ
あなたの詩集
寺山修司★編
SHINSHOKAN
For Ladies

For Ladies
愛さないの愛せないの
寺山修司●著
SHINSHOKAN

ふしあわせという名の猫
Une Chatte Malheureuse
★寺山修司
SHINSHOKAN
For Ladies

半分愛して=あなたの詩集2 寺山修司:編
For Ladies 37 SHINSHOKAN

WEEKLY
平凡パンチ 9-22
¥70
THE MAGAZINE FOR MEN

WEEKLY
平凡パンチ 11-3
¥70
THE MAGAZINE FOR MEN

WEEKLY
平凡パンチ 2-23
¥80
THE MAGAZINE FOR MEN

WEEKLY
平凡パンチ 10:25
100 YEN
THE MAGAZINE FOR MEN
混血モデル・トニー片山の褐色のハダカ
特別公開＝エルトン・ジョンのポップファッション
第18回東京モーターショー・誌上公開
小林泰彦＝パンチ・カントリー・ドライブ(中国篇)
参考資料＝わいせつの限界とはナニか

an·an
ELLE JAPON
創刊号
3 20

an·an
5 5
ELLE JAPON
160 yen

an·an
6 20
ELLE JAPON
160

an·an
8 5
ELLE JAPON
180 yen

雑誌

百家争鳴の時代

上野昂志

批評が競いあい、雑誌が多様だった時代

1960年代後半は、次々といろいろな雑誌が創刊された時代だった。たとえば、1966年には、『話の特集』と『デザイン批評』が、68年には、『血と薔薇』と『季刊フィルム』に『シネマ69』と『PROVOKE（プロヴォーク）』、さらには『月刊ビックコミック』が、69年には『季刊写真映像』と『週刊アンポ』が創刊されたのだ。なお、漫画誌『月刊ビッグコミック』が小学館から創刊される機運を促したのは『ガロ』や『COM』の存在だが、『ガロ』は1964年、『COM』は、1967年に創刊されている。

こうして、名前を挙げた雑誌類を一望したところ、「反権威・反権力」のジャーナリズムを目指すとした『話の特集』が、文化総合誌的な雑誌であったことや、独特なスタイルで刊行された『週刊アンポ』を別にすれば、写真、映画、デザインなど表現に関わる分野における批評を主テーマにした雑誌が多かったことにあらためて気づく。そのような姿勢は、既存の『現代詩手帖』や『美術手帖』の編集にも影響を及ぼしたといえよう。

1960年代後半は、1965年にべ平連が先頭を切ったベトナム戦争に対する反戦運動が拡がるが、同時期に、慶應大学、お茶の水女子大学、高崎経済大学、早稲田大学、明治大学などで、寮規定や学費値上げ、学館規定などに対する学生の異議申立による実力闘争が起こり、反戦運動と連動しながら全共闘運動へと拡大していった。他方、突然、政府から強圧的に新空港開港用地

として決められた成田では、農民による三里塚闘争が起こり、これに全共闘の学生や青年労働者、新左翼諸派などが支援に駆けつけるというように、政治運動の時代であったが、その一方で、先に挙げたような、さまざまな表現活動に対する批評が妍《けん》を競った時代でもあった。

このような傾向の先駆けを成したのは、1960年代初頭に起こった若い画家たちを中心とした「反芸術」の運動だが、それは既存の美術に対する批判的な問い直しそれ自体を表現として押し出すような運動だった。それが、美術から音楽、演劇、舞踏などと連動していったのだが、そこに共通するのは、既存の文化・芸術に対して「反」あるいは「非」とする批判的な意識や感性である。それは、政治的な行動とは直接的に結びつくものではないが、底流する感覚や気分としては、個別の闘争目的を超えて政治・権力体制と対峙していく思考を醸成していたのである。だから、美術やデザイン、写真などを批評対象にした雑誌の編集や執筆に関わる者たちも、ジャンル横断的に活動していた。それが、なかば同人誌的な出版形態を含めて、多様な雑誌として刊行されたのである。

『話の特集』の批評性

では、個別に見ていこう。全体を網羅的に見るわけにはいかないので、1968~69年を中心にする。

まず、『話の特集』。創刊は、1965年12月末に出された1966年2月号。編集長は矢崎泰久で、1967年からは「話の特集社」を設立し、社主となるが、創刊時から一年余は、彼の父君の日本社から刊行されている。

創刊に際し、アートディレクターの和田誠の助言を受け、執筆陣として小松左京、寺山修司、小沢昭一ら、イラストには横尾忠則や宇野亞喜良、写真では篠山紀信や立木義浩などの名が上がったというが、これらの人たちは、いずれも、『話の特集』の常連となっていく。

創刊号の表紙は横尾忠則だが、横尾は、その後も8号までと、10号から12号までの表紙を担当している。写真も、創刊号から立木義浩、横須賀功光、長野重一、早崎治、奈良原一高、沢渡朔、細江英公、篠山紀信などの作品が毎号、数ページを飾っている。

また、これはある時期までの読み物として注目されていた「公開書簡」というのがあったが、創刊号には、寺山修司の「大山デブコへ」という公開書簡が載っている。これが、いかにも寺山らしいトリッキーな文章で、1930年代には、その巨漢を活かして200本を超える映画に出演して人気を博した大山デブ子に当てた書簡と思わせ（文中で、大山デブ子が出演した寺山の初期の実験映画『檻』〈1962年撮影、1964年公開〉に触れている）ながら、後半で、「大山デブコのにせもの」と断じているのだ。天井桟敷が『大山デブコの犯罪』という舞台を上演するのは、その1年半後の1967年6月のことだが、その前宣伝のつもりだったたか？　それにしても、「あなたが癌で入院していると聞いて」と書き出された文を、このときは健在だった本家・大山デブ子が読んだら、どう思ったことか。当然ながら、これに対する返信はない。それは、のちに石堂淑朗の吉永小百合宛の公開書簡でも同じで、芸能人への書簡は返信は期待されなかったのだろう。

それに対して、寺山の次に公開書簡の執筆者になった野坂昭如などは、当時の日教組委員長や林房雄に宛てた書簡をかなりマジメに書いている。それが1967年10月号になると、斎藤龍鳳の「拝啓北小路敏様」という公開書簡となる。斎藤龍鳳は、「内外タイムス」の映画記者からフリーになった後、独特に切れのいい文体で映画評論に健筆を振るっていたが、この時期には毛沢東思想に共鳴、活動家の道を歩んでいた。一方の北小路敏は、革共同中核派の指導者だったが、1967年には杉並区から東京都議選に出馬していた。斎藤は、北小路が自身の立候補に際し、知事候補の美濃部亮吉を推したことを批判したが、それに対して北小路は次号で、いかにも政治家らしく、自民党が推した候補を倒すための推薦だったと弁明している。

まさに、この時期ならではの「公開書簡」という感じがするが、斎藤が、同号で小田実司会の「教育を考える」という座談会に阿部進や無着成恭などと一緒に出ているのを見れば、編集部としては、おそらく、映画と政治を結びつけて論じる映画評論家にしてマオイストでもある斎藤に、並みの教育評論家とは違った意見を期待してのことだろう。そのあたりに、寺山のトリッキーな、場合によれば物議を醸しそうな「大山デブコ」宛の書簡を掲載するのと変わらぬ（時にはスキャンダルもOKという）、『話の特集』ならではのスタンスがあったといえよう。

1968年の1月号を覗いてみよう。

まず、太田竜の「ゲバラとドブレ——第三世界と欧米の革命家たち」という論考が目をひくが、それより多くのページを取っているのが、寺山修司の連載「繪本千夜一夜物語18」で、宇野亞喜良がイラストを描いている。小説類は創刊号から一方の柱としてあり、創刊号では、「エッセロマネスク」と題された栗田勇の「愛奴」が、やはり宇野亞喜良のイラストで載っているほか、小松左京、菊村到、小中陽太郎などが短編を書いている。この1月号でも、小松左京の「くだんのはは」という短編が載っている。そのほかでは、永六輔の「芸人その世界」、植草甚一の「緑色のズックカバーのノートブックから」、深沢七郎の「人間滅亡的人生案内」などの連載がある。

前記の写真家なども含め、これらの寄稿者を見れば、いずれも、１９６０年代に頭角を現してきた気鋭の作家や写真家、イラストレーターなど表現者であることがわかるだろう。既成の文壇や論壇、さらには画壇などには収まらない、むしろ、それらに対する挑戦者といってもいい人たちである。『話の特集』は、そのような人たちを、太田竜や斎藤龍鳳のような活動家をも含めて、ニュートラルかつ横断的に登場させる雑誌だったのだ。それによって同誌は、創刊から１９７０年代前半ぐらいまで、既存の文化に対するカウンター・カルチャーを後押しする役割を果たしたのである。

だが、わたしが今回はじめてこの号を開いてアッと思ったのは、「遺言　由比忠之進」という見開き2ページの記事を見つけたときだ。

エスペランティストの由比忠之進さんは、第二次羽田闘争（佐藤首相の南ベトナム訪問阻止闘争が展開され、京大生の山崎博明が殺された１９６７年10月8日が第一次羽田闘争、それに対して、佐藤首相が訪米する11月12日に行われたのが第二次羽田闘争）の前日11日に、首相官邸前で抗議の焼身自殺をはかったのだ。その由比さんの、「佐藤総理に死をもって抗議する」と書き出された「抗議書」が右ページにあり、左ページ上3分の2は、黒枠で囲われた白布に包まれた由比さんの写真で、下3分の1は、決行の直前に書かれた「遺書」である。そのあと、遺書の最後に「焼身に成功したら、写真機を左記の人に渡して下さい」と書かれているのを受けた、編集部の（写真機は11月22日現在になっても三宅氏の手許に届けられていない）という注記があるだけだ。

この、なんの注釈もなく、ただ、由比さんが、焼身自殺という極限的な行動において示した言葉だけを掲げたページは、マスコミの為にする饒舌とは真逆の、黙禱にも似た簡潔な形において、あらためて由比忠之進に向き合うよう促すのだ。

ともあれ、このようなページも、他の柔らかい記事（!?）とともにあるというところが、いかにも『話の特集』らしいあり方だったのである。

『デザイン批評』の批評性

この、既存の文化に対するカウンター・カルチャー的な文化総合誌という趣の『話の特集』に較べると、『デザイン批評』などは、やや専門的な色彩が強いように見えるかもしれない。だが、創刊に際して意図したのは、編集委員の粟津潔が「建築、デザイン、そしてすべての創造分野での致命的な欠点は、批評精神の不在」にほかならないと述べているように、デザインというもののありようを批判的に検証することであり、それを通して、当時の政治・文化状況に一石を投じようとしていたのである。

編集委員は、粟津潔、泉真也、川添登、針生一郎の四名で、版元は風土社、１９６６年の創刊から70年までに12号が刊行されている。

その１９６８年に出た第6号は、特集「万博と安保・EXPOSE・１９６８全記録収録」となっている。この時期、１９７０年の安保改定と大阪万博が焦点化されるというのは、ごく当たり前のことだったと思うが、『デザイン批評』では、この前に、「EXPOSE・１９６８なにかいってくれ、いまさがす」という公開シンポジウムを草月会館で開いたらしい。「らしい」というのは、わたしが直接見たわけでなく、それについて批評を書いた多木浩二の同号に載った一文から知ったからである。

それによると、シンポジウムとはいえ、そこでは、松本俊夫による三面マルチスクリーンや、粟津潔によるマルチプロジェクション、東野芳明のテレビを使ったパフォーマンス、さらには唐十郎の状況劇場による芝居なども行われ、それにもとづく討議がなされたようだ。そこに集まった観客は、若い人が多かったようだが、多木によれば、「きまじめな質問が、おとなしい羊のように黙り込んだ頭の上からいくつか発せられたが、ついにコミュニケーションもディスコミュニケーションもなかった」という。

３年後に控えた万博を見据えて、それこそEXPOをEXPOSEする、いわば暴き立てるという意図をもったシンポジウムだったのだろうが、マルチスクリーンもマルチプロジェクションも、本番のテクノロジー万歳の万博では全開することになるのだから、それに対して、あらかじめ批判的に展開するのは、かなり難しかっただろうと思う。それかあらぬか、多木浩二の批評もきわめて厳しい。彼が、「衝撃」という言葉をもって評価したのは唐十郎の芝居のみである。

多木は書く……。「唐十郎とその一座によってカマトト娘みたいな草月は犯されたような感じをうけたほどであった。たしかに、この男たちの振るまいは衝撃的だった。ほかの連中が喋っている間中、舞台のスミでうずくまっていた三人の緑のオバサンたちが、ぬっと立ち上がって歌いはじめたときは、くさくさしたパネリストの偽善やソフィスティケーションは一掃してしまった。……『ドラマはなくても劇場はあるという論理だよ、君たちは』とかれ（唐）が叫んだとき、かれの批判が方法の上にむけられていることが明らかになった」と。

「ドラマはなくても劇場はあるという論理だよ」という唐の言葉を、わたしなりに砕いてみれば、当時、さかんに喧伝され、結果的にはすべて万博に吸収、使い捨てられた「環境芸術」に向けられたものであろう。唐は、自身の表現において、それに手袋を投げつけたのである。

同号には、「万博の思想」と題された、岡本太郎に対する針生一郎のインタヴューも掲載されているが、岡本の、万博に、「見たこともないような世界中の人間が広場に集まってぶつかり合う〝祭〟」をイメージするという楽天ぶりや、自身が考えている太陽の塔を語るときの誇らしさが際立つばかりで、それに対する針生の突っ込みはいかにも弱いのである。

ともあれ、デザインの批評が、できあがった作品について優劣や巧拙を云々するのがほとんどの現在から振り返れば、『デザイン批評』は、時代の風も受けて健闘していたといえよう。

映画雑誌の隆盛

デザインに較べて、映画のほうは早くから、さまざまなレベルの言葉を招き寄せてきたといえよう。宣伝、紹介、スター談義、製作裏話、批評……。１９６０年代後半においても、評論に重きを置く映画雑誌は、老舗の『キネマ旬報』以外にも、『映画芸術』や『映画評論』があった。だが、１９６８年、そこに『季刊フィルム』と『シネマ69』が新たに登場する。

『季刊フィルム』は、同年10月に開催された「草月フィルム・アート・フェスティバル」に合わせて創刊号が発行された。表紙は粟津潔の手になる、ゴダールの『中国女』のアンヌ・ヴィアゼムスキーを中心に置きながら、彼女の顔の下半分が後ろ向きの男の頭（ジャン゠ピエール・レオか？）で隠されるという図柄のデザインだった。中身の目玉は、ゴダール・インタビュー「ふたつの戦線の闘争を行う」である。

刊行したのはフィルムアート社だが、これは、草月アートセンターにいた奈良義巳が、『季刊フィルム』を出すために作った会社といわれている。編集同人は、勅使河原宏、中原佑介、粟津潔、松本俊夫、武満徹、山田宏一、飯村隆彦の7名。ただ、山田宏一は、7号で同人を脱退、飯村隆彦も11号で脱退したので、代わりに、今野勉と石崎浩一郎が加入した。

なお、この「草月フィルム・アート・フェスティバル」では、当時、高校生だった原正孝（将人）の16ミリフィルム『おかしさに彩られた悲しみのバラード』がグランプリを受賞したこともあって、映画好きや映画作りを志す高校生や大学生に、大いなる興奮をもって受け止められたようだ。以後、『季刊フィルム』は、実験映画、エクスパンデッド・シネマ、アバンギャルド映画、ヌーヴェルヴァーグ、実験アニメーションなどの特集を展開していくが、同人の顔ぶれからして、映画だけでなく、映像を中心とした芸術表現の新しい動きまで視野を広げていくのである。

これよりやや遅れて創刊された『シネマ69』は、草月という華やかな存在を背にした『季刊フィルム』とは異なって、純然たる同人誌である。編集同人は、波多野哲朗、手島修三、山根貞男の3名で、発行所も、波多野氏の当時の自宅になっている。ただ、同人誌であっても、『キネマ旬報』や『映画芸術』など市販されている映画雑誌に伍して読者を獲得しようという意気込みで、書店への持ち込みなどを積極的にやっていた。それは、表紙のデザインを革命的デザイナー同盟の安藤紀男が担当し、『PROVOKE』などで気を吐いていた中平卓馬の写真を使ったことにも表れているだろう。

第1号の特集はアラン・レネで、蓮實重彥の協力によるレネへの手紙によるインタヴューのほか、吉田喜重をはじめ、蓮實重彥、近藤耕人らの論考と、北沢方邦と松本俊夫の対談で構成されている。そのほかでは、佐藤忠男、浅沼圭司、菅谷規矩雄らの評論と、現地の映画状況に詳しい人たちに依頼した「世界の映画状況」があり、わたしが初めて映画評論を試みた「ヤクザ映画」

論が「日本映画時評」として載っている。

『季刊フィルム』も『シネマ』も号を重ねるうちに、それぞれの色合いの違いが鮮明になっていったが、わたしの感じでは、『シネマ』のほうが映画プロパーで押していったと思う。そして、この新しい映画雑誌を計画したときの同人間に共通した思いとしてあったのは、印象批評はもとより、たんに語られる内容＝物語に対する解釈でもない、映画それ自体がもたらす面白さを捉える批評だったろう。むろん、それが実現したかどうかは、寄稿者を含め、各人のその後の仕事で明らかになることだが。

漫画雑誌の活況

さて、この年、小学館から『月刊ビッグコミック』が創刊されるが、これについては、とくにいうべきことはない。というのも、それは先に記したように、『ガロ』と『COM』の成果を、メジャー出版社が取り込んで一般化したものだからだ。

月刊漫画誌『ガロ』は、1964年、長井勝一の青林堂（現在も同名の出版社が存在するようだが、内容はまったく違う）が、貸本時代から『忍者武芸帳』などを刊行して親交のあった白土三平に自由に作品を描かせようとして創刊した雑誌である。長井は、貸本マンガの出版をしてきており、青林堂に拠ってからも白土三平や水木しげるの作品を貸本屋向けの単行本として刊行していたように、『ガロ』は、マイナーな貸本マンガの歴史を負っていたのだ。それは、白土の百ページ余の『カムイ伝』を柱に、水木しげるの短編や諏訪栄（小島剛夕）、白土の唯一人の弟子・楠勝平らの作品で作られていた初期の『ガロ』に色濃く出ているだろう。

最初はマンガ好きの少年や、白土の『忍者武芸帳』に震撼された若者たちによって支えられた『ガロ』が広く売れるようになるのは、貸本時代からユニークな作品を描いていたつげ義春が定期的に意欲的なマンガを発表し、勝又進やつりたくにこ、池上遼一、林静一、佐々木マキなどの新人が、独自なスタイルで力作を描くようになった1966〜67年である。そして1968〜69年になると、つげ忠男やベテランの滝田ゆう、永島慎二などの連載に加え、仲佳子、矢口高雄、淀川さんぽらが新たに登場し、『ガロ』の誌面をさらに活気づけていく。それに続いて、鈴木翁二、安部慎一、古川益三、花輪和一などの新人がデビューしていく。

なお、1967年2月には、石子順造、権藤晋（高野慎三）、梶井純、菊池浅次郎（山根貞男）ら同人によって赤瀬川原平の表紙がインパクトのある『漫画主義』が創刊される。これは、おそらく日本で初めて出された漫画の批評誌だったといえよう。

手塚治虫が手塚商事から、自身の『火の鳥』を柱に『COM』を創刊したのは、『ガロ』に、とりわけ『カムイ伝』に対抗心を燃やしたからである。手塚は、自分とは異質の、しかも力のある作家や作品を見ると猛烈な対抗心を燃やしたというが、白土に対してもそうだったのだ。だが、その結果、『COM』は、石森章太郎（現：石ノ森章太郎）や永島慎二のようなベテランだけでなく、青柳裕介やあだち充、岡田史子、竹宮恵子、長谷川法世……といった優れた新人たちを輩出したのである。

大手の出版社が、マイナーな場でのマンガの、このような動きを指を咥えて見ているはずはない。という次第で、1968年の『月刊ビッグコミック』の登場となるのだ。一方、この年の1月から『週刊少年マガジン』では、『あしたのジョー』の連載が始まり、7月には集英社から『ハレンチ学園』を載せた『週刊少年ジャンプ』が創刊されるのである。

『血と薔薇』と澁澤龍彦

このような漫画の活況を、マスコミは「大学生がマンガを読む」と揶揄をこめてはやし立てたが、そんな時代の空気に我関せずというスタイルで創刊されたのが、澁澤龍彦責任編集の『血と薔薇』（天声出版）である。冒頭の「血と薔薇」宣言はいう……。「本誌『血と薔薇』は、文学にまれ美術にまれ科学にまれ、人間活動としてのエロティシズムの領域に関する一切の事象を偏見なしに正面から取り上げることを目的とした雑誌である。したがって、ここではモラルの見地を一切考慮せず、アモラルの立場をつらぬくことをもって、この雑誌の基本的性格とする」。

ついで特集1が「男の死」だが、これは、「聖セバスチャンの殉教」とか「オルフェの死」というテーマのもと、三島由紀夫や土方巽、唐十郎、さらには澁澤自身をモデルにした写真である。撮っている写真家は、篠山紀信、細江英公、奈良原一高、深瀬昌久、早崎治らである。これらの写真は、テーマ的には、それこそ反時代的といってもいい宣言に示されたような澁澤のエロティシズム志向が明確に表れていると同時に、モデルや写真家の選択には、時代を見る、それこそジャーナリスティックといってもいい鋭敏なセンスが垣間見えるのである。

ついで三島の「All Japanese are perverse」というエッセイを皮切りに稲垣足穂や埴谷雄高、吉行淳之介などのエッセイが並び、ポール・デルヴォーの絵、「吸血鬼」「苦痛と快楽」「オナニー機械」といった特集が続くのである。まさに澁澤ワールド全開というべきだが、『血と薔薇』は3号で終わりを迎えはしたものの、１９６０年代末の激動する時代状況に対して、それを無化する、無化することによって際立てもするような強度をもって屹立していたのである。

蛇足ながら、この時期には、ライヒやマルクーゼの性解放の思想がジャーナリズムを賑わせてもいたのだが、『血と薔薇』のエロティシズムは、そのような楽天的な性思想を垂直に断ち割るような方向性をもっていたと思う。

写真の時代

この『血と薔薇』でも『話の特集』でも、写真家の名前が度々挙がるが、写真は、１９６０年代にあっては、50年代までのカメラ雑誌中心から脱して、どのような雑誌においても不可欠のファクターになっていたのだ。そんな状況において、１９６８年には、岡田隆彦、高梨豊、多木浩二、中平卓馬、さらに2号から森山大道も加えた同人によって刊行された『PROVOKE』は、3号で終わったが、それらと総括集として出された『まずたしからしさの世界をすてろ』は、同誌が掲げた「思想のための挑発資料」というキャッチフレーズに相応しい内容だった。写真という、一見、誰もが近づきやすく、見ただけでわかると思ってしまう表現を、写真と言葉の両面から、あなたはいったい何を見、何をわかったというのかと問いただしてくるような雑誌であり、総括集であった。

これに対して、1969年に、桑原甲子雄と吉村伸哉の編により、写真評論社から創刊された『季刊写真映像』は、1面で『PROVOKE』を受け継ぐようなページを作りながら、全体としては、写真を外へと開いていくような方向性をもった雑誌であった。それは第8号（1971年春刊）の「写真のキッチュ・キッチュな写真」という特集などに端的に表れているだろう。ここでは、当時、キッチュに関する考察を進めていた石子順造の論考をベースに置いたうえで、いわゆる作品からは外れていながら、生活の周辺に出回っている写真類を取り上げ、一項目につき、ひとりずつエッセイ風に論じているのだ。挙げられた項目は、「登録写真」「宣伝写真」「観光写真」「エロ写真」「記念写真」「遺影」「ブロマイド」「見合い写真」「御真影」である。わたしもブロマイドについて書いたが、他の執筆者には、赤瀬川原平、乾孝、鈴木志郎康、斎藤龍鳳、宮本忠雄、山下菊二、山手秀子、村上一郎などが健筆を振るっていた。この顔ぶれにも、あの時代の色が窺えるであろう。

さて、1960年代もどん詰まりの1969年である。全共闘運動も、1月の東大安田講堂バリケードが解体されたのをはじめ、全国の大学の闘争拠点が次々と潰されていくに従って、集団としての勢いを失っていく。

『週刊アンポ』と『現代の眼』

そんななか、小田実の編集・発行による『週刊アンポ』が創刊される。1969年6月15日に0号がまず出て、11月17日創刊号が出るが、なぜか目次もノンブルもない。そして表紙裏には「この本には目次はありません。すみからすみまで読んでください」とあるので、そういうことか、と納得する。ただ、それでは第三種郵便物としての許可が得られないので、7号からは目次やノンブルが記されるようになる。そして12号までは普通の週刊誌スタイルだが、13号から終刊の15号までは「ビラのバクダン」と称し、14号などは、新聞紙大4ページで、折りたためばB5判雑誌、拡げれば1970年6月の共同行動へのポスターになるという仕掛けになっている。

この通常の雑誌の形を変えたスタイルにこそ、『週刊アンポ』を刊行した小田実の思想が端的に表れていたといえるだろう。何よりも日常にこだわり、その変革は生き方のスタイルから始めねばならないという思想である。『週刊アンポ』には、小田や鶴見俊輔の評論や大江健三郎の小説が掲載されていたが、それ以上にインパクトがあったのは、このスタイルである。

同じ頃、『世界』や『中央公論』など既存の総合雑誌に対して、総会屋系の『現代の眼』などが、新左翼よりの論考を中心に気を吐いていた。児玉誉士夫の息のかかったこの雑誌が、反体制的な論陣を張るところに（それが逆に企業に対する無言の圧力になるという計算もあったろうが）、この時代の雑誌の賑わいがあったのだ。そこから育った論者も少なくない。ただ、『構造』や『流動』など、『現代の眼』と同じように総会屋系の版元から出されていた雑誌類は、１９８１年の商法改正により、全て姿を消すのである。

また、詩の専門誌としては老舗の『現代詩手帖』などが、１９６９年頃には、「肉体と表現」とか「暴力」とか「犯」といった従来にはない特集を組み、執筆陣も、天沢退二郎や金井美恵子などの詩人・作家だけでなく、平岡正明のような詩の門外漢を積極的に起用したことにも時代が表れているだろう。同様なことは、わたしなどにも現代美術の批評を書かせた『美術手帖』にもいえると思う。なお、『美術手帖』で特記したいのは、時期はやや後だが、赤塚行雄と刀根康尚と彦坂尚嘉の三者の編集による「年表：現代美術の50年」と題する、１９１６年から１９６８年までの政治・経済・社会の動きと、美術をはじめ、演劇、音楽、舞踏、写真などの動向を網羅した年表が作られたことである（１９７２年4月号、５月号）。これは、大変な労作で、わたしも、刀根などが編集している現場に行ったことがあるが、彼らはそれこそ、資料の山と格闘していたのである。

（うえの・こうし　評論家）

図版出典一覧

掲載頁	作品名（出典）
p.34-35	万博空撮（1970年、提供：大阪府日本万国博覧会記念公園事務所）
p.38-39	羽永光利「ゼロ次元 “狂気見本市”におけるパフォーマンス」（1968年）
p.43	「トリックス・アンド・ヴィジョン展 盗まれた眼」展示風景 中央／高松次郎「遠近法のテーブル」（1967年） 右上／飯田昭二 タイトル不詳 右下／飯田昭二「Half and Half（ピンポン玉）」（1968年） （提供：静岡県立美術館）
p.47	立石大河亞「はじめに革命ありき」（1970年、1660×1200mm、キャンバスに油彩、高松市美術館蔵）（c）Tiger TATEISHI Courtesy of YAMAMOTO GENDAI
p.54	『週刊アンポ』01号（アンポ社、1969年）
p.55	『週刊アンポ』02号（アンポ社、1969年）
p.56-57	左上から時計回りに、『週刊アンポ』00号（1969年）、03号（1969年）、04号（1969年）、05号（1970年）、06号（1970年）、07号（1970年）、08号（1970年）、09号（1970年）、10号（1970年）、11号（1970年）、12号（1970年）、14号（1970年）、アンポ社
p.60-61	粟津潔イラスト（「都市」No.3、1970年夏号、都市出版社）
p.62-63	同前
p.64	粟津潔デザイン「シンポジウム・なにかいってくれ、いま、さがす ex·pose'68」のポスター
p.65	横尾忠則「椿説弓張月」（1969年、国立劇場、1030×728mm、紙にシルクスクリーン、ニューヨーク近代美術館蔵）
p.68-69	横尾忠則「浅丘ルリ子裸体姿之図」（1968年、『平凡パンチ』）
p.70	中村宏「セーラー服」（『別冊アサヒ芸能』、1971年6月号）
p.71	中村宏「セーラー服」（『別冊アサヒ芸能』、1970年8月号）
p.73	横尾忠則「色情に迷って理性を失うの図」（1970年、190×135mm、紙にシルクスクリーン）
p.76-77	宇野亞喜良「ラビリンス」（『話の特集』話の特集社、1968年）

p.80	宇野亞喜良「ラビリンス」（『話の特集』話の特集社、1968年）
p.92-93	細江英公「劇団状況劇場　あれからのジョン・シルバー」（1971年）
p.98	横尾忠則「毛皮のマリー」（1968年、演劇実験室・天井棧敷、1030×728mm、紙にシルクスクリーン、国立国際美術館蔵）
p.99	及川正通「ガリガリ博士の犯罪」（1969年、演劇実験室・天井棧敷、1033×735mm、シルクスクリーン）
p.102	横尾忠則「腰巻お仙」（1966年、劇団状況劇場、1030×728mm、紙にシルクスクリーン、ニューヨーク近代美術館蔵）
p.103	横尾忠則「細江英公写真展　土方巽と日本人」（1968年、ニコンサロン、1030×728mm、紙にシルクスクリーン、国立国際美術館蔵）
p.106	串田光弘「ヴェト・ロック」（1968年、劇団自由劇場　792×547mm、シルクスクリーン）
p.107	宇野亞喜良「新宿版　千一夜物語」（1968年、演劇実験室・天井棧敷、1033×733mm、シルクスクリーン）
p.257	中谷忠雄「土方巽と日本人――肉体の叛乱」（1968年、提供：慶應義塾大学アート・センター）
p.261	細江英公「鎌鼬#8」（1965年）
p.265	細江英公「骨餓身峠死人葛」より（1970年）
p.313 上段	『エロス＋虐殺』（1970年）監督：吉田喜重
p.313 下段	『絞死刑』（1968年）監督：大島渚
p.315 上段	『薔薇の葬列』（1969年）監督：松本俊夫　(c) 1969 Matsumoto Production
p.315 下段	『処女ゲバゲバ』（1969年）監督：若松孝二
p.321	左上から時計回りに、『シネマ70』（No.6、1970年8月号、シネマ社）、『季刊フィルム』（No.10、1971年10月、フィルムアート社）、『映画批評』（第4巻第6号、1973年6月号、新泉社）、粟津潔ポスター『中国女』（1969年、515×728mm）
p.323	『水俣　患者さんとその世界』（1971年）監督：土本典昭　（提供：塩田弘美）
p.324	『日本俠客伝　花と龍』（1969年）監督：マキノ雅弘 (c) 東映
p.325	『殺しの烙印』（1967年）監督：鈴木清順　(c) 日活
p.327	『ドロッパワー』（1970年3月1日付、1面、ドロッパワー社）
p.328	『ワシントン・ポスト』（1967年4月3日付、1面広告）

p.329	赤瀬川原平「赤軍-P.F.L.P世界战争宣言」（1971年、730×515mm）
p.330	「新宿東口地図」（四方田犬彦『ハイスクール1968』、2004年、見返し、新潮社）
p.331	「コザ市照屋区「黒人街」略図」（『週刊アンポ』No.10、1970年3月、p.20、アンポ社）
p.332	上段右上から時計回りに、田辺昭知とザ・スパイダース『フリフリ』（1965年、Crown CW-291）、ザ・タイガース『オン・ステージ』（1967年、Polydor SLPM-1377）、ザ・テンプターズ『エメラルドの伝説』（1968年、Philips FS-1059）、ピンキーとキラーズ『恋の季節』（1968年 BS-865）、ザ・テンプターズ『忘れ得ぬ君』（1967年、Philips FS-1029）、ザ・タイガース『僕のマリー』（1967年、Polydor SDP-2001）
p.333	上段右上から時計回りに、藤圭子『新宿の女』（1969年、RCA JRD-3003）、ザ・フォーク・クルセダーズ『帰って来たヨッパライ』（1967年、Capitol CP-1014）、高石友也『受験生ブルース』（1968年　Victor SV-681）、ザ・フォーク・クルセダーズ『イムジン河』（1968年）、岡林信康『山谷ブルース』（1968年、Victor SV-1028）、ザ・ゴールデン・カップス『いとしのジザベル』（1967年、Capitol CP-1005）
p.334-335	赤瀬川原平・松田哲夫・南伸坊「皇紀二千六百三十二年　大日本民主帝國論壇地図」（『現代の眼』1973年1月号附録）
p.336 上段	長沢延子『海：友よ私が死んだからとて：長沢延子遺稿集』（1971年、都市出版社）
p.336 下段	赤瀬川原平『オブジェを持った無産者』（1970年、現代思潮社）
p.337 上段	ジョイス・マンスール『充ち足りた死者たち』（1972年、薔薇十字社）
p.337 下段	ガストン・バシュラール『蠟燭の焔』（1966年、現代思潮社）
p.338 上段	澁澤龍彥『澁澤龍彥集成　第2：サド文学研究篇』（1970年、桃源社）
p.338 下段	村上一郎『撃攘：村上一郎歌集』（1971年、思潮社）
p.339 上段	寺田透『ランボー着色版画集私解』（1970年、現代思潮社）
p.339 下段	モーリス・ブランショ『来るべき書物』（粟津則雄訳、1968年、現代思潮社）

p.340 上段	ロートレアモン『マルドロールの歌』（栗田勇訳、1968年、現代思潮社）
p.340 下段	ジョルジュ・バタイユ『大天使のように』（生田耕作訳、1970年、思潮社）
p.341 上段	ジョルジュ・バタイユ『有罪者：無神学大全』（出口裕弘訳、1967年、現代思潮社）
p.341 下段	ジェイムズ・ジョイス『フィネガン徹夜祭』（鈴木幸夫訳、1971年、都市出版社）
p.342	右上から時計回りに、『ガロ』（1969年6月号）、（1970年12月号）、（1970年8月号）、（1968年5月号）、青林堂
p.343	右上から時計回りに、『COM』（1970年5.6月合併号）、（1971年2月）、（1970年2月）、（1968年1月）、虫プロ商事
p.344	上段左から、『季刊　パイデイア』（第4号、1969年2月）、（第6号、1969年8月）、（第8号、1970年8月）、竹内書店 中段左から、『季刊　パイデイア』（第9号、1970年12月）、（第10号、1971年6月）、（第11号、1972年2月）、竹内書店 下段左から、『血と薔薇』（第2号、1969年、天声出版）、『地下演劇』（第3号、1970年、地下演劇社）
p.335	上段左から、『週刊少年マガジン』（1970年22号）、（1970年23号）、（1970年24号）、講談社 中段左から、『週刊少年マガジン』（1972年25号）、（1971年1号）、（1968年6号）、講談社 下段左から、『都市』（No.1、1969年冬号、都市出版社）、『provoke』（第3号、1969年、プロヴォーク社）
p.346	上段右上から時計回りに、『話の特集』（1972年2月号）、（1972年7月号）、（1972年6月号）、（1972年1月号）、話の特集社
p.347	上段右上から時計回りに、『遊』（第3号、1972年）、（第6号、1973年）、（第5号、1973年）、（第1号、1971年9月）、工作舎
p.348	上段右上から時計回りに、『愛さないの愛せないの』（寺山修司、1968年）、『半分愛して：あなたの詩集2』（寺山修司編、1970年）、『ふしあわせという名の猫』（寺山修司、1970年）、『99粒のなみだ：あなたの詩集』（寺山修司編、1969年）、フォア・レディース・シリーズ、新書館

p.349	上段右上から時計回りに、『WEEKLY平凡パンチ』(1969年11月3日)、(1971年10月25日)、(1970年2月23日)、(1969年9月22日)
p.350	上段右から時計回りに、『an・an』、(第4号、1970年5月5日)、(第10号、1970年8月5日)、(第7号、1970年6月20日)、(創刊号、1970年3月20日)
p.406	赤瀬川原平「警察バンザイ」(1972年、『朝日ジャーナル』、255×180mm)

年表 1968 ～ 1972

＊舞台公演は初日のみを記す。映画は原則として封切り日とする。
＊月刊雑誌は厳密な発行日ではなく、「×月号」「×月×日号」と記された表記を採用する。

年表作製・四方田犬彦

1968年

・カセット式テープレコーダーの普及が始まる。
〈流行語〉　ハレンチ、サイケデリック、ハレハレ、失神女性、日和る、アングラ、ピーコック革命、フーテン、パンタロン、

1月 1日　『少年マガジン』で『あしたのジョー』（梶原一騎原作、ちばてつや画）の連載が開始（1973年5月まで）。

2日　「今年はチェ・ゲバラを記念する英雄的なゲリラ闘争の年となるだろう」（カストロ議長）。

3日　米軍がハノイ爆撃を本格的に開始。以後、ベトナム戦争が激化する。

14日　パレスチナの「アリファタ」がイスラエルのエラハト港を攻撃。

14日　東映任侠映画『博奕打ち・総長賭博』公開。三島由紀夫が絶賛。

17日　演劇実験室・天井棧敷による『新宿版・千一夜物語』（寺山修司作・演出、厚生年金会館小ホール）

21日　エンタープライズの佐世保入港をめぐり、反代々木系全学連が機動隊と激しい衝突。雑誌『映画の友』が3月号で廃刊。
佐世保闘争
「町内には多勢のパンパンが住んでいて、米兵の往来も激しかった。毎晩、隣家から大きなボリュームでジャズやロックンロールが流れてきた。祖父は何度も、うるさい、と文句を言いに行ったが、そのボリュームが下がることはなかった。/祖父は武器の話もしてくれた。軍刀やピストルはどうしたのか？　と私は毎回聞いた。アメリカに奪われたのだ、と祖父は答えた。」（村上龍「『場所』としての佐世保港」『村上龍全エッセイ　1987-1991』）

29日　東京大学医学部自治会が無期限ストに突入。アメリカの歳出合計の43％が軍事費となる。

30日　テト攻勢。南ベトナム各地に解放戦線と北ベトナム軍が激しい攻撃。

＊　思潮社が320円で「現代詩文庫」を発刊。田村隆一、谷川雁、岩田宏、清岡卓行……と、廉価版で詩集が読めるようになる。

2月 1日　南ベトナム軍将校が解放戦線兵士を路上で射殺する直前の写真が世界中に後悔され、のちにさまざまなアートの素材となる。

1日　小川知子「ゆうべの秘密」。

3日　大島渚『絞死刑』(創造社、ATG)。5月にカンヌ国際映画祭に出品され好評。「想像の中でやったのか、現実で本当にやったことなのかはっきりしないのです。」(在日韓国人である主人公Rの科白)。

5日　青山ミチ「叱らないで」を発表。

9日　岩波ホールが開場。

13日　日本で最初のサイケデリック・ショーのひとつ、「サイコデリシャス#1 インターメディア・ピース　アングラ・ポップ」が新宿で開催される。演出は数又紘一と金坂健二。伊藤ミカ、植草甚一、ガリバー、篠原有司男、ちだ・うい他。

20日　米陸軍王子野戦病院の開設に反対闘争が始まる。在日韓国人の金嬉老がライフル銃を片手に人質を連れ、寸又峡温泉に立て籠もる。

26日　成田空港反対集会で反対同盟と反代々木系全学連が警官隊と初めて激突。以後、土地を守る闘争が反権力闘争の色調を帯びるようになる。

27日　ラヴィ・シャンカール初来日。

＊　佐藤重臣、金坂健二、岡部道男によって、「ジャパン・フィルムメーカーズ・コーポラティブ」がこの頃結成される。

＊　大江健三郎『狩猟で暮したわれらの先祖』が『文芸』に連載開始。

3月 2日　劇団状況劇場『由比正雪』(唐十郎作・演出)が新宿・花園神社境内のテントにて、土曜日の夜ごとに公演。

7日　学校群制度の2年目。名門都立高の凋落。東京都では都立高校が私立受験校のすべり止めとなる傾向が出てくる。

10日　三里塚で空港反対同盟1,300人と三派系全学連2,000人、市民、労働者が機動隊と衝突。

12日　東大医学部による17人の処分に対し、撤回を求める学生側が大河内総長を囲み、徹夜の団交。

13日　上野・本牧亭でゼロ次元ほかによる「狂気見本市」。「ビタミン・アート」の小山哲生は林檎をいっぱい入れたバケツをもって登場。その上に脱糞し、林檎を次々と観客席に投げ込んだ。大混乱が生じる。

15日　ザ・タイガース、「花の首飾り」を発表。

16日　米軍が南ベトナムのソンミ村で大虐殺。

20日　「ハプニング『新宿・イン』が新宿のディスコLSDで開催される。〈告陰〉、青日海、ガリバーなどが参加。紫色の照明と騒音のなかで、観客たちに丸薬が配られる。原色のマネキン人形に付着しているソーセージを、出演者の女性たちが食べる。マネキンはやがて解体され、ストロボ照明のなかで場内は狂乱の雰囲気となる。

22日　パリ大学ナンテール分校を学生たちが占拠。

27日　台湾独立連盟の黄昭堂ら十人が、台湾に強制送還される留学生を奪還しようとして、羽田空港で逮捕される。

30日　TVアニメ『巨人の星』始まる。

＊　13歳の帷子燿が『現代詩手帖』投稿欄でデビュー。翌年に「現代詩手帖新人賞」を受賞。

＊　少年月刊誌『少年』の休刊。かわって青年漫画誌『ビッグコミック』『漫画ゴラク』『プレイコミック』などが、4月以降に次々と創刊される。

4月 1日　新宿西口に中央公園が完成。

4日　マーチン・ルーサー・キング牧師がメンフィスで暗殺される。ストークリー・カーマイケルはただちに武装闘争による報復を呼びかける。
王子闘争の激化にともない、投石を防止するため、歩道の敷石を剝がしてアスファルトに変える工事が始まる。

5日　新宿の伊勢丹7F特設会場にてヘンリー・ミラー絵画展。横尾忠則による蛍光塗料を多用した展示が話題を呼ぶ。

6日　ベ平連の月一度のデモが週一度となる。

6日　『ベトナムから遠く離れて』が新宿文化劇場で公開される。フランスの監督たちによるオムニバス映画。もっともゴダールだけはカメラを撮影し、撮影行為をめぐる政治性を観客に問いかける。

10～30日　〈EXPOSE '68〉「なにかいってくれ、いまさがす」が草月会館ホールで開催される。『デザイン批評』が共催。表題はベケットの戯曲より採られた。「いま、現代芸術は各分野にわたって激烈な変転にめぐりあっています。多層化し、微分化された時代の迷宮のなかで、芸術がはげしい変質をひきおこしている今日の状況に対し、私たちは、形骸と化した意識と感覚を変革させ、新しい環境との積極的な関係をつくりあげていくことが必要なのではないでしょうか。」とチラシにある。5日ごと、5日間にわたり、サイケデリック・ショー、飯島耕一の詩朗読、松本俊夫によるマルチ・プロジェクションのシネマ・モザイク、即興絵画と即興演奏などがなされ、中原佑介、針生一郎、東野芳明らの司会による共同討議がなされた。どの回も満席を通り越し、通路に人が立ち並ぶ盛況であった。

14日　哲学者ジャック・デリダが『朝日ジャーナル』で初めて紹介される。

16日　毛沢東主席がアメリカの黒人闘争を支持する声明。

23日　ニューヨークのコロンビア大学で、黒人差別に反対する学生が校舎を占拠。

26日　国際反戦デー。中核派は法政大学を出ようとして押し戻される。日比谷野外音楽堂で19,000人の反代々木系学生が集結。

＊　『3時のあなた』『キイハンター』がテレビ放映開始。東京12チャンネルが放送を開始。

＊　岡田史子が『ガラス玉』で、第1回COM新人賞を受ける。

＊　開高健『輝ける闇』の刊行。南ベトナム政府軍に従軍取材し、奇跡的に生還した実体験に基づいた長編小説。

＊　『月刊ビッグコミック』創刊。

5月 3日　ドゴール政権打倒を叫ぶ学生たちにより、パリで次々と大学が閉鎖され、〈五月革命〉が始まる。11日にはカルチェ・ラタンが火焔瓶と催涙弾で戦場と化す。

10日　「ディスコテーク・ムゲン」開場。

13日　三島由紀夫が東大駒場を単身訪問し、全共闘と対話。三島は「天皇っていう言葉を口にしただけで共闘する」「諸君の熱情は信じます」と発言。

19日　パリは全市にわたり機能停止となる。24日には市街戦となる。

21日　「人民日報」は世界各国の学生運動と中国の文化大革命を評価。

25日　羽仁進『初恋・地獄篇』（羽仁プロ、ATG）。

26日　ナイジェリアとビアフラの和平会談が決裂。ビアフラの飢餓が深刻化。

27日　西ベルリンで学生がゼネスト。テレビ局の屋上に赤旗を掲げる。

31日　日大生3万人が大衆団交要求のデモをする。

＊　ローリング・ストーンズの「ジャンピング・ジャック・フラッシュ」がシングルカット。

6月 1日　「ダダ展　世界のダダ運動の記録」が東京国立近代美術館で開催される。勅使河原宏『燃えつきた地図』が公開。

4､5､7日　武満徹・一柳慧の企画で「オーケストラ・スペース68」が東京文化会館などで開催。

5日　アメリカでロバート・ケネディ議員が撃たれ、翌日に死亡。

7日　土方巽公演『土方巽と日本人』（日本青年館）。細江英公写真集『鎌鼬』も同時期に現代思潮社より刊行される。

10日　つげ義春『ねじ式』。

11日　日本大学で全共闘の大集会。はじめてヘルメットが出現する。翌日、2,000人による大学占拠。

12日　鈴木清順解雇反対抗議デモが日比谷で行われる。

15日　ザ・テンプターズ、「エメラルドの伝説」を発表。

15日　東大医全学闘・医学連が安田講堂をバリケード封鎖。

17日　旧山谷地区で2000人がマンモス交番を包囲し投石。

19日　日大全共闘が大学本部をバリ封鎖。芸術学部などを占拠。

19日　カンヌ映画祭がトリュフォーらによって中止に追い込まれる。

20-24日　東大で全学スト。

21日　三派全学連が駿河台を占拠。

26日　新宿で20,000人のデモ。学生たちは線路に降り、駅構内で集会。東京教育大で筑波移転反対のスト突入。

27日　チェコスロヴァキアで知識人70人による「二千語宣言」。

29日　ソ連作家同盟は反ソ宣伝ゆえに、ソルジェニーツィンを非難。

29日　花園神社での公演を許可されなくなった唐十郎が、由比正雪の扮装をしてビラを撒き、「新宿見たけりゃ　今見ておきゃれ　じきに新宿　原になる」と捨て台詞を吐く。

30日　新宿駅東口のフーテン族が、花園神社でのハプニング大会中止もあって、派出所に投石。

＊　津村喬が「7・7（芦溝橋事件）31周年早大宣言」において、日本国民は歴史の原罪を無視してきたと批判し、「日本人」は「中国人民・アジア人民」に対し、政治的な責任を負っていると発言する。

＊　文化庁発足。初代長官に今日出海。

＊　大庭みな子『三匹の蟹』。

＊　「芸術そのものが芸術と呼ぶにはあまりにも無名ななにものかになろうとする。環境造型という課題に現代における芸術の未知の可能性がひそめられているのではなく、むしろこの無名なものへ向かう緊張のみが今日、芸術を支えている、というべきなのだ。自己同一性を拒否して、つねに無名なものへ向かおうとするこのたえざる自由への欲望、それこそが観念の動きにほかならないのであり、芸術はたえず観念にさかのぼって、その都度、自らの存在を確認しなければならないのである。」（宮川淳「芸術の消滅は可能か」）

7月 1日　前年にボリビアで殺害されたチェ・ゲバラの日記が、ハバナで刊行される。

13日　日経ホールで鈴木清順問題共闘会議結成大会。

7日　参院選で石原慎太郎、青島幸男、今東光、横山ノックらが当選。

8日　三派全学連から中核派が離脱。残余の派は四派に分裂。

9日　山谷で抗議集会の後、警察への投石。

17日　「EXPOSE　1968『変身、あるいは現代芸術の華麗な冒険』」が草月会館ホールで開催される。粟津潔がプロジェクション・デザインを披露。宮井睦郎がシネ・ハプニング。横尾忠則と一柳慧がTVによる映像のコラージュ。松本俊夫が自作映画の上映。富岡多恵子や長谷川龍生らが詩を朗読。

7月19日　「反戦と解放展」が村松画廊をはじめ3画廊で連続して開催される。作品の売上はベトナムに送られ、医療品購入に充てられた。赤瀬川原平が星条旗と日の丸の合体した「天下泰平旗」を出品。

20日　ピンキーとキラーズの初のシングル「恋の季節」が発売。オリコン・チャートで17週にわたり第1位。270万枚が売れ、パンタロンにボウラーハットのピンキーは、一躍大人気となる。

20日　全学連大会が社学同各派、社青同の覇権争いで流れる。

26日　「反戦と解放展」実行委員会主催で、集会「美術から遠く離れて」（厚生年金会館小ホール）。

26日　『動物園物語』（エドワード・オールビー作、荒川哲夫演出、アンダーグラウンド蠍座）。

30日　メキシコシティーで3,000人の学生が火炎瓶を投げ、警官隊と衝突。

＊　パリの五月革命を目の当たりにした五木寛之が、帰国後に『デラシネの旗』を発表。

＊　宮谷一彦が『COM』に「セブンティーン」を発表。

8月 3日　芦川羊子第1回リサイタル。

8日　札幌医大病院で日本初の心臓移植手術。共産主義者同盟赤軍派結成総会。

21日　サイモンとガーファンクル「サウンド・オブ・サイレンス」がCBSソニーレコード第1回新譜として発売され、大ヒット。

21日　ソ連・東欧軍がチェコスロヴァキアの全土を占領。プラハでは抵抗運動。

26日　宇野亜喜良がTV「11PM」で、ボディ・ペインティングを制作。

26日　『平凡パンチ』に「世界一の男性」を決める「ミスター・インターナショナル」の最終結果発表が掲載される。第1位、ドゴール大統領。第2位、三島由紀夫。第3位、ホー・チ・ミン、第4位、松下幸之助。第5位、バーナード博士（世界初の心臓移植に成功）。第6位、ジョン・レノン。第7位、石原慎太郎。第8位、毛沢東。第9位、ストークリー・カーマイケル（ブラック・パンサー指導者）。第10位、フィデル・カストロ。

27日　松竹映画『男はつらいよ』第一作が公開。

28日　東大医全学闘が医学部本館を封鎖。

＊　三島由紀夫『文化防衛論』。

＊　『少年ジャンプ』創刊。永井豪が「ハレンチ学園」を連載開始。

＊　ビートルズ「ヘイ・ジュード」がリリースされる。

9月 3日　天井棧敷『書を捨てよ町へ出よう』（ハイティーン詩人グループと寺山修司作）が新宿厚生年金小ホールで公演。

5日　岡林信康の「山谷ブルース」「友よ」がシングルリリース。

8日　『朝日ジャーナル』連載「現代の偶像」が、マルクーゼ、マルコムX，ポール・ニザン、吉本隆明……の順で開始される。

14日　東映で藤純子主演『緋牡丹博徒』シリーズが始まる。

20日　加藤周一自伝「羊の歌」「続・羊の歌」（『朝日ジャーナル』連載）が完結し、岩波新書として刊行される。

21、28日　劇団状況劇場『続ジョン・シルバー』（唐十郎作・演出）、新宿シアター・ピットインにて。

26日　政府は水俣湾周辺と阿賀野川流域での水俣病を、メチル水銀化合物による公害病と認定。

28日　メリー・ホプキン「悲しき天使」がアップル・レコードよりシングルカット。世界的ベストセラーとなる。日本では森山良子らがカバーバージョンを歌う。

29日　日大校舎占拠のため出動した警官が、頭部に重傷を負い死亡。学園紛争における最初の死者。

30日　日大全共闘は大学側と大衆団交をし、全理事の退陣確約書に署名をさせる。翌日に大学側はそれを撤回。

＊　「ジャパン・フィルムメーカーズ・コーポラティブ」発足。

10月 4日　ザ・ドリフターズの「8時だョ！　全員集合」がTV放送開始。

5日　ザ・タイガースはシングル「廃墟の鳩／光ある世界」をリリース。沢田研二は札幌の旧海軍基地へ、加橋かつみは広島の原爆ドームへ、キャンペーンに向かう。11月に発表されたLP『ヒューマン・ルネッサンス』に際しては、「沖縄のティーンと平和の手をつなごう」「ベトナムの空に平和の鳩をとばそう！」と談話を発表。

5日　三島由紀夫が「楯の会」を結成。

8日　羽田闘争1周年で反代々木系が新宿駅構内に乱入し、電車がストップ。

9日　新宿商店街は都と区に、歩道の敷石をアスファルト舗装に変えるよう陳情。

11日　東京プリンスホテルにてガードマンが射殺される。連続射殺魔による犯行の始まり。犯人の永山則夫は1969年4月7日に逮捕され、後に死刑となる。

12日　岡本喜八『肉弾』(「肉弾をつくる会」、ATG)が公開される。

16日　メキシコ・オリンピック、陸上男子200m表彰式で、第1位と第3位のアメリカ黒人選手が片手を高く掲げ、人種問題への抗議の姿勢をとる。

17日　川端康成がノーベル文学賞を受ける。

21日　国際反戦デーで16大学がバリ封。防衛庁や国会の前でデモ。新宿駅では線路が破壊され、放火が相次ぐ。騒乱罪が適用された。

23日　明治百年記念式典。

31日　ジョンソン大統領は北爆を全面停止し、パリ会議にサイゴン政府とともに南ベトナム解放戦線を参加させると声明。

＊　『吉本隆明全著作集』(勁草書房)の刊行開始。

＊　小川紳介『日本解放戦線・三里塚の夏』。

＊　草月アートセンターで第1回「フィルム・アート・フェスティバル東京1968」開催。85本の応募作のなかから、麻布高校2年の原正孝(將人)の『おかしさに彩られた悲しみのバラード』が入賞。時を同じくして『季刊フィルム』と『シネマ68』が創刊。
「その時、突然、ぼくらは、今日の世界の迷路の真只中で、〈もうひとつの映画〉への意志にめざめていた。映画を観念として、理論として、思想として、感覚として、行動としてぼくらの生活の次元に放ち、映画の中にみずからとびこみ、その無限の無方向性の中であがきつつ、ぼくらは、まず、季刊〈フィルム〉を創った。もちろん、それは万里の長征の第一歩にしかすぎない。／今日、芸術のジャンルは崩壊し、相互に混合と拡大を求めあう苦悶(アゴニー)が世界をゆさぶっている。それは、〈創造〉という美しい錦の御旗の下で、単に状況(反状況的イデオロギーをも含めて)に対応していた芸術というものの死を意味する。ブレヒトのメッセージを、今日、ぼくらなりに敷衍すれば、世界をその変化と変革の中で捉えない限り、世界を芸術によって再生することはできないということだ。／芸術ジャンルの境界を破壊し、そして、芸術そのものを〈仮象〉や〈虚構〉から脱出させる、その変革的機能において、映画ほど、今日の迷宮世界に突き刺さる強力な武器はないはずだ。ぼくらは、映画を芸術として限定はしない。映画を、ひとつの、ワルター・ベンヤミンのいう〈破壊的性格〉として捉え、所有するのだ！　(……)来たれ、大いなる魂よ！　ぼくらはきみをよぶ。きみをまねく。」(『季刊フィルム』創刊号発刊のことば)

＊　澁澤龍彦責任編集による『血と薔薇』（天声出版）の創刊。
「一、本誌『血と薔薇』は、文学にまれ美術にまれ科学にまれ、人間活動としてのエロティシズムの領域に関する一切の事象を偏見なしに正面から取り上げることを目的とした雑誌である。したがって、ここではモラルの見地を一切顧慮せず、アモラルの立場をつらぬくことをもって、この雑誌の基本的な性格とする。
一、およそエロティシズムを抜きにした文化は、蒼ざめた貧血症の似而非文化でしかないことを痛感している私たちは、今日、わが国の文化界一般をおおっている衛生無害な教養主義や、思想的事大主義や、さてはテクノロジーに全面降伏した単純な楽天的な未来信仰に対して、この雑誌をば、ささやかな批判の具たらしめんとするものである。エロティシズムの見地に立てば、個体はつねに不連続であり、そこに連続の幻影を垣間見るにもせよ、一切は無から始まるのであり、未来は混沌とした地獄のヴィジョンしか生まないであろう。」（『血と薔薇』宣言）

11月 1日　写真誌『PROVOKE』が創刊。創立時の同人は中平卓馬、高梨豊、多木浩二、岡田隆彦。2号より森山大道が加わる。副題に「思想のための挑発的資料」とあり。1969年3月に第2号。8月に第3号。1970年に同人たちの写真と批評をまとめた『まずたしからしさの世界をすてろ』を刊行。

5日　ニクソンがアメリカ第37代大統領となる。

8日　日大芸術学部で大乱闘。

17日　「万博粉砕！　建築家総決起集会」が小野雄一、宮内嘉久らを中心に開催され、その後に銀座をデモ。

21日　東大正門前でカーネーションを胸にさした、割烹着姿の母親たちが、学生たちにキャラメルを配る。「キャラメル・ママ」の呼称は後にロックグループの名称となった。

22日　今村昌平『神々の深き欲望』が公開される。

22日　ビートルズが『ホワイト・アルバム』を発表。

22日　東大構内で8000人の学生が、東大・日大闘争勝利総決起集会。正門に赤旗が翻る。駒場祭では「とめてくれるな　おっかさん　背中のいちょうが泣いている　男東大どこへ行く」（橋本治）のポスターが話題に。

23日　『マルキ・ド・サドの演出のもとにシャラントン精神病院患者たちによって演じられたジャン＝ポール・マラーの迫害と暗殺』（ピーター・ブルック監督）が新宿文化で公開。

24日　三里塚で空港粉砕全国総決起集会。8000人のデモ。

25日 「ロンドンはいま、かわいらしいお化けたちでいっぱいです。このお化けの出る所は、もっぱら“KING' SROAD”という所。それと、夜はブルースの聞けるクラブです。とりあえずチェルシー区はキングス・ロードの午後の散歩に出てみたまえ。あの店このカフェ、表通りにもいくつかあるスクエアにも、バス停にもドラッグ・ストアにも、かわいらしいお化けさんがいっぱいいる。ロンドンという所は、以前から極端な風俗が、突然飛び出すといわれている。確かにミニ、モズ、ミリタリー、キンキーなどなど、ロンドンが生んだ風俗は多い。ビートルズを頂点とするさまざまな思潮、風俗も入れるなら、現代の若者にとって、気になる事象のほとんどすべての源が、イギリス―ロンドンに発しているとさえ思えてくるほどである。」(「小林泰彦のヨーロッパ便り2」、『平凡パンチ』)

＊ TVで前田武彦、芳村真理の「夜のヒットスタジオ」が人気を呼ぶ。コント55号の目覚ましい活躍。

＊ 第6回東京国際版画ビエンナーレで野田哲也が国際大賞。野田と横尾忠則の作品をめぐって、デザインと版画とは何かをめぐり論争が生じる。

12月 3日 アメリカで特別TV番組「エルヴィス」が放送され、エルヴィス・プレスリーが7年ぶりに観客の前に現れる。みごとなカムバック。

10日 府中刑務所付近で3億円を積んだ現金輸送車が何者かによって奪われる。東大駒場構内で革マル派と社青同解放派の対立が激化。

21日 アポロ8号が打ち上げられ、27日に3飛行士が月から生還。毛沢東が紅衛兵に農村への下放を指示。

29日 東大入試中止が決定。

＊ 滝田ゆうが『ガロ』に「寺島町奇譚」を連載開始。

1969年

・ジョージ・秋山の『アシュラ』『銭ゲバ』における残酷描写が問題とされる。

・『少年マガジン』が150万部を超す。

・長野千秋が『O氏の肖像』で大野一雄を撮影。自宅の庭、勤務先だった女子高のボイラー室、東京湾の無人島、横須賀などで撮影。3年間にわたり、3部作として完結する。

・小沢昭一が『私は河原乞食・考』(三一書房)で、まんざい、猿まわしからストリップまで、日本の放浪芸についての考察を披露。

・原口典之が米軍戦闘機を実物大に再現した、巨大なオブジェ「スカイホーク」を完成。

・「既成の自己を否定し、日常性を破壊し、日常への退路を断ちバリケードを築いたとき、バリケードの内側には非日常的空間が構成されたのではなかった。そこに

は、あらゆる意味とチリをはらった、日常的空間が構成されていた。」 彦坂尚嘉『反覆――新興芸術の位相』（田畑書店、1974）より

・サイケデリック・プリントのシャツなどが流行する。ミニスカート、パンタロン、長いヴェストに大きな帽子が女性のファッションとなる。肌が透けて見えるシースルーが登場。

・寺山修司が全国の少女たちに詩の投稿を求めて編纂した『あなたの詩集』が、新書館のFLS（フォア・レディース・シリーズ）の一環として刊行される。第1巻は『99粒のなみだ』。第2巻は『半分愛して』。このシリーズは評判を呼び、以後10年の間に15巻までが刊行され、そこから岸田理生、伊東杏里が輩出した。

1月 2日　一般参賀に現れた昭和天皇に向かって、元陸軍二等兵の奥崎謙三がパチンコ玉4個を撃つ。「ヤマザキ、天皇を撃て！」という奥崎の叫びは、後に彼の著書の題名となった。

3日　状況劇場の新宿中央公園での無許可公演『腰巻お仙・振袖火事の巻』に200人の機動隊が結集。唐十郎は別の場所で公演を行うと見せかけ、陽動作戦でテント公演を強行。無許可公演として逮捕される。

18日　新左翼の学生たちが神田・駿河台一帯の街路を占拠し、「神田カルチェラタン」と呼ぶ。

19日　道浦母都子が神田・お茶の水方面での東大闘争支援デモに参加。疲労困憊して戻った下宿先で、「炎あげ地に舞い落ちる赤旗に我が青春の落日を見る」と詠む。「朝日歌壇」がこの歌を取りあげたことで、彼女は歌人としての道を歩むことになる。

19日　東大安田講堂が、打ち続く放水と機動隊の突入によって落城。事前に逃亡した革マル派は、以後は全共闘から排除される。講堂落城を境として、全国の大学に次々と機動隊が導入される。1年をかけて、44大学50回の封鎖解除がなされる。法学部教授丸山眞男は破壊された自分の研究室に入り、懐中電灯でうす暗い室内を照らし出す。「床にばらまかれ、泥に汚れた書籍や文献を一つ一つ拾いあげ、わが子をいつくしむように丹念に確かめながら、「建物ならば再建できるが、研究成果は……。これを文化の破壊といわずして、何を文化の破壊というのだろうか」とつぶやいていた。」（「毎日新聞」）

29～30日　全国で大学闘争の激化。東工大、横浜国大、京大教養、阪大教養などが次々と無期限ストへ突入。

30日　支路遺耕治が『疾走の終り』（他人の街社）を刊行。翌年に増補版も。

＊　野間宏、堀田善衛、野坂昭如など611人の文化人が東大全共闘支持の声明。

＊　平岡正明「バリケードはまず具体物だ。バリケードを恐怖して眺める者は敵だ。（略）都市には不用物が多すぎる。今すぐ無数のバリケードをつくれ。」（『現代詩手帖』1月号巻頭言）

＊　小学1年生の皆川おさむが「黒ネコのタンゴ」を歌う。彼はタンゴとは猫の名前だと思っていた。

＊　佐々木マキが『ガロ』に「ヴェトナム討論」を発表。

＊　さいとうたかをが『ビッグコミック』に「ゴルゴ13」を連載開始。

＊　東由多加が「東京キッドブラザース」を旗上げ。

2月 1日　『緋牡丹博徒・花札勝負』に藤純子が主演。

3日　高松次郎が前年の秋より秋川渓谷と多摩川河原で孤独に番号を施してきた大量の石が、『石と数字』と題して、銀座の東京画廊に展示される。

12日　日大芸術学部の封鎖解除。18日には日大のすべてのバリケードが解除される。その後、中大、関西学院大、立命館大、阪大などでバリケード封鎖が開始される。

15日　大島渚『新宿泥棒日記』（創造社）。主演は横尾忠則と横山リエ、状況劇場。前年6月の交番投石事件以降の新宿を、同時進行形で捉えたフィルム。

21日　東京外国語大学仏語科全教員が全共闘支持を表明。

25日　大阪の茨木高校、阪南高校で卒業式をめぐり紛争。3月には卒業式粉砕闘争が全国の高校に燃え広がる。

28日（27日？）　新宿西口広場で、数人の若者が突然にギターを奏で、歌い出す。3月に入ると、この「フォークゲリラ」は土曜日の6時ごろに定期的に登場することになる。かくして反戦フォーク集会が盛んとなる。

＊　カルメン・マキ「時には母のない子のように」（寺山修司作詞）が大ヒット。

＊　美学校が創設される。

＊　写真集『日大闘争』刊行。これ以後、学生運動を記録した写真集が次々と出版される。

＊　カーレーサー福澤幸雄の死。

3月 5日　加橋かつみがザ・タイガースを脱退。

10日　由紀さおり「夜明けのスキャット」がリリース。

29日　「万博反（アンチ）狂気見本市（または反万博狂気者大会ショー）」が京都で開催される。ゼロ次元、金坂健二、秋山祐徳太子、8ジェネレーション、告陰など、関西と関東の反万博派アーティストが結集。

31日 「全共闘は、少しカッコよすぎる。そのカッコよさに溺れたとき、たしかに、その志は単なる風俗、流行になってしまうだろう。しつこく、いやらしく、薄汚くて、裏切りも寝首かくことも辞さないのが、革命家、ゲリラの闘士ではないか。」(野坂昭如「文句はいうべし17　もっとカッコ悪くなれ」、『平凡パンチ』)

＊ 埴谷雄高「象徴のなかの時計台」。

＊ ジョン・レノンとヨーコ・オノがアムステルダムのホテルでベッドイン。

＊ 全国56の高校で卒業式に騒動が起きる。都立武蔵丘高校では機動隊が出動。

＊ 劇団天井棧敷が渋谷に地下劇場を開設。

＊ 「日本読書新聞」で労働争議が発生。執筆者共闘ができる。

＊ 赤塚不二夫の『もーれつア太郎』に「ニャロメ」なるキャラクターが登場。

＊ 高橋和巳助教授が京都大学を辞職。

4月 7日 連続射殺魔の永山則夫が逮捕される。

15日 「水俣病を告発する会」が発足。

20日 華僑青年闘争委員会（華青闘）の李智成（在日台湾人）が出入国管理法案と外国人学校法案に抗議して服毒自殺。ベトナム反戦を叫びながらも、現実の在日アジア人の困難な状況に目を向けてこなかった新左翼運動に対する批判が、その死には込められていた。

25日 金井勝の『無人列島』がATG新宿文化で上映。

28日 入学式前夜の京都大学奥田講堂で、『平凡パンチ』が全共闘学生たちとヌードモデルをともに撮影し掲載。

30日 フランスに先駆け、ジョルジュ・バタイユ著作集（二見書房）の刊行が始まる。

＊ 若松孝二『処女ゲバゲバ』(若松プロ)。

＊ 宮谷一彦が私生活同時進行漫画「ライク　ア　ローリング　ストーン」を『COM』に連載開始。

＊ 岩成達也が第一詩集『レオナルドの船に関する断片補足』(思潮社）を刊行。

5月17日 機動隊が新宿西口広場でのフォーク集会を、道路交通法違反の疑いでひとたび禁止する。もっとも2,000人の群衆はこれに抵抗。逆効果を生む。

20日 立命館大で「わだつみの像」が破壊される。

23日 神田カルチェラタン闘争。

24日 篠田正浩『心中天網島』(表現社、ATG)。

24日　新宿西口のフォーク集会は、メディアに報道されたおかげでさらに膨れ上がり、3,000人の集会となる。

26日　東名高速道路が全通。

29日　「全共闘を支持する大学教師200人、大学を告発する」集会が開かれ、高橋和巳、折原浩、天沢退二郎、安東次男らが参加。

29日　警察のパトカーのサイレンが「ウ～ウ～ウ」から「パフパフパフ」に変わる。

＊　『季刊写真映像』が創刊される。

＊　庄司薫が『中央公論』に「赤頭巾ちゃん気をつけて」を発表。芥川賞を受賞し、160万部のベストセラーとなる。

＊　「どんな感情をもつことでも、感情をもつことは、つねに、絶対的に、ただしい。」平岡正明『ジャズ宣言』（イザラ書房）が刊行される。

＊　中上健次が「犯罪者永山則夫からの報告」を同人誌『文藝首都』8月号に発表。

6月 8日　万博粉砕ブラック・フェスティバルが池袋アートシアターで開催される。秋山祐徳太子、ゼロ次元、告陰など多数の参加を見る。

8日　ニクソン大統領はベトナムからの撤兵開始を宣言。

10日　秋山祐徳太子、水上旬、「ゼロ次元」らによる「万博粉砕共闘派」が、京都大学教養学館Ａ号館屋上で全員全裸となり、片手を挙げるというハプニングを行う。

24日　立命館大学文学部の高野悦子が自殺。大学闘争の挫折と失恋が原因。日記が1971年に『二十歳の原点』として刊行されるやベストセラーとなり、映画化される。

28日　新宿駅西口地下広場で7,000人の反戦フォーク集会。集会の後、郵便番号制度導入に反対するデモ隊が地下広場交番を襲撃。機動隊がガス弾を発射。乱闘が生じる。

＊　新谷のり子「フランシーヌの場合」が大ヒット。パリの五月革命で自殺した女性を歌うが、すべてフィクション。

＊　ATG新宿文化でゴダール『中国女』が公開。ポスターは粟津潔。

＊　「映画が本来、反政治的な形式でありながら、同時にきわめて革命的であることは、〈ジャズが綱領なき革命〉であるのに似ている。それは、作り手と受けとり手とのあいだのたった一布のスクリーンを国境として、幻想が密入国しながら変容してゆくことにはじまる内的な歴史である。」（寺山修司、『季刊フィルム』3号）

＊　ミュージカル『ヘアー』日本語版の脚本演出を松竹から委託された寺山修司が、オーディションを行う。ヒッピー風長髪の若者が300人ほど集まる。

＊　日本イラストレーター会議発足。

＊　佐々木マキが『朝日ジャーナル』に連載を開始。手塚治虫が激怒して、狂人呼ばわりをする。

＊　高橋和巳「わが解体」が『文藝』に連載開始。

＊　文芸雑誌『海』が中央公論社から創刊。「発刊記念号」で編集長の近藤信行は、文学の「世界史的同時性」を宣言。武田泰淳『富士』、辻邦生『背教者ユリアヌス』などの連載が開始される。『海』は純文学雑誌ではあったが、セリーヌ、ピエール・ド・マンディアルグ、ボリス・ヴィアンなどの特集を組む。この路線は1971年に塙嘉彦が編集長となり、さらにラディカルなものとなる。

＊　忘れられた「探偵小説家」夢野久作の全集が三一書房から刊行開始。続いて久生十蘭、小栗虫太郎といった「異端」文学者の復権がなされる。

＊　國學院大学映研によるドキュメンタリー映画『飢餓の饗宴』が完成。68年の「10・8新宿米タン阻止闘争」から「安田トリデ攻防戦」までを収め、「その間の闘争を通して11人の映研のメンバーが自己変革し成長していく姿」を描く。

＊　青山デザイン専門学校（校長久里洋二）がバリケード封鎖される。講師石子順造の先導によって自主講座が開催され、上野昂志、松田政男、平岡正明、竹中労、刀根康尚などが参加する。

＊「現在の政治的状況は、芸術の無責任さを政治へ導入し、人生すべてがフィクションに化し、社会すべてが劇場に化し、民衆すべてがテレビの観客に化し、その上で行われることが最終的には芸術の政治化であって、真のファクトの厳粛、責任の厳粛さに到達しないというところにあると言えよう。」（三島由紀夫『若きサムライのための精神講話』、『ポケットパンチOh！』）

＊　べ平連による『週刊アンポ』ゼロ号が出る。新宿西口広場のフォーク集会の折り込みソノシートつき。逮捕時の黙秘の仕方など情報満載。

7月 1日　浅川マキが「夜が明けたら」を歌う。
弘田三枝子が『人形の家』でカムバック。『ミコのカロリーBook』がベストセラーとなる。

5日「畸形三派狂乱大集会」が小倉労働会館で開催され、「告陰」のメンバーが観客席に大便をつけた花を投げる。その後、秋山祐徳太子をはじめ、「告陰」「ゼロ次元」のメンバー、フーテンのボスらが次々と逮捕される事態が続く。

12日　新宿西口広場のフォーク集会に7,000人が集まる。

14日「フォークゲリラの歌姫」、山本晴子が逮捕される。

18日　庄司薫が『赤頭巾ちゃん気をつけて』で芥川賞を受ける。ベストセラーとなり、映画化される。

18日　新宿駅西口広場が「通路」と呼び替えられ、道路交通法の適用空間となる。立ち止まることが禁止される。翌日、フォーク集会は機動隊に封じ込められ、終わりを告げる。「フォークゲリラ」の5人が逮捕され、2名が起訴される。

20日　アポロ11号が月面着陸（日本時間では21日）。

24日　東京教育大評議会は筑波移転を正式決定。

26日　大島渚『少年』（創造社、ATG）。

＊　「詩と批評」の雑誌『ユリイカ』が青土社より復刊。扉のコラージュを植草甚一が担当。

＊　渋谷公園通りの東京山手教会地下に「ジャンジャン」がオープン。舞台の左右に200ほどの客席をもつ、ユニークな造りの小劇場。

＊　『しかし‥からの出発　十七歳は告発する』（ノーベル書房）。

＊　中上健次が『文藝』8月号に短編「一番はじめの出来事」を発表し、文壇デビューを飾る。

＊　東京大学大学院生の藤井貞和が『展望』に「バリケードの中の源氏物語」を寄稿。

＊　佐々木守、足立正生、平岡正明、松田政男、岩淵進らが「批評戦線」を結成。永山則夫の足跡をロケバスで追う。後にそれは共同制作フィルム『略称・連続射殺魔』に結実する。

8月 7日　「反戦のための万国博」（ハンパク）が大阪城公園で開催される。関西ベ平連が中心となり、200団体が参加。

9日　チャールズ・マンソン一味が女優シャロン・テートを殺害。

15日　3日間にわたりウッドストック・フェスティヴァル。最終日にジミ・ヘンドリックスがアメリカ国歌を演奏し、ギターを燃やす。

28日　共産主義者同盟赤軍派が城ヶ島にて結成。議長に塩見孝也。軍事委員長に田宮高麿。

＊　フランス文学者の天沢退二郎が『現代詩手帖』でつげ義春の『ねじ式』を絶賛。

＊　草月会館で行われていた日宣美審査会に美共闘と粉砕共闘会議の学生たちが乱入し、審査員たちに自己検証を求め、要求書を突きつける。展覧会は中止となる。

9月 3日　浦山桐郎の『私が棄てた女』が公開。

5日　全国全共闘連合結成大会が、山本義隆（東大）を議長に、秋田明大（日大）を副議長にして開かれる。日比谷野外音楽堂に約1万人が集まる。もっともこの時、山本が逮捕されたため、全共闘運動は新左翼各派の共闘組織以上の意味を持たなくなる。

10日　『真情あふるる軽薄さ』（清水邦夫作、蜷川幸雄演出、ATG）。

13日　松本俊夫『薔薇の葬列』（松本プロ、ATG）。日本で最初にテーマとしてのゲイを取り上げた画期的なフィルム。主演のピーターが話題を呼ぶ。

14日　バリケード封鎖中の都立青山高校に機動隊が導入される。

18日　芝浦工大構内で内ゲバによる最初の死者。

20日　京大全共闘の時計台闘争が始まる。

23日　岡林信康、労音コンサートを前に蒸発。

26日　演劇センター68/70『翼を燃やす天使たちの舞踏』（佐藤信演出）が移動テントで全国を廻る。

26日　ビートルズが『アビー・ロード』を発表。日本版は10月21日に発売。

＊　藤圭子が「新宿の女」でデビュー。

＊　若松孝二『ゆけゆけ二度目の処女』（若松プロ）。

＊　後藤明生が『笑い地獄』『私的生活』を同時に刊行。「内向の世代」の小説家として活躍を始める。

10月 7日　文部省が高校生の校内デモと集会を禁止する通達を送る。11月に高校闘争は収束の方向へと向かう。

7日　日本テレビで『ゲバゲバ90分！』が放送開始。都会風の衝突のノンセンスで、土臭い庶民の笑いが売り物の『8時だョ！　全員集合』と鎬を削る。

10日　安保粉砕・佐藤訪米阻止の統一集会に10万人が結集。

14日　草月アート・センターの「フィルムアート・フェスティバル」が粉砕される。150本余の公募作品は上映されず。粉砕を先導したのは杉並シネクラブと金坂健二、おおえまさのり、原将人。当日午後4時ごろ、約30名の反対派が乱入。反対派は事前に警察に通報するという挑発行為を行っていた。会場側は権力の介入による混乱のエスカレートを予想し、フェスティバルを全面的に中止する。「フェスティバルはできなかったが、いぜん私に解決を迫ってくるのは、商業映画館ではまず見ることのできないああいう映画を心から見たがっている観客、あるいはまた、普段なかなか発表の場がないため、ぜひそういうチャンスに自作を大勢の人に見せたいと思っている無名の作家たち、しかもそこにこそ映画変革の貴重なエネルギーを秘めたそれらの高揚しつつある欲求を、いったいどうしたらいいのかということである。」（松本俊夫「週刊読書人」11月17日）

15日　森内俊雄が『幼き者は驢馬に乗って』で「文學界新人賞」を受ける。

21日　国際反戦デー。社共両党、総評が全国600カ所で統一行動。86万人が参加。新宿は暴徒により、文字通りの戦場と化す。

25日　一柳慧構成『オペラ・横尾忠則を歌う』（LP2枚組）が発売される。

31日　石井輝男の『恐怖奇形人間』が封切られる。土方巽が出演。

＊　武田泰淳『富士』が『海』に連載開始。

＊　第6回パリ青年ビエンナーレで横尾忠則《責場》がグランプリ受賞。

＊　8年の裁判の後、マルキ・ド・サド『悪徳の栄え』（澁澤龍彦訳）に有罪判決が下る。

＊　「芸術行為とは何であるかを考えてみよう。フェスティバルという体系の中で賞という空洞の権威を受け、一等賞、二等賞といった序列をつけることは、芸術行為の本質とどう交わるというのか。芸術行為はそのような体系とは全く無縁のところに存在する。絶対自由を、自由であるべき人間の証しを果てしなく求めていく場としての芸術と、フェスティバルという審査によるヒエラルキーと、管理と運営とは全く相反する。絶対に相入れないものである。」（「フィルムアート・フェスティバル東京'69ボイコット宣言」）

＊　高校闘争が頂点に達する。都立高では九段、日比谷、玉川、駒場、文京、立川がバリケード封鎖を行う。竹早が全校集会。葛西工業がハンスト。いち早くバリケード闘争を開始していた青山に機動隊が導入され、生徒たちと反戦高協のメンバーが火焔瓶で応酬。

11月 1日　基地内で反戦ビラを撒いた自衛隊の小西誠三曹が逮捕される。

5日　大菩薩峠の「福ちゃん荘」で軍事訓練中の赤軍派53人が逮捕される。

12日　池袋東武百貨店で三島由紀夫展。

16日　佐藤訪米阻止闘争。蒲田駅付近で1300余人の逮捕者が出る。翌日、佐藤栄作首相は羽田空港から訪米。

17日　『週刊アンポ』創刊。編集発行人は小田実。表紙は粟津潔。
「何？　『週刊アンポ』とは、何なのでしょう。雑誌です。たしかに、雑誌です。しかし、たんに、雑誌ではありません。これは道具です。武器です。パン種です。パンそのものです。そして、力です。（……）『人間の渦巻』をつくり出すことが必要です。不可欠です。『週刊アンポ』は、その『人間の渦巻』をつくり出すための道具です。」（巻頭言、匿名）。

＊　池袋にファッションビルのパルコ1号店がオープン。

12月 5日　ロック・ミュージカル『ヘアー』が渋谷の東横劇場で上演。キャストにはカーナビーツのポール岡田、元ザ・タイガースの加橋かつみ、さらに後に「ガロ」「青い三角定規」を結成する者たちがいた。当初は寺山修司脚本演出の予定であったが、冒険を恐れる松竹は途中で彼を解雇。東京公演終了後に、俳優たちは次々とマリファナ吸飲の容疑で逮捕される。

12日　天井棧敷と状況劇場が祝儀の花輪をめぐり乱闘事件を起こす。

15日　田村隆一責任編集の文芸誌『都市』（都市出版社）が創刊。沼正三の『家畜人ヤプー』が刊行される。「みづからは何ものをも意味しないのに、存在すること自体が価値であるといったものがこの世界にたしかにありうる。」（吉本隆明「都市はなぜ都市であるか」）

22日　横浜国立大学で授業が再開され、長期紛争校の数がゼロとなる。

＊　足立正生、松田政男、佐々木守らの共同制作フィルム『略称・連続射殺魔』が完成。永山則夫は登場せず、彼が幼少時より逮捕されるまで眺めていた風景の映像のみで構成された特異な作品。もっとも公開は1975年。

1970年

・藤圭子「圭子の夢は夜ひらく」

・真樹日佐夫・影丸譲也『非情学園　ワル』が『少年マガジン』に連載。

・吉増剛造『黄金詩篇』、飯島耕一『私有制にかんするエスキス』、白石かずこ『聖なる淫者の季節』。

・塩月弥栄子『冠婚葬祭入門』、曾野綾子『誰のために愛するか』がベストセラーとなる。

・ジーンズが「ジーパン」の名のもとに一般化する。ミニスカートが中年層に及ぶ。現在でいうパンティ・ストッキングが登場する。学生運動が下火となるとともに、アイビーファッションに眼が向けられるようになる。

・千駄ヶ谷から代々木一帯にかけて小規模な既製服メーカーが次々と出現し、「マンション・メーカー」と呼ばれるにいたる。

・「写真家はすでにある言葉、ア・プリオリに捕獲された世界の意味を図解する者ではない。なぜならぼくたちにとって真に現実であるものは、それらの概念となった言葉から抜け落ち、命名を拒否する何ものかであるからだ。写真家は音をたてて瓦解してしまった世界をはりつめた凝視の中でさしあたってこれだけは真実だと確信する。『特殊な』『限定づきの』現実をいくつもいくつも積みあげてゆき、世界の再構成を夢想する。だから一枚の写真はもはや表現ではない。それはすべての形容詞を拒絶してぼくたちに問いを発し続ける一つの疑問形の現実なのだ（傍線はゴマ点）。この時、必然的にそれを撮った写真家は姿を消す。後に残るのは、ゴダールの言葉をかりれば“賭けられた現実”なのだ。」（中平卓馬「リアリティの復権」

『まずたしからしさの世界をすてろ』)

1月15日 『パイディア』の竹内書店が『ゴダール全集』全4巻の刊行を開始。

31日 熊井啓『地の群れ』(えるふプロ、ATG)。

31日 新宿五丁目のバー「ノアノア」にて、月に一度の詩人の朗読会が話題を呼ぶ。天沢退二郎、田村隆一、加藤郁乎、白石かずこ、富岡多恵子などが出演。

＊ 林静一『赤色エレジー』が、一年間にわたり『ガロ』に連載される。

2月15日 『少年マガジン』連載中の『明日のジョー』(梶原一騎・ちばてつや)にて、主人公ジョーの敵役の力石が、減量オーヴァーで試合後に急死。その後、3月に講談社にて葬儀が執行される。

19日 三里塚にて第一次強制測量。

25日 桃源社から『澁澤龍彦集成』の刊行が開始される。

＊ 沼正三『家畜人ヤプー』(都市出版社)の刊行。

＊ 『美術手帖』で李禹煥《リーウーハン》と多摩美・斎藤義重教室の新人美術家たちと座談会。事実上の「もの派」旗上げ宣言となる。

3月 2日 平凡出版(現マガジンハウス)から『an・an』創刊。三島由紀夫が巻頭の辞を寄稿。立川ユリがエールフランスの羽田・パリ便に乗って、パリ・ロンドンを優雅に旅行するさまを、立木三郎の写真構成で特集。遅れて5月に集英社より『non・no』が創刊。

6日 ビートルズのシングル盤「レット・イット・ビー」が発売。グループは4月に解散。

9日 「ボクは自分的であることに固執している。ヘンなたとえ話だけど、デザインっていうものは、もともと匿名性のものなんだ。それを有名性にしようとするから、マンネリになるんだ。有名であるのは、匿名的なデザインをするからなんだ。ボクに有名性はない。ボクをささえているのは、肉体だけだ。」(「横尾忠則イラスト廃業宣言」、『平凡パンチ』)

14日 吉田喜重『エロス+虐殺』(現代映画社)が神近市子からの抗議で、作品は大幅に割愛されたまま、新宿文化で公開。

大阪万博が始まる。標語は「人類の進歩と調和」。日本の芸術家たちは賛成と反対に分かれる。テーマパーク化の走り。月の石と岡本太郎作の「太陽の塔」が話題を呼ぶ。

31日 赤軍派9人が日航機よど号をハイジャックし、ピョンヤンへ向かう。「そして、最後に確認しよう。われわれは〈明日のジョー〉である。」

＊ 寺山修司主宰で『あしたのジョー』に登場する力石徹の追悼集会が開かれる。

＊　富士ゼロックスが「モーレツからビューティフルへ」というコピーのもとに、商品の登場しないCFの先駆けとなる。

＊　文芸誌『人間として』の創刊。小田実、開高健、柴田翔、高橋和巳、真継伸彦が編集委員。

4月 1日〜10日　日本最初の国際映画祭が大阪フェスティバル・ホールで開催される。

20日　東京の消費者物価が世界一位となる。

26日　万博の「太陽の塔」にヘルメット覆面姿の男がよじ登り、万博が創造的文化の破壊であるとアジ演説をする。「目玉男」と呼ばれた。男は赤軍を自称。

27日　ダダカンこと糸井貫二が万博のお祭り広場のなかを全裸で走り、警察官に取り押さえられる。糸井は1964年の東京オリンピック時代より、裸体パフォーマンスを一貫して実践してきた。

28日　沖縄デーで各地でデモ。20万人が参加。

＊　中卒者28万人に対し大学卒が30万人となり、多数派となる。

＊　赤瀬川原平の千円札裁判が、最高裁で上告棄却となり、被告の有罪が確定。

＊　山上たつひこの「光る風」が『週刊少年マガジン』に連載開始。近未来の日本が軍国主義化し、カンボジアに派兵するという物語。少年漫画誌にベッドシーンが掲載された最初の、記念すべき漫画。11月に打ち切られるような形で連載は終了。

＊　キューバのカストロ首相の呼びかけに応じ、日本の若者たちが「第一次サトウキビ刈り隊」として、ハバナに向かう。参加予定だった岡林信康が直前にキャンセル。キューバはイスラエルのキブツとともに、日本の若者のヴォランティアの目標地点となる。

5月 7日　頭脳警察のパンタが日劇ウェスタン・カーニバルに出場。演奏中にマスターベーションを行う。
『佐伯俊男画集』（アグレマン社）が刊行される。

25日　天井棧敷『イエス』（竹永茂生作・演出）。観客は劇場の前でバスに乗せられ、さまざまなハプニングを体験する。

27日　東京国立近代美術館附属フィルムセンターが京橋に開設される。

＊　海外初の原爆写真展「広島・長崎」がニューヨークで開催される。

＊　『週刊少年マガジン』に谷岡ヤスジが「メッタメタガキ道場」の連載を開始。

＊　樹村みのりが『COM』に「解放の最初の日」を発表。ナチスの強制収容所で作業員として生き延びた少年の物語。

＊　鈴木いづみの「声のない日々」が『文學界』新人賞佳作となる。ピンク女優が書いた小説として、話題を呼ぶ。

＊　日活と大映がダイニチ映配を発足（翌年に解散）。日活は本社ビルを売却。ニューアクション路線へと向かう。

6月11日　バロン吉元が『週刊漫画アクション』に「柔侠伝」を連載開始。

12日　頭脳警察が日比谷野外音楽堂での革命的共産主義者同盟の政治集会で演奏。

14日　反安保6月闘争で23日までに1,700人余りが逮捕される。

15日　元海軍大尉の村上一郎が海軍の礼服を着用し、国会議事堂の前で、居並ぶ学生と機動隊員を前に抜刀の儀を行う。10年前に死亡した樺美智子の鎮魂のため。

23日　日米安保条約が自動延長となる。

27日　大島渚『東京战争戦後秘話』（創造社、ATG）が新宿文化で公開。都内の高校生が、自分の8ミリ撮影機を奪ったまま飛び降り自殺をした友人の謎を追い求める物語。

28日　天沢退二郎、渡辺武信、菅谷規矩雄らの詩の同人誌『凶区』が解散。

＊　韓国の詩人、金芝河《キムジハ》が諷刺詩『五賊』を発表し、反共法違反容疑で逮捕される。

＊　赤瀬川原平が『ガロ』に漫画「お座敷」を発表。

＊　日宣美解散パーティが全国5カ所で同時開催。

＊　佐々木幹郎が詩集『死者の鞭』を刊行。前年の羽田闘争で死亡した高校時代の友人、山崎博昭の死を契機として執筆された、同名の詩を中心とする。

7月 7日　華青闘が日比谷野外音楽堂にて「盧溝橋事件33周年　日帝のアジア再侵略阻止人民集会」を開催し、新左翼のアジア認識の未熟さを批判。

8日　沖縄出身の労働者、富村順一が包丁を振りかざし、東京タワーの特設展望台を占拠する。

17日　家永三郎教科書裁判。東京地裁は教科書検定が違法であると判決。

18日　杉並区で光化学スモッグが発生。7月27日には初の警戒警報。

8月 2日　美濃部亮吉都知事が初めて歩行者天国を銀座、新宿、池袋、浅草に設ける。

4日　東京教育大生で革マル派の海老原俊夫が法政大中核派の集団リンチで死亡。内ゲバの最初の犠牲者。

8日　実相寺昭雄『無常』（実相寺プロ、ATG）。

＊　観世寿夫、野村万之丞、野村万作らが「冥の会」を結成。ギリシャ悲劇などを多く上演。

＊　古井由吉が「杳子」を『文藝』に発表。

＊　金《キム》時《シ》鐘《ジョン》『新潟』。北朝鮮への帰還事業の出港地新潟によせる複雑な感情を主題とした長編詩。

＊　飯島愛子を中心として「侵略＝差別と斗うアジア婦人会議」の結成。田中美津が白いミニスカート姿で会場でビラを配り、話題を呼ぶ。（男性の性の処理場としての）「便所からの解放」を訴える。

9月 3日・10日　吉本隆明が紀伊國屋ホールで『南島論』を講演。

10日　『想い出の日本一萬年』（清水邦夫作、蜷川幸雄演出、ATG）。

18日　ジミ・ヘンドリックスがロンドンで死亡。27歳。

26日　吉田喜重『煉獄エロイカ』（現代映画社、ATG）。1950年代の前衛党内部の裏切り、現在、そして未来社会での要人誘拐テロを描く。

＊　大阪万国博が閉幕。入場者総数は6421万人。

＊　マッド・アマノのフォトモンタージュ作品「軌跡」をめぐって、白川義員が東京地裁に著作権侵害の訴えをする。

10月 1日　DISCOVER JAPANの広告キャンペーンが始まる。

4日　ジャニス・ジョプリンが27歳で急死。

12日　東大で宇井純らが公開自主講座を開始。

21日　国際反戦デー。「ぐるーぷ闘う女」「女性解放運動準備会」の200人が銀座でデモ行進。男性は立ち入り禁止の集会を京橋の水谷公園で行う。日本におけるウーマンリブ運動がはじめて街頭に出現。

31日　永山則夫に材を得た、新藤兼人『裸の十九才』が公開される。

＊　東京高裁は武智鉄二『黒い雪』に無罪判決を言い渡す。

＊　『映画批評』（第二次）が創刊。佐々木守がスポンサーとなり、松田政男が実質上の編集を担当。相倉久人、平岡正明、足立正生が参加。彼らは「批評戦線」を結成し、運動としての批評の創出を目指した。1973年9月まで続く。

＊　演劇センター68/70　黒色テントが『翼を燃やす天使たちの舞踏』（佐藤信他の演出）上演。

＊　神戸大学助教授の松島昇が懲戒処分となる。松島は大学構内への入構禁止を言い渡されたが、翌日からキャンパス内で平然と、「〈　〉焼き」と称するたこ焼き屋を始める。

11月 1日　加藤登紀子「知床旅情」がリリースされる。

14日　サンタナ「ブラック・マジック・ウーマン」、シングルカットされる。

20日　天井棧敷『人力飛行機ソロモン』（寺山修司作、竹永茂生演出）。

20日　吉本隆明が『情況』で、「ふだん政治的上段や芸人的冗談を売りものにしているような男が、〈まじめ〉くさった顔をしてなんかいうときは、嘘をついているにきまっているのだ」と書き、前田武彦をはじめとするTVの芸人たちを次々と批判する。

23日　ジョージ・ハリソンが「マイ・スウィート・ロード」を発表。

25日　三島由紀夫が自衛隊市ヶ谷駐屯地で割腹自殺。

25日　アルバート・アイラーの死体がイースト・リヴァーで発見される。

＊　中平卓馬が写真集『来たるべき言葉のために』を刊行。

8日　田中美津が武装闘争論へと急速に傾斜。デモでは「女は銃をとって侵略を阻止せよ！」「マキシの下に銃をかくせ」といったプラカードが登場。

9〜12日　ジャン゠リュック・ゴダール『東風』『中国女』『ウィークエンド』が草月アートセンターで公開。

18日　革命左派が上赤塚派出所を襲撃。

20日　コザ（現在の沖縄市）で大暴動。群衆5,000人が73台の車に放火し、米軍基地内に乱入。アメリカン・スクールにも放火。

26日　黒木和雄『日本の悪霊』（中島プロ、ATG）。日本共産党を除名され、ヤクザとなった男と私服刑事が瓜二つの容貌をしていることから生じるドラマ。高橋和巳原作。

＊　若松孝二『性賊　セックスジャック』（若松プロ）。

＊　諸星大二郎の「ジュン子　恐喝」が、『COM』に新人作品として掲載される。

＊　つりたくにこが『ガロ』増刊「つりたくにこ特集号」に「彼ら」を発表。

＊　大島弓子が「誕生!」を『週刊マーガレット』に連載開始。高校生の妊娠と自殺未遂を扱った、画期的な少女漫画。

＊　第一次美術史評社が設立される。美共闘REVOLUTION委員会　「五人組写真集編集委員会が結成される。

＊　『少年ジャンプ』が創刊2年で百万部を越し、少年週刊誌でトップとなる。

1971年

・少女漫画のニューウェイヴが生じる。萩尾望都、竹宮恵子、山岸涼子らの台頭。
・流行語「シコシコ」「のんびりやろうよ」「シラケ」
・イザヤ・ベンダサン『日本人とユダヤ人』がベストセラーとなる。

・パンタロンの人気が下火となり、ベルボトムのジーンズの流行。
・野坂昭如が『てろてろ』を発表。スカトロジスト、オナニストらの男たちがテロリストとして殺人を続ける長編。

1月10日　はしだのりひこが「花嫁」を発表。

24日　ザ・タイガースの解散。GSブームに凋落の影が走る。

＊　ビートルズ解散後のジョン・レノンがソロアルバム『ジョンの魂』を発表。

2月13日　松本俊夫『修羅』(松本プロ、ATG)。鶴屋南北の歌舞伎を原作とする、グロテスクな残酷劇。

22日　三里塚第一次強制代執行が始まる。

＊　吉増剛造『黄金詩篇』。

＊　赤軍派の重信房子と奥平剛士がパレスチナに入り、PFLPと連携。やがて「日本赤軍」を名乗る。

3月 3日　黒旗劇場が『パレスチナを解放せよ』を池袋アートシアターで上演。演出は川喜多清正。

19日　赤瀬川原平のパロディ漫画『櫻画報』が「アカイ　アカイ　アサヒ　アサヒ」と、掲載誌『朝日ジャーナル』の版元である朝日新聞社をからかったため、同誌は回収処分。赤瀬川の連載は即座に打ち切りとなる。

25日　映画評論家の斎藤龍鳳が43歳で逝去。

＊　アーサー・ヒラー『ある愛の詩』。

＊　山口昌男がこれまでのエッセイを集大成して、『人類学的思考』をせりか書房から刊行。

＊　永山則夫『無知の涙』が合同出版から刊行。たちまち6万部を超えるベストセラーとなる。

＊　安部慎一が『ガロ』に「美代子阿佐谷気分」を発表。

＊　滝田修『ならずもの暴力宣言』。

4月24日　寺山修司『書を捨てよ町へ出よう』(人力飛行機舎)が新宿文化で公開。寺山は日本中の少年少女に家出を呼びかけ、「みんなを怒らせる」ことをモットーとした。

25日　海外コミック専門誌『WOO』が創刊される。

28日　沖縄デー。日比谷公園ではセクト間の内ゲバ。赤軍派・京浜安保共闘・関西ブンドが武装蜂起集会を開く。

30日　桐山靖雄『変身の原理』が刊行される。前年に富士宮市で「大柴燈護摩供」を開催した桐山は、70年代を通して密教ブームの仕掛け人となる。

＊　草月アートセンターが解散。

5月 3日　「苦悩教の元祖」高橋和巳が癌で逝去。39歳。

5日　森進一の「おふくろさん」がリリースされる。

14日　ベレー帽を被り、芸術家を装った大久保清（自費出版の詩集あり）が、連続強姦殺人容疑で逮捕される。

26日　大阪西成区で暴動。演劇センター68/71『恋々加留多　鼠小僧次郎吉』（佐藤信作・演出）。チッソ株式総会に患者たちが一株株主として登場。

28日　三菱重工株主総会に髑髏の面を被った面面が一株株主として登場。

＊　これ以降、赤瀬川原平の『櫻画報』「ブックジャック」と称して、さまざまな新聞雑誌媒体に掲載されるようになる。

＊　松本零士の「男おいどん」と谷岡ヤスジの「ヤスジのメッタメタガキ道講座」が『少年マガジン』に連載開始。漫画雑誌の売れ行きが一時低迷したため、6月には『ぼくらマガジン』『少年画報』『まんが王』などが休刊。

6月 5日　大島渚『儀式』（創造社、ATG）。満洲国から幼少時に引き上げてきた少年を主人公に、戦後日本史の偽善と空虚が明かし出されていく物語。大島は三島由紀夫に主演を依頼しようとしたが、割腹事件のためそれは実現できなかった。

5日　朝日麦酒がアルミ製の缶ビールを発売開始。村上春樹の処女長編『風の歌を聴け』（1979）で、それは重要な小道具となった。

10日　頭脳警察のセカンドアルバムが、「銃を取れ」「軍靴の響き」の歌詞が原因で発売中止となる。

15日　明治公園で全国全共闘・全国反戦が沖縄返還協定阻止の集会。中核と反帝学評が内ゲバとなり、全国全共闘が分裂。

17日　東京・ワシントンを結ぶ宇宙中継で沖縄返還協定調印式。各地で反対デモが続く。

＊　西新宿に日本最初の超高層ホテル、京王プラザが営業を開始。広大な淀川浄水場の跡地が徐々に「副都心」化していく先駆けとなる。

＊　笠井叡の主宰する「天使館」が国分寺に落成。笠井は「現代詩手帖」に、後に『天使論』として纏められる長編エッセイを連載。

＊　藤子不二雄『毛沢東伝』。

＊　若松孝二と足立正生がカンヌ映画祭から帰国途中、ベイルートに立ち寄る。彼らはジェラシ高原のPFLPの前線基地で『赤軍PFLP　世界戦争宣言』の撮影をする。二人が撮影を終え、下山した後で、兵士たちは全員が殺害されてしまう。

7月15日　赤軍派と革命左派が合流し、統一赤軍（後に「連合赤軍」）を結成。23日にはＭ作戦と称し、米子市の銀行から現金を強奪。

26日　ニューヨークの写真家ダイアン・アーバスが自殺。

＊　マクドナルド1号店が銀座三越の一角に開店。

＊　白土三平の『カムイ伝』第一部が5797頁で完結。もっとも最終目標のシャクシャインの蜂起まではまだ遠い道と判明。『ガロ』8月号では表紙絵が、従来の白土三平から林静一へと変わる。

＊　チャールズ・ブロンソンが日本の化粧品マンダムのTVCFに登場。演出は大林宣彦。欧米の著名スターがCFに出演する先駆けとなった。

＊　劇団黒テント大阪上演実行委員会の面々により、日本最初の都市情報誌「プレイガイドジャーナル」が創刊される。

8月 1日　元ビートルズのジョージ・ハリソンが企画して、バングラデシュ難民救済コンサートが開催される。ライブアルバムは12月20日に発売され、ロックのチャリティ・コンサートの先駆けとなる。

7日　警視総監公邸に時限爆弾が送られる。

14～16日　三里塚で「日本幻野祭　三里塚で祭れ」が開催。頭脳警察からゼロ次元までが参加。

22日　陸上自衛隊朝霞駐屯地で「赤衛軍」による自衛官の殺害。後にこの事件に連座して、『朝日ジャーナル』記者の川本三郎が逮捕される。

25日　日活が藤田敏八の『八月の濡れた砂』をもって一般の青春アクション映画から決別し、11月からはロマンポルノ路線をとる。この路線は1988年まで続き、世界最大の映画ジャンルとして映画史に名前を残すことになる。

＊　ドル・ショック。東京株式市場の暴落。円は変動相場制へ移行。12月には切り上げが実施され、これまでの1ドル360円が308円となる。

9月 8日　麿赤児率いる「大駱駝鑑」が「天賦典式」で旗上げ。

11日　実相寺昭雄『曼荼羅』が新宿文化で公開。

18日　日清食品がカップヌードルを発売。

16日　三里塚第二次強制代執行。機動隊員3名が死亡し、375人が逮捕される。

23日　レッド・ツェッペリンが初来日。日本武道館でコンサート。

25日　中核派が宮内庁に乱入。

26～28日　NDUが農協ホールでドキュメンタリー作品を上映し、布川徹郎と大島渚が対談。この頃、太田竜、平岡正明、竹中労が「3バカトリオ」を結成。

30日 若松孝二と足立正生による『赤軍——PFLP 世界战争宣言』（若松プロ）の完成。新宿文化で公開が予定されていたが、深夜に警察の圧力で上映が中止される。激昂した観客の一部が暴徒化する。支配人の葛井欣士郎の英断により、フィルムは急遽、慶応名画座で上映の運びとなる。若松孝二は木刀を片手に暴徒を制する。

＊ 白川義員がマッド・アマノを著作権侵害で提訴（1987年にアマノが侵害を認め和解）。

＊ ユージン・スミスが水俣で水俣病の取材と撮影を開始。

10月 1日 天地真理が「水色の恋」でデビュー。

3日 TVで『スター誕生』が始まる。森昌子がこの年のスター第1号となる。

6日 『ぼくらが非情の大河をくだる時』（清水邦夫作、蜷川幸雄演出、ATG）。

20日 燔犠大踏鑑『土方巽作品集 四季のための二十七晩』（ATG）。

21日 国際反戦デー。沖縄返還協定批准に反対し、第一波全国統一行動が600カ所で起きる。

22日 韓国のソウル大学に留学中の在日韓国人、徐勝、徐俊植兄弟が、北朝鮮スパイ容疑で逮捕され、第一審が下る。

＊ 日本各地で派出所が次々と焼き打ちにあう。

＊ サルトルが三里塚闘争支持のアピールを出す。

11月 6日 田原総一朗、清水邦夫『あらかじめ失われた恋人たちよ』（ポール・ヴォールト・プロ、ATG）。桃井かおりの女優デビュー。

19日 沖縄返還協定の強行採決に反対し、新左翼各派が各地で火炎瓶闘争を展開。日比谷公園の松本楼が中核派によって焼き討ちされる。国会では佐藤総理大臣が演説を始めた直後に爆竹が弾け、沖縄青年同盟の3名が「日本は沖縄を裁くことはできない」と叫び、ただちに逮捕される。3名は第1回公判の席で、それぞれ沖縄語、八重山語、宮古語で陳述を始めたところ、裁判長から「日本語を使いなさい、日本語を！」と叱責される。

20日 日活ロマン・ポルノ第1作『団地妻・昼下がりの情事』封切られる。

12月12日 「狼」の前身グループが熱海市にある興亜観音像と殉国7人の碑を爆破。後者はA級戦犯の遺骨の埋葬所。

18日 土田警視庁警務部長宅に小包爆弾が送られる。

18日 吉田喜重『告白的女優論』（現代映画社）。

22日 黒澤明の自殺未遂。

23日 大映の倒産。

24日 新宿伊勢丹向かいの交番でクリスマス・ツリーに仕掛けられた爆弾が爆発。

27日　大橋歩の表紙絵による『平凡パンチ』の最終号。

1972年

・ポケットの多いサファリルックが男性を中心に流行。

・GSが消えた空隙を埋めるかのように、「四畳半」フォークからニューミュージックまで、さまざまなポップスが登場する。吉田拓郎、井上陽水、荒井由実（松任谷由美）、ガロ、ビリー・バンバン、アリス、キャロルなど。

・第2次ベビーブームとなる。

・日活ロマンポルノに『一条さゆり・濡れた欲情』『白い指の戯れ』など、次々と秀作が生まれる。

・世界各地でパレスチナ・ゲリラの活躍が激しくなる。

・意図してボロボロに仕立て上げたジーンズ、つぎはぎジーンズが流行。

1月9日　赤衛軍事件に関わったとして、滝田修（京都大学助手）が指名手配となる。

24日　ルバング島で元日本兵の横井庄一が、敗戦後28年にして発見される。

30日　天井桟敷『邪宗門』（寺山修司作・演出、渋谷公会堂）。

2月19～28日　連合赤軍の5人が軽井沢のあさま山荘に立て籠もり、警官隊と銃撃戦。その後、彼らが同志たち14人をリンチ殺人にかけていたことが発覚。新左翼をはじめとする活動家に大きな衝撃を与える。

21日　ニクソン大統領の訪中。

＊　『パイディア』がミシェル・フーコー特集号を出す。豊崎光一「砂の顔」。

＊　『ワンダー植草・甚一ランド』（晶文社）が刊行され、若者たちの新しい〈教祖〉として植草甚一に照明が当てられる。

3月 4日　藤純子が『関東緋桜一家』を最後に、映画界を引退。

11日　若松孝二『天使の恍惚』（若松プロ、ATG）が新宿文化で公開。テロ事件に騒然とする新宿で大ヒットする。

＊　奈良の高松塚古墳で彩色壁画が発見され話題を呼ぶ。もっとも岡本太郎はそれを後に批判。「高松塚など、明らかに大陸からわたってきた職人芸ではないか。この土地の生活・思想と必然的に結びついているわけではない。大陸の巨大な権力体制の下で出来あがったパターンをそっくりこちらに移してきてなぞった、手先だけの職人芸だ。九州の装飾古墳は、その土地で、その共同体の中から、自然に、そして切実に生まれてきた表情だ。それは今日の芸術的ポイントから言っても、より根元的な意味と、強烈なひろがりをもっているのである。」（岡本太郎「絢爛たる彩りの宇宙」1977）。

＊　具体美術協会が解散。

＊　赤瀬川原平、南伸坊、松田哲夫が四谷祥平館の横壁に無用階段を発見。後にこの階段は「超芸術トマソン」と認定される。

4月 4日　外務省機密漏洩事件で外務省事務官と毎日新聞社記者が逮捕される。

6日　横浜にある曹洞宗大本山總持寺納骨堂が爆破される。植民地時代の在朝鮮日本人の、5,000人に及ぶ遺骨が埋葬されていた。

16日　川端康成の自殺。

18日　状況劇場『二都物語』（唐十郎作・演出、広島大学青雲寮中庭より全国横断公演）。

25日　小柳ルミ子が「わたしの城下町」でデビュー。

27日　小西誠元三曹と五人の現役自衛隊員が、赤坂の防衛庁正門前で反戦の宣言を行う。

＊　田中美津『いのちの女たちへ』出版（田畑書店）。

＊　小中陽太郎が『小説ふあっく』を刊行。

5月15日　沖縄の「本土復帰」。全国で返還協定紛争闘争が生じ、20万人が参加。

27日　有吉佐和子が『恍惚の人』（新潮社）を刊行。年内に194万部というベストセラーとなる。認知症を主題とした文学の先駆。

30日　日本赤軍の三兵士がイスラエルのロッド（リッダ）空港で自動小銃を乱射。二人は死亡し、岡本公三が生き残って逮捕される。岡本は1985年、捕虜交換によってレバノンに亡命。

＊　池田理代子「ベルサイユのばら」が『週刊マーガレット』に連載開始。上村一夫「同棲時代」が『週刊漫画アクション』に連載開始。

6月 1日　「本土復帰」の直前に母親と東京に出てきた南沙織が、シングル「17歳」でデビュー。キャッチフレーズは「ソニーのシンシア」。

5日　山本リンダが「どうにもとまらない」を発表。

13日　サントリーが「金曜日はワインを買う日」というTVCFで、デリカワインを発売。第一次ワインブームが起きる。

17日　実相寺昭雄『哥』（実相寺プロ、ATG）。

19日　早稲田映研による足立正生全作品上映会（中野公会堂）で、足立が日本赤軍の重信房子からのメッセージを読み上げる。

＊　9年にわたって総理の座にあった佐藤栄作が辞任。記者会見の場では新聞記者を罵倒して無視。テレビだけを相手にする。佐藤は74年にノーベル平和賞を受賞する。

7月 5日　「日本列島改造案」を携えた田中角栄が7月5日に総理となる。

10日　東京のミニコミ情報誌『ぴあ』が創刊。創刊時は月刊。表紙はサイケデリック風。12月号からポップ風に変更となる。少し遅れて『シティーロード』も創刊される。

＊　山上たつひこが『喜劇新思想体系』の連載を開始。

8月 5日　大島渚『夏の妹』（創造社、ATG）。

26日　ミュンヘン・オリンピック選手村にて「黒い九月」事件。アラブ・ゲリラがイスラエル選手を人質にして立てこもる。全世界が一挙一動をテレビで見守る。

＊　鶴見俊輔、小田実らが金芝河《キムジハ》の無条件即時釈放を求める声明を出す。

9月 8日　麿赤児率いる大駱駝艦が『天賦典式』（牛込公会堂）で旗上げ。

＊　静内のシャクシャイン像台座が破損され、太田竜が指名手配に。

10日　ちあきなおみの「喝采」。3カ月後に異例の速さでレコード大賞となる。

＊　日本と中国の国交回復。田中角栄は毛沢東の前で漢詩を披露。国交樹立を記念して、10月に2匹のパンダが日本に贈られる。

10月 1日　1961年からの長寿番組「シャボン玉ホリデー」が幕を閉じる（その後、76年から77年に短期の復活あり）。

14日　羽仁進『午前中の時間割』（羽仁プロ、ATG）。

23日　北海道旭川市常盤公園の「風雪の群像」、北大アイヌ文化資料室で爆弾が爆破。

10月25日〜11月30日　土方巽と暗黒舞踏派が『燔犠大踏鑑　四季のための二十七晩』（ATG新宿文化）の大公演を行う。5作品が次々と上演され、観客はのべ8,500人に上った。日本の舞踏史が最初の頂点に到達した、記念すべき事件となった。

11月 9日　早大生の川口大三郎が革マル派によって殺害される。

11日　1967年に撤去が開始された東京の都電が、ついに一部を除きすべてが消滅。

11·11　増村保造『音楽』（行動社、ATG）。

25日　アグネス・チャンが「ひなげしの花」でデビュー。

12月＊　詩誌『白鯨』の創刊。清水昶、佐々木幹郎、藤井貞和、鈴村和成が同人。

＊　『季刊フィルム』が財政的に行き詰まり、13号にて休刊。

＊　山口百恵が『スター誕生』に出現。

＊　アメリカは財政的負担に耐え切れず、アポロ計画を打ち切る。

【執筆者紹介】

稲増龍夫　社会学者。1952年生まれ。法政大学社会学部教授。専門は社会心理学・メディア文化論。主な著書に、『アイドル工学』『パンドラのメディア』（ともに筑摩書房）、『グループサウンズ文化論』（中央公論新社）がある。

上野昂志　評論家。1941年生まれ。2008年から2013年まで日本ジャーナリスト専門学校校長。主な著書に、『魯迅』（三一書房）、『映画＝反英雄たちの夢』（話の特集）、『肉体の時代』（現代書館）、『写真家 東松照明』（青土社）、『戦後60年』（作品社）がある。

大島洋　写真家。1944年生まれ。1987年に第1回写真の会賞、2003年に第28回伊奈信男賞を受賞。主な写真集・著書に、『幸運の町』（写真公園林）、『写真幻論』（晶文社）、『ハラルの幻』（洋泉社）、『アジェのパリ』（みすず書房）がある。

國吉和子　舞踊研究・評論家。多摩美術大学、立教大学・早稲田大学等非常勤講師。舞踊学会理事。主な著書に、『夢の衣裳、記憶の壺』（新書館）、共著『大野一雄・舞踏と生命』（岡本章編、思潮社）、編著『見ることの距離』（新書館）がある。

椹木野衣　美術批評家。1962年生まれ。多摩美術大学美術学部教授。主な著書に、『シミュレーショニズム』（増補版、ちくま学芸文庫）、『日本・現代・美術』（新潮社）、『後美術論』『震美術論』（以上、美術出版社）などがある。

中野翠　エッセイスト。早稲田大学政経学部卒業。主な著書に、『小津ごのみ』（ちくま文庫）、『中野シネマ』（新潮社）、『今夜も落語で眠りたい』（文春新書）、『ぐうたら上等』（毎日新聞社）などがある。

西堂行人　演劇評論家。1954年生まれ。明治学院大学文学部教授。主な著書に、『演劇思想の冒険』『ハイナー・ミュラーと世界演劇』『劇的クロニクル』（以上、論創社）、『〈証言〉日本のアングラ』『蜷川幸雄×松本雄吉』（作品社）がある。

Special Thanks to

知念明子，松岡良樹，松田哲夫

四方田犬彦　よもた・いぬひこ

一九五三年大阪府生まれ。東京大学で宗教学を、同大学院で比較文学を学ぶ。エッセイスト、批評家、詩人。文学、映画を中心に、多岐にわたる今日の文化現象を論じる。明治学院大学、コロンビア大学、ボローニャ大学、テルアヴィヴ大学、中央大学校（ソウル）、清華大学（台湾）などで、映画史と日本文化論の教鞭をとった。著書は一四〇冊に及ぶ。主な著書に、『映画史への招待』（岩波書店）、『モロッコ流謫』（ちくま文庫）、『ハイスクール１９６８』（新潮文庫）、『翻訳と雑神』『日本のマラーノ文学』（人文書院）、『ルイス・ブニュエル』（作品社）がある。

筑摩選書 0154

1968［1］文化《ぶんか》

二〇一八年一月一五日　初版第一刷発行

編著者　四方田《よもた》犬彦《いぬひこ》

発行者　山野浩一

発行所　株式会社筑摩書房

東京都台東区蔵前二-五-三　郵便番号　一一一-八七五五

振替　〇〇一六〇-八-四一二三

装幀者　神田昇和

印刷 製本　中央精版印刷株式会社

乱丁・落丁本の場合は左記宛にご送付ください。送料小社負担でお取り替えいたします。ご注文、お問い合わせも左記へお願いいたします。

筑摩書房サービスセンター

さいたま市北区櫛引町二-六〇四　〒三三一-八五〇七　電話　〇四八-六五一-〇〇五三

ISBN978-4-480-01661-4 C0300

筑摩選書
0001

武道的思考

内田 樹

武道は学ぶ人を深い困惑のうちに叩きこむ。あらゆる術は「謎」をはらむがゆえに生産的なのである。今こそわれわれが武道に参照すべき「よく生きる」ためのヒント。

筑摩選書
0002

江戸絵画の不都合な真実

狩野博幸

近世絵画にはまだまだ謎が潜んでいる。若冲、芦雪、写楽など、作品を虚心に見つめ、文献資料を丹念に読み解くことで、これまで見逃されてきた〝真実〟を掘り起こす。

筑摩選書
0003

荘子と遊ぶ
禅的思考の源流へ

玄侑宗久

『荘子』はすこぶる面白い。読んでいると「常識」という桎梏から解放される。それは「心の自由」のための哲学だ。魅力的な言語世界を味わいながら、現代的な解釈を試みる。

筑摩選書
0004

現代文学論争

小谷野 敦

かつて「論争」がジャーナリズムの華だった時代があった。本書は、臼井吉見『近代文学論争』の後を受け、主として七〇年以降の論争を取り上げ、どう戦われたか詳説する。

筑摩選書
0005

不均衡進化論

古澤 滿

DNAが自己複製する際に見せる奇妙な不均衡。そこから生物進化の驚くべきしくみが見えてきた！ カンブリア爆発の謎から進化加速の可能性にまで迫る新理論。

筑摩選書
0006

我的日本語
The World in Japanese

リービ英雄

日本語を一行でも書けば、誰もがその歴史を体現する。異言語との往還からみえる日本語の本質とは。日本語を母語とせずに日本語で創作を続ける著者の自伝的日本語論。

筑摩選書
0007

日本人の信仰心

前田英樹

日本人は無宗教だと言われる。だが、列島の文化・民俗には古来、純粋で普遍的な信仰の命が見てとれる。大和心の古層を掘りおこし、「日本」を根底からとらえなおす。

筑摩選書
0008

視覚はよみがえる
三次元のクオリア

S・バリー
宇丹貴代実 訳

回復しないとされた立体視力が四八歳で奇跡的に戻った時、風景も音楽も思考も三次元で現れた——。神経生物学者が自身の体験をもとに、脳の神秘と視覚の真実に迫る。

筑摩選書
0009

日本人の暦
今週の歳時記

長谷川 櫂

日本人は三つの暦時間を生きている。本書では、季節感豊かな日本文化固有の時間を歳時記をもとに再構成。四季の移ろいを慈しみ、古来のしきたりを見直す一冊。

筑摩選書
0010

経済学的思考のすすめ

岩田規久男

世の中には、「将来日本は破産する」といったインチキ経済論がまかり通っている。ホンモノの経済学の思考法を用いてさまざまな実例をあげ、トンデモ本を駆逐する！

筑摩選書
0012

フルトヴェングラー

奥波一秀

二十世紀を代表する巨匠、フルトヴェングラー。変動してゆく政治の相や同時代の人物たちとの関係を通し、音楽家の再定位と思想の再解釈に挑んだ著者渾身の作品。

筑摩選書
0013

甲骨文字小字典

落合淳思

漢字の源流「甲骨文字」のうち、現代日本語の基礎となっている教育漢字中の三百余字を収録。最新の研究でその成り立ちと意味の古層を探る。漢字文化を愛する人の必携書。

筑摩選書
0014

瞬間を生きる哲学
〈今ここ〉に佇む技法

古東哲明

私たちは、いつも先のことばかり考えて生きている。だが、本当に大切なのは、今この瞬間の充溢なのではないだろうか。刹那に存在のかがやきを見出す哲学。

筑摩選書
0015

宇宙誕生
原初の光を探して

M・チャウン
水谷淳 訳

二〇世紀末、人類はついに宇宙誕生の証、ビッグバンの残光を発見した。劇的な発見からもたらされた驚くべき宇宙の真実とは――。宇宙のしくみと存在の謎に迫る。

筑摩選書
0016

最後の吉本隆明

勢古浩爾

「戦後最大の思想家」「思想界の巨人」と冠される吉本隆明。その吉本がこだわった「最後の親鸞」の思考に倣い、「最後の吉本隆明」の思想の本質を追究する。

筑摩選書
0018

内臓の発見
西洋美術における身体とイメージ

小池寿子

中世後期、千年の時を超えて解剖学が復活した。人体内部という世界の発見は、人間精神に何をもたらしたか。身体をめぐって理性と狂気が交錯する時代を逍遥する。

筑摩選書
0019

シック・マザー
心を病んだ母親とその子どもたち

岡田尊司

子どもの心や発達の問題とみなされる事象の背後に、母親の病が隠されていた！ 精神医学の立場から「機能不全に陥った母とその子」の現実を検証、克服の道を探る。

筑摩選書
0020

利他的な遺伝子
ヒトにモラルはあるか

柳澤嘉一郎

遺伝子は本当に「利己的」なのか。他人のために生命さえ投げ出すような利他的な行動や感情は、なぜ生まれるのか。ヒトという生きものの本質に迫る進化エッセイ。

筑摩選書
0022

日本語の深層
〈話者のイマ・ココ〉を生きることば

熊倉千之

日本語の助動詞「た」は客観的過去を示さない。文中に遍在する「あり」の分析を通して日本語の発話の「イマ・ココ」性を究明し、西洋語との違いを明らかにする。

筑摩選書
0023

天皇陵古墳への招待

森 浩一

いまだ発掘が許されない天皇陵古墳。本書では、天皇陵古墳をめぐる考古学の歩みを振り返りつつ、古墳の地理的位置・形状、文献資料を駆使し総合的に考察する。

筑摩選書
0025

芭蕉　最後の一句
生命の流れに還る

魚住孝至

清滝や波に散り込む青松葉――この辞世の句に、どのような思いが籠められているのか。不易流行から軽みへ、境涯深まる最晩年に焦点を当て、芭蕉の実像を追う。

筑摩選書
0034

反原発の思想史
冷戦からフクシマへ

絓　秀実

中ソ論争から「68年」やエコロジー、サブカルチャーを経てフクシマへ。複雑に交差する反核運動や「原子力の平和利用」などの論点から、3・11が顕在化させた現代史を描く。

筑摩選書
0035

生老病死の図像学
仏教説話画を読む

加須屋誠

仏教の教理を絵で伝える説話画をイコノロジーの手法で読み解くと、中世日本人の死生観が浮かび上がる。生活史・民俗史をも視野に入れた日本美術史の画期的論考。

筑摩選書
0036

伊勢神宮と古代王権
神宮・斎宮・天皇がおりなした六百年

榎村寛之

神宮をめぐり、交錯する天皇家と地域勢力の野望。王権は何を夢見、神宮は何を期待したのか？　王権の変遷に翻弄され変容していった伊勢神宮という存在の謎に迫る。

筑摩選書
0038

救いとは何か

森岡正博
山折哲雄

この時代の生と死について、救いについて、人間の幸福について、信仰をもつ宗教学者と、宗教をもたない哲学者が鋭く言葉を交わした、比類なき思考の記録。

筑摩選書
0040

100のモノが語る世界の歴史1
文明の誕生

N・マクレガー
東郷えりか 訳

大英博物館が所蔵する古今東西の名品を精選。遺されたモノに刻まれた人類の記憶を読み解き、今日までの文明の歩みを辿る。新たな世界史へ挑む壮大なプロジェクト。

筑摩選書
0041

100のモノが語る世界の歴史2
帝国の興亡

N・マクレガー
東郷えりか 訳

紀元前後、人類は帝国の時代を迎える。多くの文明が姿を消し、遺された物だけが声なき者らの声を伝える——。大英博物館とBBCによる世界史プロジェクト第2巻。

筑摩選書
0042

100のモノが語る世界の歴史3
近代への道

N・マクレガー
東郷えりか 訳

すべての大陸が出会い、発展と数々の悲劇の末にわれわれ人類がたどりついた「近代」とは何だったのか——。大英博物館とBBCによる世界史プロジェクト完結篇。

筑摩選書
0043

悪の哲学
中国哲学の想像力

中島隆博

孔子や孟子、荘子など中国の思想家たちは「悪」について、どのように考えてきたのか。現代にも通じるこの問題と格闘した先人の思考を、斬新な視座から読み解く。

筑摩選書
0044

さまよえる自己
ポストモダンの精神病理

内海健

「自己」が最も輝いていた近代が終焉した今、時代を映す精神の病態とはなにか。臨床を起点に心や意識の起源に遡り、主体を喪失した現代の病理性を解明する。

筑摩選書 0046

寅さんとイエス

米田彰男

イエスの風貌とユーモアは寅さんに類似している。聖書学の成果に「男はつらいよ」の精緻な読みこみを重ね合わせ、現代に求められている聖なる無用性の根源に迫る。

筑摩選書 0068

「魂」の思想史
近代の異端者とともに

酒井 健

合理主義や功利主義に彩られた近代。時代の趨勢に反し、魂の声に魅き込まれた人々がいる。彼らの思索の跡は我々に何を語るのか。生の息吹に溢れる異色の思想史。

筑摩選書 0069

数学の想像力
正しさの深層に何があるのか

加藤文元

緻密で美しい論理を求めた哲学者、数学者たちは、真理の深淵を覗き見てしまった。彼らを戦慄させた正しさのパラドクスとは。数学の人間らしさとその可能性に迫る。

筑摩選書 0070

社会心理学講義
〈閉ざされた社会〉と〈開かれた社会〉

小坂井敏晶

社会心理学とはどのような学問なのか。本書では、社会を支える「同一性と変化」の原理を軸にこの学の発想と意義を伝える。人間理解への示唆に満ちた渾身の講義。

筑摩選書 0071

一神教の起源
旧約聖書の「神」はどこから来たのか

山我哲雄

ヤハウェのみを神とし、他の神を否定する唯一神観。この観念が、古代イスラエルにおいていかにして生じたのかを、信仰上の「革命」として鮮やかに描き出す。

筑摩選書
0138

ローティ
連帯と自己超克の思想

冨田恭彦

プラグマティズムの最重要な哲学者リチャード・ローティ。彼の思想を哲学史の中で明快に一から読み解き、後半生の政治的発言にまで繋げて見せる決定版。

筑摩選書
0139

宣教師ザビエルと被差別民

沖浦和光

ザビエルの日本およびアジア各地での布教活動の跡をたどりながら、キリシタン渡来が被差別民にもたらしたものが何だったのかを解明する。

筑摩選書
0140

ソ連という実験
国家が管理する民主主義は可能か

松戸清裕

一党制でありながら、政権は民意を無視して政治を行うことはできなかった。国民との対話や社会との協働を模索しながらも失敗を繰り返したソ連の姿を描く。

筑摩選書
0141

「働く青年」と教養の戦後史
「人生雑誌」と読者のゆくえ

福間良明

経済的な理由で進学を断念し、仕事に就いた若者たち。知的世界への憧れと反発。孤独な彼ら彼女らを支え、結びつけた昭和の「人生雑誌」。その盛衰を描き出す！

筑摩選書
0142

徹底検証　日本の右傾化

塚田穂高 編著

日本会議、ヘイトスピーチ、改憲、草の根保守、「慰安婦報道」……。現代日本の「右傾化」を、ジャーナリストから研究者まで第一級の著者が多角的に検証！

筑摩選書
0143

アナキスト民俗学
尊皇の官僚・柳田国男

絓秀実
木藤亮太

国民的知識人、柳田国男。その思想の底流にはクロポトキンのアナーキズムが流れ込んでいた！　尊皇の官僚にして民俗学の創始者・柳田国男の思想を徹底検証する！

筑摩選書
0144

アガサ・クリスティーの大英帝国
名作ミステリと「観光」の時代

東秀紀

「ミステリの女王」アガサ・クリスティーはまた「観光の女王」でもあった。その生涯を「ミステリ」と「観光」を軸に追いながら大英帝国の二十世紀を描き出す。

筑摩選書
0146

帝国軍人の弁明
エリート軍人の自伝・回想録を読む

保阪正康

昭和陸軍の軍人たちは何を考え、どう行動し、それを後世にどう書き残したか。当事者自身の筆による自伝・回想・証言を、多面的に検証しながら読み解く試み。

筑摩選書
0148

新・風景論
哲学的考察

清水真木

なぜ「美しい風景」にスマホのレンズを向けるのか？　風景を眺めるとは何をすることなのか？　西洋精神史をたどり、本当の意味における風景の経験をひらく。

筑摩選書
0149

文明としての徳川日本
一六〇三―一八五三年

芳賀徹

「徳川の平和」はどのような文化的達成を成し遂げたのか。琳派から本草学、蕪村、芭蕉を経て白石や玄白、源内、崋山まで、比較文化史の第一人者が縦横に物語る。